QC 小组基础教材

（二次修订版）

中国质量协会　编著

中国社会出版社

图书在版编目（CIP）数据

QC 小组基础教材 / 中国质量协会编著．-- 北京：中国社会出版社，2000.5（2024.8 重印）
ISBN 978-7-80088-779-6

Ⅰ.Q… Ⅱ.中… Ⅲ.质量管理-教材 Ⅳ.①F273.2

中国版本图书馆 CIP 数据核字（2000）第 61523 号

QC 小组基础教材

出 版 人：程　伟
终 审 人：王　前
责任编辑：杜　康　刘云燕
装帧设计：子　言
出版发行：中国社会出版社
（北京市西城区二龙路甲 33 号　邮编 100032）
印刷装订：中国电影出版社印刷厂
版　　次：2008 年 3 月二次修订版
印　　次：2024 年 8 月第 28 次印刷
开　　本：140mm × 203mm　1/32
字　　数：320 千字
印　　张：11.5
定　　价：28.00 元

客服热线：（010）58124852　投稿热线：（010）58124812　盗版举报：（010）58124808
购书热线：（010）58124841；58124842；58124845；58124848；58124849

编委会

主　编　邢文英

编　者　廖永平　陈泓源　邵艳萍　周天祥
熊　伟　吕　青　陈秀云

目　录

前　言

自1978年开始，随着我国改革开放和推行全面质量管理，QC小组活动由点到面，蓬勃发展，经久不衰，显示出强大的生命力。它已从工业生产扩展到交通运输、工程建设、商业、服务业、医疗卫生、计划生育、司法劳改等各个领域。截止到2007年，全国累计注册的QC小组数为2659万个，1亿多人参加QC小组活动，为企业直接创造的经济价值达5357亿元；QC小组活动在开发智慧、开发人才、提高质量、降低消耗、增加效益等各方面，发挥着越来越大的作用，在物质文明和精神文明建设中作出了重大贡献。

当前，经济全球化发展迅猛，国内市场国际化日趋明显。市场竞争越来越激烈，而竞争的焦点和实质是质量。要把质量搞上去，就必须把有限的资源合理地组织起来，汇集到提高和改进质量的目标上去；而在所有资源中，人是最重要、最活跃、最起作用的因素。广泛开展QC小组活动，正是进行人力资源开发的有效手段，是实现全员参与质量改进的有效方法，是依靠广大职工办好企业的一项重要措施，也是提高企业竞争力的一个有效途径。市场经济越发展，QC小组就越有用武之地。

为了适应QC小组发展的需要和广大职工的迫切要求，1992年12月，我们组织有关专家、学者和有丰富实践经验的推进者，编写出版了《质量管理小组基础教材》（以下简称《教材》）。《教材》出版后，受到了广大读者的欢迎，成为企业广大职工、班组长、QC小组成员和管理人员学习质量管理小组活动知识的基本教材，特别是在培训QC小组骨干、考评QC小组活动诊断师方面发挥了积极作用。

随着我国经济体制改革的深化及管理观念的更新、管理技术的发展提高，企业对普及QC小组知识及提高QC小组方法技能等提出了更高的要求，为此，我们组织相关专家分别于1998年、2000年进行修订,并更名为《QC 小组基础教材》,2004 年对该版教材进行了首次修订。

为纪念全国质量管理小组活动30周年,根据广大 QC 小组推进者和工作者的实践和需要,2008 年我们又在《QC 小组基础教材》(修订版)的基础上,进行第二次修订,对国内外 QC 小组最新的发展动态、部分概念和方法进行了补充,更新了6个最新的、有代表性的、较成熟的小组活动成果案例及其评价。希望本《QC 小组基础教材》(二次修订版)能更好地满足广大读者的需要,进一步推动我国 QC 小组活动的健康发展。参加修订的人员有:吕青、熊伟、邵艳萍、陈秀云。由于时间和水平所限,书中难免存在不妥之处,敬请读者指正。

中国质量协会

2008 年3月

第一章　QC 小组概述

本章主要内容包括 QC 小组的概念,QC 小组活动的宗旨以及国内外 QC 小组发展的状况。

第一节　质量与质量管理

一、质量的概念

随着经济全球化和科技的迅猛发展,市场竞争越来越激烈,竞争的焦点由“数量”转变为“质量”。“质量”日益成为人们关注的热门话题。

什么是质量呢?国家标准 GB/T19000－2000 给出质量的定义是:“一组固有特性满足要求的程度。”这里没有将质量限定于产品或服务,而是泛指一切可以单独描述的事物。它可以是活动或过程,可以是产品,也可以是组织、体系或人,以及上述各项的任何组合。定义中的“特性”是指事物可以区分的特征。固有特性是指事物本来就有的,尤其是永久的特性。定义中的“要求”,既可以是明确表述出来的,如商务活动中的买卖双方通过契约所作的约定,如在核能利用等特殊场合由法律所作的规定等,也可以是隐含的,如人们对绝大多数消费品的需要一般并不特别明示出来,通常由供方通过市场调查和预测,加以识别和确定。满足要求,就是应满足明确规定的和隐含的需要和期望。质量是对顾客需要的反映,而顾客需要的表述常常是感性的、不明晰的,为了使满足顾客需要的质量得以实现,就必须把顾客表述的需要用理性的、明晰的、技术的语言表述出来,这就是质量特性。对于工业产品来说,它的质量特性通常包括性能、寿命、可靠性、安全性、经济性等;对于服务来说,它的质量特性通常包括功能性、时间性、安全性、经济性、舒适性、文明性等。顾客的需要是随时间而变化的，它要受社会、政治、经济、技术、文化等条件的制约。世界著名质量管理专家、美国的朱兰博士曾提出：质量即适用性。他强调质量不能仅从标准的角度出发，只看产品或服务是否符合标准的规定，而是要从顾客出发，看产品或服务是否满足顾客的需要以及满足的程度。这是对传统的质量概念的突破，影响是十分深远的。

二、质量管理

质量管理（Quality Control，简称 QC）思想与实践早在三千多年以前就已在我国出现，只不过当时基本上都属于经验式管理。真正把质量管理作为科学管理的一个组成部分，在企业中有专人负责质量管理工作，则是近百年来的事。质量管理的发展，按照解决质量问题所依据的手段和方式来划分，大致经历了三个阶段。

第一个阶段是质量检验阶段，大约是在第二次世界大战以前。当时的质量管理主要限于质量检验，即按照事先确定的产品（或零部件）的质量标准，通过严格检验来控制和保证出厂或转入下道工序的产品（或零部件）的质量。

第二个阶段是统计质量控制阶段，大致是在第二次世界大战开始至20世纪50年代末期。这一时期，战争需要大量军需品，使检验工作的弱点突出了，影响了军需品供应。因此，美国政府和国防部组织专家制定战时质量控制标准。这些标准以休哈特的质量控制图为基础，运用数理统计中的正态分布“6σ”方法来预防不合格品产生，并对军需品进行科学的抽样检验，以提高抽样检验的准确度。

第三个阶段是全面质量管理阶段，大约是从50年代末60年代初期至今。这一时期，由于生产力迅速发展、科学技术日新月异、市场竞争加剧、管理理论的发展等，对质量管理提出了一系列新的要求。美国通用电气公司的质量经理菲根堡姆在1961年出版了《全面质量管理》一书，他指出：“全面质量管理是为了能够在最经济的水平上并考虑到充分满足用户要求的条件下进行市场研究、设计、生产和服务，把企业各部门的研制质量、维持质量和提高质量的活动构成为一个有效的体系。”

全面质量管理与传统的质量管理相比较，有以下几个特点：(1)以顾客为中心。企业应理解顾客当前的和未来的需求，满足顾客要求。(2)全员参加的质量管理。上自经理，下至每一位员工，人人关心产品（服务）质量，人人做好本职工作。特别强调领导的作用，企业领导应将组织的宗旨、方向和内部环境统一起来，并为员工创造充分参与实现组织目标的环境，广泛开展QC小组活动，经过全体人员的努力，为顾客提供满意的产品或服务。(3)全过程的质量管理。它包括了从市场调查研究，产品的开发设计、生产制造、销售到售后服务的全过程的质量管理。把产品质量产生、形成、实现全过程的各个环节和有关因素控制起来，做到以预防为主，防检结合，重在提高。(4)运用多种科学方法的质量管理。这是指根据实际情况，广泛、灵活地运用多种多样的科学方法来分析和解决质量问题，其中特别要注意把专业技术、组织管理和数理统计方法有机结合起来，以使质量管理建立在科学的基础上。(5)强调持续改进。全面质量管理始终不断地寻求改进的机会，按照PDCA的科学程序持续地进行改进活动，以促进企业素质的提高和更好地满足顾客的不断变化的需要。

三、全面质量管理与ISO9000族标准的关系

ISO9000族标准是国际标准化组织制定的关于质量管理体系的系列标准，用于在国际贸易过程中建立对于质量控制和管理方面一致的相互理解。其核心部分是ISO9001质量管理体系要求和ISO9004质量管理体系业绩改进指南。旨在通过过程管理的控制，保证产品（服务）质量，增强顾客满意。ISO9001标准针对各过程活动提出具体要求，强调符合性，ISO9004则在ISO9001的基础上，指导企业以有效和高效的方式，满足顾客及其他相关方需求、

期望，提高组织的有效性和效率，评价组织质量管理体系的成熟度。ISO9000族标准是推行全面质量管理的一个途径，是实现组织全面质量管理的方法之一，是全面质量管理思想观念和原则在产品（服务）质量形成过程管理要求上的体现。而全面质量管理则是每个企业根据自己的实际情况，为了有效地满足顾客和其他相关方不断变化的需求，使组织获得最终成功，而进行的一系列活动。企业通过不断地寻求改进机会，研究和采用新的改进方法，以适应现代市场竞争环境的要求，取得良好的经营绩效，实现长期的发展目标。

第二节　QC小组的概念与特点

一、QC小组的概念

关于QC小组的概念，在1997年3月20日由国家经贸委、财政部、中国科协、中华全国总工会、共青团中央、中国质量管理协会联合颁发的“印发《关于推进企业质量管理小组活动意见》的通知”中指出，QC小组是“在生产或工作岗位上从事各种劳动的职工，围绕企业的经营战略、方针目标和现场存在的问题，以改进质量、降低消耗、提高人的素质和经济效益为目的组织起来，运用质量管理的理论和方法开展活动的小组”。

这个概念包含了以下四层意思：(1)参加QC小组的人员是企业的全体职工，不管是高层领导，还是一般管理者、技术人员、工人、服务人员，都可以组织QC小组；(2)QC小组活动选择课题是广泛的，可以围绕企业的经营战略、方针目标和现场存在的问题来选题；(3)小组活动的目的是提高人的素质，发挥人的积极性和创造性，改进质量，降低消耗，提高经济效益；(4)小组活动强调运用质量管理的理论和方法开展活动，突出其科学性。

二、QC 小组的性质和特点

(一)QC 小组的性质

QC 小组是企业中群众性质量管理活动的一种有效的组织形式,是职工参加企业民主管理的经验同现代科学管理方法相结合的产物。QC 小组同企业中的行政班组、传统的技术革新小组有所不同。

QC 小组与行政班组的主要不同点在于:(1)组织的原则不同。行政班组一般是企业根据专业分工与协作的要求,按照效率原则,自上而下地建立的,是基层的行政组织;QC 小组通常是根据活动课题涉及的范围,按照兴趣或感情的原则,自下而上或上下结合组建的群众性组织,带有非正式组织的特性。(2)活动的目的不同。行政班组活动的目的是组织职工完成上级下达的各项生产经营任务与技术经济指标;而 QC 小组则是以提高人的素质,改进质量,降低消耗和提高经济效益为目的,组织起来开展活动的小组。(3)活动的方式不同。行政班组的日常活动,通常是在本班组内进行的;而 QC 小组可以在行政班组内组织,也可以是跨班组甚至跨部门、跨车间组织起来的多种组织形式,以便于开展活动。

QC 小组与传统的技术革新小组也有所不同。虽然有的 QC 小组也是一种"三结合"的搞技术革新的组织,但传统的技术革新小组侧重于用专业技术进行攻关;而 QC 小组不仅活动的选题要比技术革新小组广泛得多,而且在活动中强调运用全面质量管理的理论和方法,强调活动程序的科学化、方法的多样化、事实的数据化。

(二)QC 小组的特点

从 QC 小组活动的实践来看,QC 小组具有以下几个主要特点。

1. 明显的自主性

QC 小组以职工自愿参加为基础,实行自主管理,自我教育,互相启发,共同提高,充分发挥小组成员的聪明才智和积极性、创造性。

2. 广泛的群众性

QC 小组是吸引广大职工群众积极参与质量管理的有效组织形式，不仅包括领导人员、技术人员、管理人员，而且更注重吸引在生产、服务工作第一线的操作人员参加。广大职工群众在 QC 小组活动中学技术、学管理，群策群力分析问题、解决问题。

3. 高度的民主性

这不仅是指 QC 小组的组长可以是民主推选的，可以由 QC 小组成员轮流担任课题小组长，以发现和培养管理人才；同时还指在 QC 小组内部讨论问题、解决问题时，小组成员间是平等的，不分职位与技术等级高低，高度发扬民主，各抒己见，互相启发，集思广益，以保证既定目标的实现。

4. 严密的科学性

QC 小组在活动中遵循科学的工作程序，步步深入地分析问题，解决问题；在活动中坚持用数据说明事实，用科学的方法来分析与解决问题，而不是凭“想当然”或个人经验。

第三节　QC 小组活动的宗旨和作用

一、QC 小组活动的宗旨

在生产、经营、服务现场均蕴藏着无限的人力资源。通过 QC 小组活动，职工群众互相学习、互相帮助，共同提高；QC 小组活动使每一个职工都关心自己的工作和周围的环境，努力把工作做好，并不断改善周围环境，为企业、为社会作贡献。这种人力资源开发是办好企业的根本保证。QC 小组活动还可以克服职工由于从事简单重复工作而产生的单调乏味情绪，增加工作的乐趣，进行富有创造性的劳动，从而使人的潜能得到比较充分的发挥。

QC 小组活动的宗旨，即 QC 小组活动的目的和意义可以概括为以下三个方面。

（一）提高职工素质，激发职工的积极性和创造性

这是开展QC小组活动的着眼点，是企业管理从以物为中心的传统管理向以人为中心的现代管理转变的体现。假如说人们按规定做好自己的本职工作是为了保住自己的工作岗位和一定的收入，是“为生活所迫”，那么开展质量管理小组活动，则是在平凡的工作岗位上进行创造性劳动。他们自找问题，与同伴一起进行研究分析，解决问题，因而改进工作及周围环境，从中获得成功的乐趣，体会到自身价值和工作的意义，体验到生活的充实与满足。人们有了这样的感受，便会产生更高的工作热情、激发出巨大的积极性和创造性，自身的潜在智力与能力才会得到更大限度的发挥。这样，企业才能充满活力，呈现出生机勃勃的局面。这是任何一个企业得以在激烈竞争中立于不败之地的基础。

（二）改进质量，降低消耗，提高经济效益

一个国家的产品质量、服务质量如何，是这个国家的国民素质的反映，这关系到国民经济全局的发展及该国在全球经济中的地位。一个企业的产品、服务质量如何，则关系到企业在市场经济中的地位，甚至关系到企业的兴衰。因此，人人牢固树立质量意识，通过积极开展QC小组活动，不断改进产品质量、工作质量、服务质量，就不单是关系个人利益的行为，而是一件具有关系企业兴衰重大意义的工作。

降低消耗，既包括物质资源的消耗，也包括人力资源的消耗。它是降低成本的主要途径，也是提高经济效益的最大潜力所在。这一方面要依赖于技术进步，另一方面则依赖于人们的效率观念与节约观念的增强。通过开展QC小组活动，从自己和自己身边做起，不断提高生产、服务效率，节约点滴物质消耗，提高物质资源的利用率。这样的群众性的实践活动，不仅可带来直接的降低消耗的效果，而且能增强人们的效率意识与节约意识，提高人们爱惜资源、节约资源消耗的自觉性。同时，这将长远地影响人们的行为。

因此，QC小组活动必须以提高质量，降低消耗，提高经济效益为宗旨,注意选择有关方面的课题,开展扎实的活动,取得实效。

(三)建立文明的、心情舒畅的生产、服务、工作现场

现场是职工从事各种劳动,创造物质财富和精神文明的直接场所。人的一生几乎有三分之一的时间是在现场度过的。因此,通过开展 QC 小组活动,改善现场管理,建立一个文明的、心情舒畅的现场是至关重要的。

日本企业普遍开展的"5S"活动,是加强现场管理,创造良好劳动环境的重要内容和有效方法。所谓5S,就是整理、整顿、清扫、清洁、素养。因这五个词的日语罗马字拼音均以"S"开头,故简称"5S"。

整理(SEIRI):将现场需要的东西与不需要的东西分开,把不必要的东西处理掉。如撤去不需要的设备、管线、工具、模型和个人物品等。

整顿(SEITON):把要用的东西,根据使用频度分别放置,使常用的东西能及时、准确地取出,保持必要时马上能使用的状态和谁都能了解的状态。如放置场所与通道的标识、放置物品及其管理者的标识等。

清扫(SEISO):去除现场的脏物、垃圾、污点,经常清扫、检查,形成制度,采取根治污物的对策。如彻底改善设备漏水、漏油、漏气以及易落下灰尘等状况。

清洁(SEIKETSU):企业、现场、岗位、设备时时保持干净状态,保持环境卫生。如定期进行卫生、安全检查,采取防止污染、噪声和震动的对策,使现场明亮化。

素养(SHITSUKE):要加强修养,美化身心,做到心灵美、行为美。人人养成良好的习惯,自觉遵守和执行各种规章制度和标准。

上述活动内容,都可以纳入 QC 小组的活动课题,使现场职工都能开展 QC 小组活动,从而有效地改善现场环境。职工在这样的环境中劳动、工作,会心情舒畅,有助于产生向心力与归属感,进而做到"以企业为家",激发士气,提高质量与效率,形成良好的氛围,优化企业的形象。

在以上三条宗旨中,关键的一条是提高职工的素质,激发职工的积极性和创造性。因为只有人的责任心很强、技术业务能力很高,又有极大的积极性和创造性,才会千方百计地提高质量,降低消耗,提高经济效益,也才会建立起文明的、心情舒畅的生产、服务、工作现场,而后两个方面的实践,又会反作用于职工素质、积极性、创造性的进一步提高。所以,QC 小组活动的这三条宗旨是相辅相成的,缺一不可的。

二、QC 小组活动的作用

在开展 QC 小组活动中,只要坚持以上宗旨,就可以起到以下几方面的作用:

(1)有利于开发智力资源,发掘人的潜能,提高人的素质;

(2)有利于预防质量问题和改进质量;

(3)有利于实现全员参与管理;

(4)有利于改善人与人之间的关系,增强人的团结协作精神;

(5)有利于改善和加强管理工作,提高管理水平;

(6)有助于提高职工的科学思维能力、组织协调能力、分析与解决问题的能力,从而使职工岗位成才;

(7)有利于提高顾客的满意程度。

第四节 有关国家开展 QC 小组活动的情况

一、QC 小组的产生与发展

1962 年,日本首创了 QC 小组,并把广泛开展 QC 小组活动作为全面质量管理的一项重要工作。之后,在韩国、泰国、中国(含香港和台湾)、马来西亚、新加坡、美国、新西兰、土耳其、澳大利亚、文莱、菲律宾、印度、印度尼西亚、意大利、英国、法国、墨西哥、毛里求斯等

70 多个国家和地区，也开展了这一活动。虽然名称有所不同，如：日本、中国称之为“QC 小组”，新加坡称之为“品管圈”；中国台湾与香港地区称之为“品质圈”；还有一些国家称之为“质量小组”“改进小组”等，但其活动的宗旨及活动课题所涉及的范围大体上是相同的。

二、国际质量管理小组会议

国际质量管理小组会议（International Convention on Quality Control Circles，简称 ICQCC）是由日本、韩国、中国台湾于 1976 年联合发起的，同年在日本召开了第一次会议。1981、1985 年在日本召开了第二、三次会议。从第三次会议以后逐渐扩大成为国际会议。1986 年在韩国汉城召开了第四次会议。后来国际质量管理小组大会的组织有了新的变化，分为南北地区两个组：北组有日本、韩国、中国（含香港和台湾）、菲律宾等国家和地区；南组有泰国、新加坡、马来西亚、印度、印度尼西亚等国家。1987 年在泰国曼谷、1988 年在中国台湾、1989 年在马来西亚、1990 年在日本、1991 年在印度尼西亚分别召开了第五、六、七、八、九次会议。在第九次会议上决定，从 1992 年起，国际 QC 小组会议主席将轮流担任，当年的主办国（或地区）任会议主席，次年的主办国任副主席，到第二年原主办国为会议顾问，原副主席晋升为主席，下一年的主办国为副主席。现在 QC 小组活动已成为世界各国质量工作的一个重要部分，而且越来越多的国家引入这一活动。我国分别于 1997 年、2007 年两次在北京承办了国际质量管理小组大会，取得空前的成功。表 1 - 1 介绍了中国质量管理代表团参加的国际 QC 小组会议一般情况。

表 1-1　中国代表团参加国际 QC 小组会议情况一览表

会议序号	年　月	地　点	与会国家和地区	中国代表团人数
三	1985	日 本	27	6
四	1986	韩 国	10 多	6
五	1987	泰 国	20 多	15
七	1989	马来西亚	20 多	5
八	1990	日 本	27	8
九	1991	印度尼西亚	22	8
十一	1993. 10	泰国 曼谷	23	20
十二	1994. 10	中国 香港	19	36
十三	1995. 10	日本 横滨	19	23
十四	1996. 10	马来西亚 吉隆坡	20	36
十五	1997. 8	中国 北京	20	645
十六	1998. 10	斯里兰卡 科隆坡	15	25
十七	1999. 10	菲律宾 马尼拉	23	22
十八	2000	中国 台北	12	11
十九	2001	新加坡	18	30
二十	2002	印度 雅戈拉	18	32
二十一	2003	日本 东京	22	31
二十二	2004. 12	泰国 曼谷	13	26
二十三	2005	韩国 江原	13	23
二十四	2006. 11	印尼 巴厘岛	13	32
二十五	2007. 10	中国 北京	14	1100
二十六	2008. 10	孟加拉国 达卡		

三、几个主要国家 QC 小组活动的概况

(一) 日本 QC 小组活动

日本自 1962 年创建 QC 小组以来，一直坚持活动，长盛不衰。近几年，每年都有近 20 万个注册的 QC 小组和几十万个未注册的小组，活跃在各条战线。日本不仅是世界上最早开展这一活动的国家，也是参加 QC 小组活动的人数占职工总数比例最大的国家，对各

国的QC小组活动有广泛的影响。日本QC小组活动首先是在工业企业开展的，参加QC小组活动的人员有正式工、季节工、合同工、临时工、海外企业职工等。活动的课题也很广泛，如：日本富士电机株式会社把16年QC小组所取得的63000个成果进行了分类，其中提高产品质量的占30%，降低成本的占24%，提高生产效率的占20%，提高工作质量的占10%，搞标准的占10%，安全生产的占6%。日本服务业的QC小组活动起步于1982年，并在1985年的"质量月"(11月)，召开了首届服务业QC大会，其中有企业推行全面质量管理的成果发表、经验交流、专题研讨等。此后服务业的QC大会每年都召开一次，截止到2007年已召开了24次。虽然服务业比工业企业起步晚，但发展很快。目前日本服务业已推行全面质量管理的企业约占企业总数的一半，参加QC小组活动的人数约占服务业总人数的60%。其中大饭店、大商店、电信、电话、铁路等大型企业基本上都推行了全面质量管理，开展了QC小组活动。

1997年，为适应企业内外经营环境的变化，日本全国QC小组本部对1971年发布的《QC小组纲领》重新进行了修订和补充，并更名为《QC小组的基本》，还配套发行了新版《QC小组活动运营的基本》一书，从更加全面的角度概括了新时期QC小组活动的以下4个新特点：(1)提倡多角度、全方位地增强小组活动的多样性及适合性；(2)明确经营者、管理者、推进者对于QC小组活动的开展各自所应承担的义务与责任，特别要强调经营者的作用；(3)面向服务行业人员，使用更加简洁通俗的词语，重新解释有关QC小组的定义及术语；(4)适应时代发展的需要，在QC小组活动的作用方面，增添了"提高顾客满意度""为社会作贡献"的内容。

近年来，日本的QC小组活动随着社会经济的发展，不断提升、深化和创新，并进一步向外延发展。1989年，日本QCC关东支部京滨地区首次提出"课题达成型"(QC－STORY)，在日本科学技术联盟的积极倡导、研究和推广下，"课题达成型"活动在日本已得到全面推行。近几年，小组活动内容也进一步扩展，涉及人事管理、技能传递等，强调提高工作场所人力资源管理，提高和完善质量水平标准，以减少事故和缺陷。在90年代后期，日本制造业大量海外迁场，将质量管理的理念与方法也移植、应用到各个国家的日资企业，对这些国家的QC小组活动也起到了促进和推动作用。日本科学技术联盟为了加强对QC小组活动的管理和指导，不断适应经济、技术的发展与变化，采取了一系列有效的措施和改革。2000年起，设立了QC小组执行总监奖，表彰企业高层领导者在支持和发展QC小组活动中的贡献，激励他们更好地发挥卓越领导能力，推动地区QC小组活动。2006年10月，启用网络注册系统，不再用以往的书面申请方式。注册的公司可以在网络上按业务类型、工业分类、地区分类等查询相关信息和资料，分析本公司的QC小组现状。截至2007年11月，注册的QC小组数量已达20414个。此外，日本国内QC小组的交流持续广泛进行。2008年5月，日本将召开QC小组成果发表交流第5000次纪念大会，会议的主题是："团队改进　创造经营卓越"。

(二)新加坡QC小组活动

新加坡全国推动QC小组活动开始于1981年9月，推动QC小组活动的组织是国家生产力局和研究院。

新加坡QC小组活动的发展可以分为三个阶段：

1. 探索阶段

1973年日本在新加坡的一家轮胎公司建立了第一个质量管理小组。1980年9月日本科学技术联盟的一个专家指导了一个质量管理小组研讨班。这次研讨使新加坡开始向日本学习QC小组活动经验。

2. 有计划的推动阶段

国家生产力局认识到培训QC小组活动骨干和领导者的重要性，在1981年9月，开始有计划地培训QC小组骨干，提供培训设施，编辑培训资料，定期举办管理层研讨会。1984年，为提高培训水平，专门成立了QC学院，使培训课程更能切合制造以及银行、饭店等服务业。短短几年内，为近35000名经理、主管、工人做了相应培训，大大提高了小组人员的质量意识和质量改进技能。为了监管和规划 QC 小组活动，1982 年成立了国家 QC 小组注册中心，为 QC 小组提供免费注册和相关服务。截至 1997 年 7 月，共有 387 个实施 QC 小组的公司进行注册，在这 387 个公司中共有 19500 个小组，参加人员达 142900 人，占劳动力总数的 9.32%。

3. 发展、提高阶段

新加坡于 1985 年成立了质量管理小组协会。它对新加坡的 QC 小组活动起到了很大的推动作用。该协会为会员制订实施促进计划，组织研讨会、论坛和每年一次的新加坡质量管理小组周。为了将 QC 小组活动与社会活动相结合，协会在开展 QC 小组活动的公司中组织了 QC 小组俱乐部，将同行业的公司组织在一起，相互交流经验和开发共同的项目与活动，以维系这些 QC 小组的兴趣。包括：QC 小组成果发表会、论坛、参观工厂、郊游、游戏活动和体育比赛等。为了使 QC 小组了解各种活动，鼓励新的公司成立 QC 小组，免费赠送给所有注册的小组一份双月刊简报《小组工人》。简报内容包括国外专家的文章和各种教育文章，以及 QC 小组活动的宣传报道等。1995 年，为了鼓励私有企业组织更多的 QC 小组，特设立彩奖。彩奖数额 1000 新元，奖给幸运注册的小组。

新加坡国家生产力局也一直是推动 QC 小组活动的主力军。QC 学院于 1994 年开发了一系列标准模式的 QC 小组培训计划，包括 QC 小组活动评价、QC 小组先进工具和技能等课程。并鼓励各公司进行内部培训，将教材售给小组成员，对内部培训者进行如何使用教材的培训。此外，国家生产力局还制作质量招贴画、明信片、电影和录像带，提供给公众，使公众了解相关知识和如何发表 QC 小组活动成果报告。

为提高 QC 小组成员活动的积极性，扩大 QC 小组活动的影响力，新加坡在 QC 小组活动方面建立奖励制度和举办交流活动。1983 年设立了全国 QC 小组奖，每年授予开展 QC 小组活动卓有成效的组织、个人和小组，并正在研究向最优秀小组颁发全国卓越奖，以表彰他们对新加坡 QC 小组活动的贡献。1982 年以来,国家生产力局每年举办两次全国 QC 小组会议,并于 1984 年起,每年举办国际质量管理小组展示会,2001 年承办了国际质量管理小组大会,为 QC 小组实践者提供了向国内外 QC 小组学习新技术、新理念和交流经验的机会。

目前,新加坡质量管理小组协会已被国家生产力局合并。国家生产力局为了满足经济变革的需要,大力推进创新 QC 小组,通过培训、跟踪和提供网络学习资源,支持创新小组活动,希望通过创新和质量的提升,释放小组能量,实现竞争优势。

总之,新加坡开展 QC 小组活动的经验可以归纳为以下几点:

(1)人的因素第一;(2)管理层人员必须作出承诺(支持);(3)为确保有效地参与,培训再培训(包括在职培训)是至关重要的;(4)总经理关心并参与 QC 小组活动;(5)中层管理者应全面、深入了解 QC 小组原理和目标;(6)中层管理者要亲自管理并全面负责本部门的 QC 小组活动;(7)全员参与 QC 小组活动的推广工作;(8)为了促进 QC 小组文化的实现,需要确定挑战性目标;(9)高层与中层管理人员,应对照目标进行定期评审,并提供指导;(10)QC 小组成员的贡献必须得到承认和奖励。

(三)泰国 QC 小组活动

1974 年由泰国与日本合资的企业开展 QC 小组活动。1980 年成立泰日技术促进协会;1987 年成立泰国质量管理小组总部协会。在这两个组织的推动下,QC 小组活动逐渐发展到民间制造业、商业服务业、银行、政府机关、学校、皇家空军和警察部队。据统计,到 1996 年 12 月,全国有 QC 小组 15000 个,其中工业 13000 个,服务业和政府机关 2000 个。为应对全球化竞争,泰国在 QC 小组活动中强调,在新世纪,将重点放在创新、质量和生产力方面,并积极协助中小企业开展 QC 小组活动。截至 2007 年,已举办 20 届 QC 全国展示会,而且,围绕泰国质量奖开展的 QC 小组活动也异常地活跃。

（四）印度 QC 小组活动

印度 QC 小组活动具有两大特色，其一是统计方法在 QC 小组活动中的应用突出，有特色；其二是别具一格的校园 QC 小组活动。

由于历史上曾经长期隶属于英联邦国家，英语在印度是官方用语言。印度人民非常勤奋、聪慧，拥有众多顶尖级软件开发人才，信息和统计技术的普及率为全球之最。小组成员在活动中灵活运用相关统计方法，取得了很好的效果。在每年一度的国际质量管理小组大会上，印度 QC 小组代表借助流利的英语、奇妙生动的演示文稿、魔术般的电脑操作技巧，构建了会场内最吸引眼球的一道风景线。

校园 QC 小组活动起始于印度中部地区蒙台索雅城市中学，该校拥有 26000 名在校生，是全世界规模最大的私立学校。1992 年该校创始人贾古迪修坎迪董事长到日本考察后，认为质量管理应该“从娃娃抓起”，QC 小组科普教育是培养高素质人才，打造品牌竞争力的捷径。于是他和校长毕尼塔卡姆兰女士共同制订了有关课程实施计划，编写了适合青少年理解接受的 QC 小组教材。不久，学生们结成了第一个名字叫作“世界和平”的 QC 小组，1994 年国际质量管理小组大会（ICQCC）在我国香港特别行政区举办，该小组作为 ICQCC 有史以来年龄最小的代表，做了题为“怎样才能提高学习效率”的成果发表，轰动了会场内外，获得了与会者的高度评价和赞誉。此后的每年国际 QC 小组大会上，都能看到来自印度的校园 QC 小组学生们的身影。学生们选定的课题都非常有趣可爱，如：维护世界和平；如何搞好人际关系、结交好朋友；怎样帮助妈妈做家务；按时起床不迟到的保证方法等。

1997 年蒙台索雅城市中学举办了“首届国际校园 QC 小组会议”，会议内容丰富多彩，除了小组成果发表外，还安排了板报笔谈、专题对话、QC 猜谜赛、QC 小品会演等孩子们喜闻乐见的形式。由于特色鲜明、具有很强的实际操作价值，该会议已经发展成为国际教育界的年度会议之一，不仅亚洲国家争相承办，欧美各国也非常的积极。如2002年是在美国举办,瑞士已成为2008年度会议的东道主。

印度在中小学推动QC小组的成功,引起了国际教育界的关注,试想若干年后,一个民族有如此宝贵的人才,将为国家和社会带来多么巨大的财富。此后,斯里兰卡、毛里求斯、孟加拉、尼泊尔、中国、澳大利亚、马来西亚、新加坡、美国等国家陆续引进并开展了“校园QC活动”。

此外,在韩国现在有十几万个QC小组在活动。美国从1980年开始,开展了职工参与QC活动。据统计,美国已有几百家公司开展了QC小组活动。

法国自1981年积极学习日本的经验,并在本国积极开展QC小组活动。

新西兰于1984年成立了质量保证组织委员会,也积极推行全面质量管理,开展QC小组活动。

综上所述,世界上越来越多的国家更加广泛深入地开展QC小组活动,这已成为一种世界性的潮流。

四、国际QC小组活动发展动向

随着经济的发展,质量含义不断延伸,企业的质量意识不断提高,QC小组活动的内容也更加广泛、更加丰富。现在世界各国QC小组活动发展的形势,大体上反映了以下几个新的特点。

(一)QC小组活动更加注重提高职工素质,激发职工的积极性和创造性

日本人称QC小组活动是一种尊重人、开发智慧、调动人的积极性的活动。他们认为,操作人员勉强在规定的时间里从事所规定的操作,是不能生产优质产品的,只有大家劳动干劲大、热情高、专心工作,才能生产出质量高的产品。所以提高现场管理人员的领导管理能力,进行自我启发提高;增强操作人员在内的全体职工的质量意识、问题意识和改善意识,提高职工的劳动热情非常重要。新加

坡运用行为科学开展品管圈活动。他们充分看到人的作用，根据人们的兴趣爱好，让人们发表意见，调动人们开展品管圈活动的积极性。

20世纪80年代，世界进入了“人是管理的核心的年代”。尊重人、相信人是管理的基础。QC小组活动提供了这种可能性。美国质量管理专家朱兰在1978年8月说，美国质量管理最大的问题是没有把工人的智慧挖掘出来，而日本做到了。国际上一致公认，提高职工素质是QC小组活动的一个重要目的。

（二）更加强调QC小组活动的自主性

QC小组要坚持、提倡自主活动。小组自主地选定课题是其活动原则之一。自觉性、自主性是QC小组活动的思想基础。QC小组就是致力于自主地解决身边存在的问题。如果掌握了改善方法，也可以承担一部分企业的任务，但是绝不要损伤QC小组活动的自主性。1991年在印尼召开的国际质量管理小组会议上，从发表的成果看，QC小组是自愿组织的，不是企业领导要求成立的；都是围绕自己生产工作岗位上存在的实际问题开展改进活动，并大都是业余时间进行活动。日本提出自主管理的主要特点：(1)发挥每个人的积极性，尊重每个人的个性，并对共同工作的人抱以信赖，这是达到目标的关键。(2)自主管理在检测方面发挥了作用。他们取消了曾经设置的专职监督检查，而以生产者自检为主，把下道工序当作用户，自己负责。(3)“自己提案”自己实行，使职工充分意识到自己的责任。(4)为了调动职工的积极性，他们组织了开发智力的兴趣活动，采取颁发荣誉奖进行精神鼓励等措施。

（三）行业和领域越来越广

世界各国QC小组活动逐步向多行业和全社会发展。不仅在工业制造、工程设计和施工行业，而且在交通运输、邮电通信、农林、养殖、商业服务、旅游、金融、医疗卫生等行业普遍开展起来，甚至在一些政府部门、学校、军队也开展了QC小组活动。

第五节　中国 QC 小组活动的概况

中国从 1978 年开始推行全面质量管理和开展 QC 小组活动，至今已经整整 30 年了。

一、中国 QC 小组的由来

(一)民主管理是建立 QC 小组的基础

中国是社会主义国家，人民群众是国家和企业的主人。在长期的生产实践中，中国有职工参加民主管理的好传统，有班组建设和群众性质量管理活动的丰富经验。50 年代初期的马恒昌小组、毛泽东号机车组、郝建秀小组、赵梦桃小组等，在社会主义建设中始终发挥着模范、带头和桥梁作用。他们一贯坚持"质量第一"的方针，对工作认真负责，一丝不苟，在提高产品质量上不断作出贡献，提供了班组质量管理的好经验。60 年代，大庆油田坚持"三老四严""四个一样"和"质量回访"制度，在班组内，开展岗位练兵，天天讲质量，事事讲严细，做到"项项工程质量全优"，出了质量问题就"推倒重来"，为班组质量管理提供了新经验。1964 年，洛阳轴承厂滚子车间终磨小组首创了"产品质量信得过"活动。小组成员牢固树立"质量第一"的思想，多年来，他们加工的轴承滚子做到了"自己信得过，检验员信得过，用户信得过，国家信得过"，成为全国第一批"产品质量信得过小组"。60 年代以来，各行各业都结合各自的特点开展了以质量为中心的班组管理活动，并且取得了成效。例如纺织系统的"万米无疵布"活动，邮电系统的"工作无差错"活动，等等。所有这些群众性质量管理活动，都是民主管理的重要组成部分。1977 年国家经委又倡导了开展"信得过"班组活动，这些都为以后 QC 小组的建立和发展奠定了基础。

(二)改革开放是建立 QC 小组的外部条件

QC 小组这个新生事物，是中国多年来开展的群众参加管理的经验（“两参一改三结合”）同国外先进的科学管理方法相结合的产物。正如日本石川馨教授多次讲过的，他所倡导的 QC 小组“在一定程度上也受到中国‘三结合’小组的影响”。我们保留了传统管理中的科学合理部分，并将它融合到全面质量管理中去，认真贯彻“以我为主、博采众长、融合提炼、自成一家”的方针，逐步走出了一条具有中国特色的 QC 小组活动的路子。1978 年 9 月，北京内燃机总厂在学习日本的全面质量管理经验的基础上，诞生了中国第一个 QC 小组。当年 12 月，该厂召开了第一次 QC 小组成果发表会。QC 小组随着全面质量管理的开展逐步扩展到电子、化工、基建等部门，从而把中国群众性质量管理活动推进到一个新的阶段。

二、中国 QC 小组活动的发展

中国从 1980～2007 年全国累计注册的 QC 小组数量为 2659 万个。累计为企业直接创造可计算的经济效益达 5357 亿元，共命名全国优秀 QC 小组 22349 个。自 1996 年至 2007 年命名全国 QC 小组活动优秀企业 1200 个，全国 QC 小组活动卓越领导者 800 名，全国 QC 小组活动优秀推进者 805 名。全国开展 QC 小组活动的基本情况可见表 1－2。

表 1-2　中国开展 QC 小组活动基本情况简表

全国 QC 小组代表会议				全国注册 QC 小组数量(万个)		直接创造经济效益(亿元)	
会议序号	时间	地点	命名全国优秀 QC 小组个数	当年	累计	当年	累计
一	1979.8	北京					
二	1980.9	北京	70	4			
三	1981.9	北京	206	8			
四	1982.9	北京	226	16			
五	1983.9	北京	233	27	26		
六	1984.8	北京	251	48	29	55	
七	1985.9	天津	269	59	34	89	
八	1986.11	武汉	395	38	97	22	111
九	1987.11	咸阳	407	52	149	89	200
十	1988.9	北京	515	62	211	74	274
十一	1989.8	包头	530	74	285	82	356
十二	1990.10	北京	599	95	380	114	470
十三	1991.10	成都	646	106	486	140	610
十四	1992.8	哈尔滨	720	110	596	150	760
十五	1993.9	郑州	783	120	716	127	887
十六	1994.9	济南	783	113	829	167	1054
十七	1995.10	长沙	853	136	965	205	1259
十八	1996.9	南昌	988	152	1117	321	1580
十九	1997.8	北京	1044	170	1287	380	1960
二十	1998.9	北京	1160	120	1407	288	2248
二十一	1999.10	武汉	1211	150	1557	298	2546
二十二	2000.10	南京	1233	150	1707	328	2874
二十三	2001.10	济南	1294	170	1877	360	3234
二十四	2002.10	昆明	1274	118	1995	315	3549
二十五	2003.10	北京	1271	128	2123	335	3884
二十六	2004.8	广州	1328	131	2254	356	4240
二十七	2005.10	福州	1344	131	2385	362	4602
二十八	2006.9	南京	1358	136	2521	375	4977
二十九	2007.10	北京	1358	138	2659	380	5357

尽管各地区、各部门、各行业 QC 小组的发展是不平衡的，但就全国范围来看，QC 小组活动的发展大体上可以分为四个阶段。

（一）试点阶段

该阶段的时间是 1978～1979 年。主要标志是以北京内燃机总厂为代表的一批试点企业，邀请日本质量管理专家讲学，同时国内一批专家、学者也致力于介绍和传播国外全面质量管理的科学知识。1979 年 8 月召开了全国第一次 QC 小组代表会议，表彰了一批全国优秀 QC 小组，同年 8 月 31 日中国质量管理协会成立，9 月 1 日举办了第一次声势浩大的“质量月”活动。当年 5 月由国家经委、12 月由中国质量管理协会和中国企业管理协会举办了“全面质量管理骨干学习班”。通过多种多样的活动，“质量第一”的思想得到了广泛宣传，这些活动在组织上和思想上为 QC 小组在各地区、各部门的建立和发展创造了极为有利的条件。

（二）推广阶段

该阶段的时间是从 1980～1985 年。1980 年 3 月，在试点阶段取得成效的基础上，国家经委颁发了《工业企业全面质量管理暂行办法》，明确了全面质量管理在企业中的地位、作用和推行的办法，其中对 QC 小组活动提出了基本要求。这是 QC 小组活动走向经常化和制度化的开始。1983 年国务院领导亲切接见了全国第五次 QC 小组代表会议的全体代表，并发表了重要讲话，明确指出：加强全面质量管理，开展 QC 小组活动，对提高质量、降低消耗，对提高企业素质有很重要的作用。可以说，它是把整个国民经济提高效益、提高素质的任务，落实到基层的一个重要的措施，一个良好的形式，一个打基础的工作。通过这样一种形式，这样一种方法，这样一个措施，就可以使提高效益、提高企业素质不至于限于一般号召，而真正落到实处。同年 12 月 2 日国家经委根据国务院领导讲话精神，制订颁发了《QC 小组暂行条例》，为 QC 小组的发展指明了正确的方向。1980～1985 年的 6 年中，由中国质量管理协会、中国科学技术协会普及部、中央电视台联合主办了 6 次《全面质量管理电视讲座》。各级质量管理协会也举办了大量的培训班、研讨班。据不完全统计，参加学习的有2000多万人次。由于普及教育的面广、人多，QC小组活动已由工业企业发展到交通运输、邮电通信、工程建筑、商业、服务业等行业。

（三）发展阶段

该阶段的时间是1986年至1997年。中国共产党的第十三次全国代表大会把质量问题提高到经济发展的战略和反映民族素质的高度，要求各部门、各企业和全体社会成员，都要为不断提高产品质量而努力。1986年国家经委决定“七五”期间全国大中型骨干企业都要有计划、有步骤地推行全面质量管理，这就为全国8200个大中型骨干企业积极开展QC小组活动创造了条件。1986年国家经委、劳动人事部、中国科协、全国总工会、共青团中央联合发出通知，要求在全国职工中普及全面质量管理基本知识，并作为职工应知应会的内容之一，把接受这一教育及考核成绩记入职工个人技术档案；同时，要求在“七五”期间将全民所有制企业全体职工轮训一遍。据不完全统计，到1997年为止已有3000多万名职工参加了电视教育统考，从而使广大职工普及了质量管理知识。这些部署和要求，都为中国QC小组活动的进一步巩固和发展创造了良好的条件。在这个阶段，还采取了以下五项措施：

（1）在全国建立了强有力的高层次的指导、推进组织。为了更有力地推动全国QC小组活动的深入开展，在1986年6月17日召开的QC小组第二次研究会上，正式成立了QC小组工作委员会，作为中国质量管理协会的QC小组工作的研究、参谋机构，具体指导全国QC小组活动的开展。1989年2月，又成立了由中国科学技术协会、全国总工会、共青团中央和中国质量管理协会联合组成的“全国群众质量管理活动领导小组”，以便形成有关方面密切配合、通力合作、齐抓共管的新格局。同时，各省、自治区、市也相应地成立了这样的联合领导小组，为全国QC小组活动的推进，建立了可靠的组织保证。

（2）政府和社团继续联合推动。1987年8月，在总结前9年开展 QC 小组活动经验的基础上，由国家经委、财政部等五个单位联合颁发了《QC 小组活动管理办法》，为全国 QC 小组活动制定了统一的指导原则，给 QC 小组的健康发展提供了政策上的保证。为了适应社会主义市场经济的发展，促进经济体制从传统的计划经济向市场经济转变，经济增长方式从粗放型向集约型转变，激发广大职工参加管理、改进质量、提高效益的积极性和创造性，自觉、自主、有效地开展 QC 小组活动。国家经贸委、财政部、中国科学技术协会、全国总工会、共青团中央、中国质量管理协会于 1997 年 8 月 1 日联合颁发了《关于推进企业质量管理小组活动的意见》。同原《QC 小组活动管理办法》相比，意见有三个突出的特点：①与社会主义市场经济形势和企业需要贴得更紧。②比较好地解决了长期以来大家非常关心的 QC 小组活动奖励问题，为 QC 小组增添了动力。③更加体现了企业在 QC 小组活动中的自觉性和自主性。

(3)在全国范围内建立了一支训练有素的 QC 小组活动诊断师队伍。经各地区、部门推荐，由中国质协组织集中考评，诊断师需具备懂全面质量管理理论、能指导 QC 小组活动、会正确评价 QC 小组活动的能力。截止到 1997 年，共考评了九批全国 QC 小组活动诊断师。各地区、部门也相应地评聘了一批同级 QC 小组活动诊断师。

(4)组织编写教材和经验总结。中国质协在全国范围内开展QC小组活动经验的基础上，组织编写出版了《QC 小组活动指南》《QC 小组基础教材》《QC 小组十年成果、经验汇编》《典型经验汇编》《成果案例分析》和《QC 小组活动手册》等书，为QC 小组活动提供了学习教材。

(5)总结经验，正确导向。随着 QC 小组活动的不断深入发展，许多企业又根据自己的特点创造出新的 QC 小组形式，如一些纺织企业组建的“三合一”小组（即行政班组、工会小组和 QC 小组合一）；司法劳改单位组建的有管教领导、技术人员、工人和劳教人员参加的“四合一”小组等；上海宝钢公司和武钢公司建立的自主管理小组，更加强调小组活动的群众性、自主性、创造性，从而激发了职工参加民主管理、发挥聪明才智的主人翁责任感,促成了职工人人讲理想、讲奉献的良好的企业风尚的形成。

在全国第十三次QC小组代表大会上,倡导了QC小组活动向"小、实、活、新"方向发展,从而有力地推动了QC小组活动在商业、服务业等各行各业,特别是工作在生产和服务第一线的广大职工中的开展。

(四)深化阶段

该阶段的时间是1998年至今。此期间,随着国家经济体制的调整,即从计划经济向市场经济的转变,QC小组活动也随之发生了三大转变,即由国有大中型企业向三资企业、由内地企业向沿海企业、由制造业向服务业的转变。21世纪初,随着国民经济的调整逐步就绪,国有大中型企业的转轨解困,以及西部地区的大开发,QC小组活动的广度、深度得到进一步的发展,进入了深化阶段。

(1)质量管理小组活动进一步得到国家质量主管部门的重视与支持。2003年全国人大副委员长、全国总工会主席王兆国等领导出席全国质量管理小组活动25周年座谈会,并与全体代表合影留念。在座谈会上,他强调指出:"多年来,QC小组不仅培养了技术工人和骨干,同时也造就了大批管理人才""各级党委、政府和企业经营者要重视、关心和支持这项活动,切实加强领导和指导。"

国家质检总局于2006年起作为全国质量管理小组代表会议的主办单位之一,每年参加和指导这项活动。全国人大副委员长、全国妇联主席顾秀莲积极支持质量管理小组活动的开展,2008年全国妇联也作为主办单位之一,共同参与命名表彰活动。

(2)继续开展普及教育,加强诊断师队伍建设。自2001年起,中国质协举办新一轮全面质量管理基本知识普及教育,在各省市质协的积极组织下,全国接受培训教育人数超过百万人次,近70万人通过了全国统一考试。自1998年至2007年,中国质协共举办了19批国家级QC小组活动诊断师考评(十至二十七批)6000余人,省市及行业QC小组活动诊断师达数万人。

根据形势和业务的发展与变化，为进一步正确、有效地指导 QC 小组开展活动，中国质协分别于 1998 年重新修订、再版《QC 小组基础教程》，2000 年改版为《QC 小组基础教材》，又于 2004 年、2008 年完成对《QC 小组基础教材》的两次修订；2003 年编著《QC 小组活动指南》。

（3）“创新型”课题 QC 小组开辟了小组活动的新领域。自 1999 年引入日本“课题达成型”QC 小组活动思路，2000 年中国质协结合我国 QC 小组活动实际，下发了《关于试点开展“创新型”课题 QC 小组活动的建议》，提出了“创新型”课题 QC 小组的课题类型，其活动程序不同于以往“问题解决型”课题 QC 小组。经过三年的试点、研讨和实践，2002 年中国质协正式下发《关于开展“创新型”课题 QC 小组活动的意见》。2006 年中国质协进一步提出《开展“创新型”课题 QC 小组活动实施指导意见》，使得“创新型”课题 QC 小组在我国得到了健康、有序的发展，并取得了显著的成效。

（4）加强世界交流，与国际接轨。中国质量协会每年组团出国参加国际会议或考察。1997 年 8 月 30 日至 9 月 1 日首次在北京召开了国际质量管理小组大会。出席大会的有国务院副总理吴邦国等领导同志，国际著名的质量管理专家，以及来自马来西亚、印度尼西亚、新加坡、中国（含香港、台湾）、菲律宾、日本、泰国、韩国、印度、斯里兰卡、越南、澳大利亚、美国、墨西哥、英国、奥地利、土耳其、巴西 18 个国家和地区的代表 1200 余人。

时隔 10 年，2007 年 10 月 25～26 日，中国质量协会再一次在北京成功主办了国际质量管理小组大会，全国人大副委员长顾秀莲、全国政协副主席王忠禹、国家质检总局副局长支树平等领导出席大会，来自美国、日本、韩国、印度、泰国等 14 个国家和地区的近 2000 名代表参加会议，创下了 ICQCC 历史新纪录。国内外与会代表围绕着“QC 小组——普及·深化·创新”的主题，进行了大会演讲，并在 8 个分会场发表了各自的 QC 成果和论文。通过主办国际小组大会，既让世界进一步了解了中国，也让中国更深入地了解了世界，既展示了中国近30年来QC小组活动经验、特点、成果水平和民族文化,也提供了中国广泛参与国际交流,学习、借鉴各国开展QC小组活动经验的机会。不仅增进了中国与各国代表的友谊,而且缩短了与世界的距离,对于进一步促进中国QC小组活动的发展、提高,具有里程碑意义。

三、中国香港QC小组活动

1981年由香港生产力局把QC小组引入香港。从此,许多公司都对QC小组表示出极大兴趣,并把它作为培养员工改进产品质量的方法加以推广。那些实施QC小组的大多数公司都是制造业,解决的问题都与生产有关。

1983年香港品质管理协会成立。许多推行QC小组活动的公司都加入了香港品管协会。为了推动香港的QC小组活动,香港生产力局和品管协会组织QC小组研讨会、设置培训课程和提供咨询服务。在两个组织的共同努力下,从1991年以来,组织了两年一次的香港QC小组成果发表大会,每次大会都有1000人以上的香港和海外代表参加。从1993年开始,向那些优秀小组颁发质量管理小组奖,以承认其成就和激励QC小组活动在香港的开展。

近几年来,香港的QC小组活动从制造业扩展到了很多服务业,如银行、运输公司、贸易公司和公共事务组织等,在那些推行QC小组活动的组织中,不仅在生产部门,而且在采购、财务、仓储、人事、工程和销售部门中,都开展了QC小组活动。香港生产力局和香港品管协会,还积极联合组团参加国际质量管理小组大会(ICQCC)和国际质量管理小组展示会(IEQCC),以使香港品管小组有机会向海外代表学习和交流经验。

1994年10月,香港主办了“ICQCC’94”,来自16个国家和地区的650名代表和400名香港本地代表参加了这一盛会。这标志着香港QC小组活动发展的一个重要的里程碑。在此次会议的影响下,又有更多的组织对实施这一管理方式产生了兴趣,如政府部门、医院、饭店和百货商店等。

目前，在香港约有300个组织开展了QC小组活动。

四、中国台湾QC小组活动

QC小组活动于1967年引入台湾，1968年由“先锋质量管理研究会”开始推进。1970年由先锋企业和其他私营企业成立了QC小组总部，进一步推动了台湾的QC小组活动。在70年代中，QC小组活动扩展到服务部门和部分企业。1990年，财团法人“中卫发展中心”设立了团结圈（QC小组）活动推广处，支持各企业落实QC小组活动，并积极推广之。90年代，QC小组普及各个行业，现在台湾约有51000个QC小组在活动，其中注册的18600个。注册的QC小组有一半来自服务部门。2000年，于中国台北举办了国际小组大会，对台湾地区的QC小组活动发展起到了很大的促进作用。每年在岛内举办三到五次交流研讨会，至2007年已举办182次，促进相互提高和学习。

在台湾，建立了一个较完善的QC小组成果发表和激励的体系。通过这个体系，可以提高QC小组活动的水平，给QC小组成员以交流和相互学习的机会。1977年起设立岛内QC大奖，至今已30周年，成为岛内QC小组活动的最高荣誉。“中卫发展中心”每年组织全台湾的竞赛交流。先在企业内竞赛选拔，推荐至公会选拔。竞赛分预赛和决赛两个阶段进行，预赛按地理位置划分北、中、南三区办理，采取现场评审方式。现场评审以100分为满分，现场评审成绩占决赛成绩的60%。决赛于每年9月中旬举办，以发表会形式，评审成绩以10分为满分。根据活动年限和获奖积分将QC小组分为自强组（活动4年以下的小组）、合作组（活动4~8年或自强组获奖积分达8分以上者）、团结组（活动8年以上或合作组获奖积分达8分以上者）、示范组（团结组获奖积分达8分以上者）。QC小组奖励分金塔奖、银塔奖、铜塔奖，金塔奖积4分，银塔奖积2分，铜塔奖积1分。列入示范组的QC小组，决赛成绩达83分以上者，可授予“殊荣奖”。各类团结、合作、自强小组获决赛第一名者,可授金塔奖、银塔奖、铜塔奖。凡获以上荣誉的 QC 小组,奖励到日本等国研习。QC 小组活动奖项还有上洋上大学,即由“台湾品质学会”组织教育船与日本进行交流。这样的教育船可容纳 500 人,船上有教室、康乐室、研习室等。

1996 年台湾又提出“头脑更新”,以满足改进的需要。如提出品管圈活动的小我境界(由团体的品管圈进展到个人的品管圈,由工作的品管圈升华到生活的品管圈,每个人都遵循质量管理工作(即 PDCA 循环,都是一个品管圈,每天都是品管圈的生活)和大我境界(各行业、各机构、各团体、全体同胞都具有品管圈活动的做事方法以及生活精神,都来积极参与品管圈活动)。

第二章　QC 小组的组建

本章主要内容包括 QC 小组的组建原则、组建程序以及人员组成。

第一节　组建 QC 小组的原则

QC 小组，是开展 QC 小组活动的基本组织单位。组建 QC 小组的工作做得如何，将直接影响 QC 小组活动的效果。为了做好组建 QC 小组工作，一般应遵循“自愿参加，上下结合”与“实事求是，灵活多样”这一基本原则。

一、自愿参加，上下结合

“自愿参加”，是指在组建 QC 小组时，小组成员对 QC 小组活动的宗旨有了比较深刻的理解和共识，并产生了自觉参与质量管理，自愿结合在一起，自主地开展活动的要求。这样组建起来的 QC 小组，不是靠行政命令，小组成员就不会有“被迫”“义务”等感觉，从而在其以后开展活动中能更好地发挥无私奉献的主人翁精神，充分发挥自己的积极性、主动性、创造性，不向企业要特殊条件，而是自己挤时间、创造条件自主地开展活动。小组成员就会在小组活动中，进行自我学习，相互启发，共同研究，协力解决共同关心的问题，实现自我控制、自我提高的目标。

强调自愿参加，并不意味着 QC 小组只能自发地产生，更不是说企业的管理者就可以放弃指导与领导的职责。这里讲的“上下结合”，就是要把来自上面的管理者的组织、引导与启发职工群众的自觉自愿相结合，组建本企业的 QC 小组。没有广大职工群众自觉自愿地参加 QC 小组活动，QC 小组活动就会停滞不前，QC 小组就没有生命力。

二、实事求是，灵活多样

组建QC小组，是为了给广大职工群众参与企业管理与不断改进提供一种组织形式。职工群众自愿结合成各种类型的QC小组，围绕企业的经营战略、方针目标和身边存在的各种问题，形式多样地、自主地开展活动，从而有效地推动企业目标的实现和自身素质的提高。由于各个企业的情况不同，因此在组建QC小组时一定要从企业实际出发，以解决企业实际问题为出发点，实事求是地筹划QC小组的组建工作。当广大职工对QC小组活动的认识还不清楚，积极性还不高的时候，不要急于追求“普及率”，一哄而起地组建QC小组，而是先启发少数人的自觉自愿，组建少量的QC小组，指导他们卓有成效地开展活动，并取得成果。这就可以为广大职工群众参加QC小组活动起到典型引路的示范作用，让广大职工从身边的实例中增加对QC小组活动宗旨的感性认识，加深理解，逐步诱发其参与QC小组活动的愿望，使企业中QC小组像滚雪球一样地扩展开来。

由于各个企业的特点不同，乃至于一个企业内部各个部门的特点也不同，在组建QC小组时，形式可以灵活多样。从解决实际问题的需要出发，组成各种形式的QC小组，以方便活动，易出成果。不要搞一个模式、一刀切。比如，一些工业企业、建筑施工企业组织的三结合技术攻关的QC小组，商业、服务业广泛组织的以改善服务质量为主的QC小组，企、事业单位中组织的以改进管理为主的QC小组，以及在我国一些企业中出现的“三合一”QC小组、“四结合”QC小组、“自主管理小组”等，模式多种多样，不拘一格。这样就可以使QC小组这一群众参与管理的有效组织形式，如同百花园中争奇斗艳的鲜花一样，呈现出百花齐放的蓬勃局面。

第二节　QC 小组的成员及对其要求

QC 小组成员主要包括组长和组员。

一、QC 小组组长的职责及对其要求

(一) QC 小组组长的职责

QC 小组组长是 QC 小组的核心人物,一个 QC 小组能否有效地开展活动,组长起着重要的作用。QC 小组组长可以是自荐并经小组成员认可的,也可以是由小组成员共同推举的。

QC 小组组长的基本职责,就是组织领导 QC 小组有效地开展活动。组长是一个 QC 小组的组织领导者。在 QC 小组组建时,他要负责向有关部门办理 QC 小组的注册登记手续;QC 小组组建后,他要负责组织小组成员制订 QC 小组活动计划,组织人员分工,带领组员按计划开展活动,负责保管 QC 小组活动的原始记录,参加上级主管部门召开的有关 QC 小组活动的会议,并向组员传达。总之,QC 小组活动自始至终都贯穿着组长的组织领导。这里需要强调的是 QC 小组组长的组织领导作用,不是靠行政命令,而是靠自己对 QC 小组活动的高度热情、积极奉献、言传身教以及模范带头的行动团结全体组员、激励全体组员与自己一道主动有效地开展 QC 小组活动。

QC 小组组长的具体职责可概括为以下三个方面:

(1)抓好 QC 小组的质量教育。"全面质量管理始于教育,终于教育",开展 QC 小组活动,也应自始至终抓好教育不放松。通过教育,增强全体组员的质量意识、问题意识、改进意识、参与意识,加深对 QC 小组活动宗旨的理解。这样才能激发组员参加 QC 小组活动的积极性和主动性,才能使全体组员统一认识、统一意志,为小组活动打下坚实的思想基础;通过教育,使组员对开展 QC 小组活动的科学程序和有效方法能正确理解,并会结合活动实际灵活运用,这是

保证小组活动能够按计划取得预期成果的重要保证。当然这种质量教育不可能是一次奏效、一劳永逸的，而是要通过多种形式——包括听课、成果交流、活动实践中学习等，不间断地进行，以使教育成果不断巩固，教育内容不断深化，从而不断提高小组活动的水平和小组活动的有效性。这样就能使小组成员尝到小组活动的甜头，感受到自己工作中的乐趣，甚至感受到人生的价值，进一步激发小组成员持续不断进行活动的积极性。

(2)制订小组活动计划，按计划组织好小组活动。QC 小组组长应带领组员一起讨论制订本 QC 小组活动的计划，与组员一起认真分析并确定活动课题，以及活动欲达到的目标，运用全面质量管理的理论和方法，按照 PDCA 循环的工作程序，结合本专业技术开展活动。QC 小组组长还应在活动中注意检查活动计划的实施情况，发现偏差，及时与组员一起研究补充纠正措施，以保证预定目标的实现，或必要时修订原计划，报主管部门批准后实施。

在制订 QC 小组活动计划时，组长要注意使活动内容与形式多样化，既有共同的学习研讨活动，又有分头的改进、改善活动，还可以把一些文体娱乐与交往活动穿插其间，为组员创造一个宽松愉快的工作环境。这正如日本质量管理专家石川馨先生曾指出的，QC 小组成员通过共同的活动、共同的目标，分工合作，增强相互的连带感、团结力，改善人与人之间的关系，创造一个团结和睦的工作环境，提高工作的愿望和积极性。

(3)做好 QC 小组的日常管理工作。QC 小组组长要按照企业制定的 QC 小组管理制度，经常组织全体组员开展 QC 小组活动，做好活动记录、出勤考核，组织好整理与发表活动成果报告，并注意组织活动总结与诊断，以不断改进小组活动方式，提高活动的有效性。

(二)对 QC 小组组长的要求

QC 小组组长在 QC 小组中的地位与职责，决定了要做好一个 QC 小组组长所应该具备的一些条件，也就是对他的一些要求。

(1)是推行全面质量管理的热心人。QC 小组组长不仅应是热爱企业、热爱本职工作、事业心强的企业骨干，而且对开展QC小组活动要有很高的热情。这样，在带领QC小组开展活动时，才能任劳任怨，不怕困难，积极工作。

(2)业务知识较丰富。QC小组组长无论是技术水平、操作技能，还是专业知识、质量管理知识，都应比一般职工的水平高。在QC小组活动中，他不仅是组织者，还能当“小先生”，带动组员不断提高技术业务素质。

(3)具有一定的组织能力。QC小组组长要能够调动组员的积极性和创造性，善于集思广益，团结全体组员一道工作，使QC小组不仅能在解决企业的质量、消耗等问题方面，还能在改善管理、改善人际关系和加强班组建设等方面作出贡献。

虽然对QC小组组长的要求比较高，然而这正是发现、培养和锻炼人才的极好机会。QC小组组长只要在QC小组活动实践中勇于进取，乐于奉献，不断总结经验教训，改进工作，提高素质，不仅能够成为一个优秀的QC小组组长，而且也能成为管理者的后备军。中国有的企业规定，在选拔班组长、工段长时，优先在QC小组组长中挑选。

二、对QC小组组员的要求

QC小组的组员可以由与所选课题有关的人员组成，也可以由一些工作岗位相近、兴趣爱好相投的人员组成。这些人组织在一起，推举出组长(或自荐经组员认可)，便可向主管部门注册登记。QC小组的组员，不受职务的限制，工人、技术人员可以当组员，管理者也可以当组员。

一般来说，对QC小组组员，有以下几点要求：

(1)应根据QC小组活动计划安排按时参加活动，在活动中积极发挥自己的聪明才智和特长，这样，才能充分发挥QC小组的群体作用。

(2)按时完成小组分配的任务。只有每个组员都能按小组分工负责按时完成自己的任务，本 QC 小组要解决的课题才能如期实现预定目标。

(3)QC 小组组员不仅应不满足于当好本 QC 小组的组员，而且应成为企业中革新改进的积极分子。要不断动脑筋发现自己周围存在的可以改进的问题，为企业提出各种合理化建议，为 QC 小组提供更多的活动课题。

近几年来，中国有些 QC 小组，为了提高小组活动的水平和有效性，还聘请了一些有关专家或领导作为 QC 小组的顾问。这些顾问给 QC 小组活动以有益的指导或必要的协调，为 QC 小组活动取得预期效果起到了积极的促进作用。

许多企业的 QC 小组活动成果都凝结了 QC 小组活动推进者的心血，也可以把他们列入小组成员表。

第三节　QC 小组组建程序与注册登记

一、QC 小组组建程序

由于各个企业的情况、欲组建的 QC 小组以及欲选择的活动课题特点等不同，所以组建 QC 小组的程序也不尽相同，大致可以分为三种情况。

(一)自下而上的组建程序

由同一班组的几个人(或一个人)，根据想要选择的课题内容，推举一位组长(或邀请几位同事)，共同商定是否组成一个 QC 小组，给小组取个什么名字，先要选个什么课题，确认组长人选。基本取得共识后，由经确认的 QC 小组组长向所在车间(或部门)申请注册登记，经主管部门审查认为具备建组条件后，即可发给小组注册登记表和课题注册登记表。组长按要求填好注册登记表，并交主管部门编录注册登记号，该 QC 小组组建工作便告完成。

这种组建程序，通常适用于那些由同一班组(或同一科室)内的部分成员组成的 QC 小组。他们所选的课题一般都是自己身边的、力所能及的较小的问题。这样组建的 QC 小组,成员的活动积极性、主动性很高,企业主管部门应给予支持和指导,包括对小组骨干成员的必要的培训,以使 QC 小组活动持续有效地发展。

(二)自上而下的组建程序

这是中国企业当前较普遍采用的。首先,由企业主管 QC 小组活动的部门,根据企业实际情况,提出全企业开展 QC 小组活动的设想方案,其次与车间(或部门)的领导协商,达成共识后,由车间(或部门)与 QC 小组活动的主管部门共同确定本单位应建几个 QC 小组,并提出组长人选,进而与组长一起物色每个 QC 小组所需的组员,所选的课题内容。最后由企业主管部门会同车间(部门)领导发给 QC 小组长注册登记表。组长按要求填完两表(即小组注册登记表、课题注册登记表),经企业主管部门审核同意,并编上注册号,小组组建工作即告完成。

这种组建程序较普遍地被"三结合"技术攻关的QC小组采用。这类 QC 小组所选择的课题往往都是企业或车间(部门)急需解决的、有较大难度、牵涉面较广的技术、设备、工艺问题,需要企业或车间为 QC 小组活动提供一定的技术、资金条件。因此,难以自下而上组建。还有一些 QC 小组,由于其活动课题也是自上而下确定,并且是涉及部门较多的综合性管理课题,因此,通常也采取这种程序组建。这样组建的 QC 小组,容易紧密结合企业的方针目标,抓住关键课题,对企业和 QC 小组成员会带来直接经济效益。又由于其有领导与技术人员的参与,活动易得到人力、物力、财力和时间的保证,利于取得成效, 但易使成员产生"完成任务"感,影响活动的积极性、主动性。

(三)上下结合的组建程序

这是介于上面两种组建方式之间的一种。它通常是由上级推荐课题范围,经下级讨论认可,上下协商来组建。这主要是涉及组长和组员人选的确定、课题内容的初步选择等问题,其他程序与前两种相同。这样组建小组,可取前两种所长,避其所短,应积极倡导。

二、QC 小组的人数

《关于推进企业质量管理小组活动的意见》中指出:“为便于自主地开展现场改善活动,小组人数一般以 3 ~ 10 人为宜。”每个 QC 小组成员具体应该多少,应根据所选课题涉及的范围、难度等因素确定,不必强求一致。在课题变化或小组成员岗位变动后,成员数也可作相应调整。在小组成员人数可多可少的情况下,宜少不宜多,以便于每个小组成员都能在小组活动中充分发挥作用。

三、QC 小组的注册登记

为了便于管理,组建 QC 小组应认真做好注册登记工作。注册登记表由企业 QC 小组活动主管部门负责发放、登记编号和统一保管。

注册登记是 QC 小组组建的最后一步工作。QC 小组注册登记后,就被纳入企业年度 QC 小组活动管理计划之中,在随后开展的小组活动中,便于得到各级领导和有关部门的支持和服务,并可参加各级优秀 QC 小组的评选。

QC 小组的注册登记不是一劳永逸的,而是每年要进行一次重新登记,以便确认该 QC 小组是否还存在,或有什么变动。《关于推进企业质量管理小组活动的意见》中指出:“对停止活动持续半年的 QC 小组予以注销。”可见,进行注册登记有助于督促 QC 小组坚持开展活动。

这里要注意,QC 小组的注册登记每年进行一次;而 QC 小组活动课题的注册登记,则应是每选定一个活动课题,在开展活动之前都要进行一次课题的注册登记。两者不可混淆。在 QC 小组注册登记时,如果上一年度的活动课题没有结束,还不能注册登记新课题时,则应向主管部门书面说明情况。

第三章　QC 小组活动

组建 QC 小组，就是为了开展活动。没有活动的 QC 小组是无生命力的，也就没有存在的必要。根据 QC 小组活动的内在规律和国内外 QC 小组活动的经验教训，本章主要阐明开展 QC 小组活动的基本条件、活动程序，以及如何持续有效地推进 QC 小组活动健康发展。

第一节　QC 小组活动的基本条件

在社会主义市场经济条件下，企业要在竞争中求得生存和发展，就必须十分重视质量；要以质取胜，则必须靠全员共同努力，这就为企业开展 QC 小组活动创造了良好的外部环境。QC 小组是实现全员参与质量改进的有效形式，QC 小组活动应是企业的自觉行为。要在企业内开展好 QC 小组活动，还需要创造较好的内部环境，主要应具备以下几个基本条件。

一、领导对 QC 小组活动思想上重视，行动上支持

广泛开展 QC 小组活动，是全心全意依靠工人阶级办好企业的一项重要措施，也是增强企业竞争力的有效途径。因此，企业各级领导要高度重视，热情支持，积极引导，并把它作为企业取得成功的关键要素来抓。比如，把 QC 小组活动纳入企业质量工作计划；制订并坚持鼓励开展 QC 小组活动的政策（如在分房、评职称时给加分，把开展 QC 小组活动与个人利益紧密挂钩）；在企业中设有专职或兼职的负责管理 QC 小组活动的人员；在有关质量工作的会议上积极宣传 QC 小组活动的意义，参加 QC 小组活动成果发表会，亲自为优秀 QC 小组颁奖，鼓励开展 QC 小组活动等，在企业内部形成推动开

展QC小组活动的氛围。

二、职工对QC小组活动有认识，有要求

只有广大职工群众对开展QC小组活动的意义有认识，有参加QC小组活动的愿望和要求，QC小组活动才能成为广大职工自觉、主动的行为。为此，要通过认真开展质量管理教育，提高广大职工的质量意识、问题意识、改进意识和参与意识，使企业的QC小组活动建立在较广泛的群众基础之上。

三、培养一批QC小组活动的骨干

要十分重视培养QC小组活动骨干的工作。企业主管QC小组的部门要善于在质量管理工作中及时发现一些质量意识较强、热心于不断改进质量的积极分子，有意识地对他们进行培养教育，使他们比别人先学一步，多学一些，既掌握质量管理理论，又会运用QC小组活动的有关知识和方法，还知道应如何组织好QC小组活动。培养出一批这样的QC小组骨干，他们就会成为企业开展QC小组活动的"种子"，使QC小组活动在企业的广阔沃土中生根、开花、结果。

四、建立健全QC小组活动的规章制度

为了使企业的QC小组活动持续、健康地发展，企业应把QC小组活动作为质量管理体系的一个要素，并对QC小组的组建、注册登记、活动、管理、培训、成果发表、评选和奖励等项工作制定出相应的规章制度。具体可参照1997年3月20日国家经贸委、财政部、中国科协、全国总工会、共青团中央、中国质协联合颁发的《关于推进企业质量管理小组活动的意见》，结合本企业特点制定，以此指导企业的QC小组活动。

第二节　QC 小组活动的程序

为了解决本企业或本单位存在的问题，不断地进行质量改进是 QC 小组活动的基本特征。要解决所存在的问题，就需要技术。这里涉及的技术有两个方面：一个方面是专业技术，即要解决的这个问题属于什么专业范围，需要用的专业技术；另一个方面是管理技术，即程序、证据、方法、技巧等。专业技术和管理技术并用，就能使解决问题做到多快好省，如同一辆车的两个轮子，需要一起转动，才能很好地驶向目标。每个 QC 小组要解决的课题是不同的，因此所涉及的专业技术也各不相同，而管理技术则是共性的，这正是每个 QC 小组都需了解、掌握和应用的。

QC 小组解决课题所涉及的管理技术主要有三个方面：

(1)遵循 PDCA 循环。我们每做一件事，搞一项活动或解决一个问题，都有一个做法或思路，它都是按照 PDCA 的活动规律(程序)进行的。P(Plan)表示计划，D(Do)表示执行，C(Check)表示检查，A(Action)表示处理。

P 阶段通常包含着六个步骤：一是选定课题，二是找出要解决的主要问题，三是确定本次活动所要达到的目标，四是分析产生主要问题的各种原因，五是找出主要原因，六是制定对策。D 阶段包含着一个步骤，即按照制订的对策实施。C 阶段包含着一个步骤，即检查所取得的效果。A 阶段包含着两个步骤，即制定巩固措施，防止问题再发生；提出遗留问题及下一步打算。这就是人们通常所说的“四个阶段、十个步骤”的内容。

PDCA 循环有两个特点：一是循环前进，阶梯上升，见图 3－1。也就是按 PDCA 顺序前进，就能达到一个新的水平，在新的水平上再进行 PDCA 循环就又可达到一个更高的水平。二是大环套小环，见图 3－2，即 PDCA 四个阶段中，每个阶段都可有它本身的小 PDCA 循环。

(2)以事实为依据，用数据说话。为什么选这个课题？为什么制定这个目标？问题的症结在哪儿？为什么确定这几条主要原因？所制定的每一条对策是否完成，有没有达到预定的效果，等等，都要有证据来说明，而这些证据应是客观的而不是主观的。为此要以事实为依据，用数据说话。

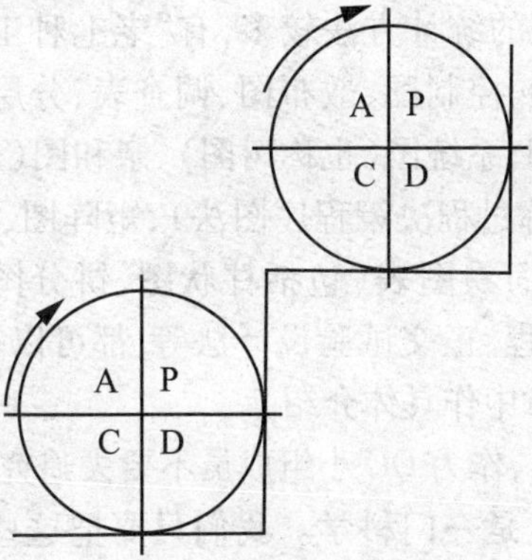

图3－1

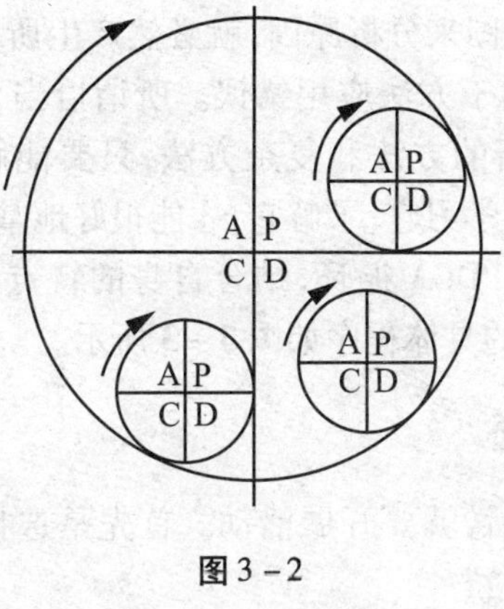

图3－2

（3）应用统计方法。为了取得证据，我们收集了大量的数据，其中有的是有效数据，有的则是无效数据。要对数据进行整理、分析，就需要应用统计方法；我们要判断总体质量，不能做到全数检验时，可以随机抽取一定数量作为样本，从样本的质量状况，就可以判断总体的质量水平，这也需应用统计方法；我们要优选一些参数进行试验验证时，怎样才能做到试验次数最少而得到参数的最佳搭配，这也需要应用统计方法。

现在可供选用的统计方法较多，有“老七种工具”，分别是排列图、因果图、直方图、控制图、散布图、调查表、分层法；有“新七种工具”，分别是关联图、系统图（也称树图）、亲和图（也称 KJ 法 A 型图解）、PDPC 法（也称过程决策程序图法）、矩阵图、矩阵数据分析法、矢线图；还有一些简易图表（包括柱状图、饼分图、折线图、雷达图等）；此外，价值工程、正交试验设计法等，都可以被选用（这些方法在本书六至十三章中作具体介绍）。

对于这些方法，作为 QC 小组成员不要去追究它的来龙去脉，因为统计方法本身就是一门科学。我们只要把这些方法拿来应用就可以了，但是应用必须做到正确、恰当。所谓正确，就是方法不能用错，例如因果图是针对单一问题来分析原因的方法，假如是两个问题而用一个因果图来分析原因，就必然产生所分析的原因针对性不强，因此，这就属于方法应用错误。所谓恰当，就是要恰如其分，不要盲目追求用新的方法和复杂方法，只要能解决问题就行。为此，QC 小组成员要学习它、了解它，才能很好地掌握及应用。

总之，应遵循 PDCA 循环，结合自身的特点来开展 QC 小组活动。QC 小组活动的具体程序如图 3－3 所示。

一、选择课题

QC 小组组建后，就要开展活动。首先是选择课题，也就是“大家一起来改善什么？”

1. 课题来源

课题的来源一般有三个方面：一是指令性课题。即由上级主管部门根据企业（或部门）的实际需要，以行政指令的形式向 QC 小组下达的课题，这种课题通常是企业生产经营活动中迫切需要解决的重要技术攻关性的课题。二是指导性课题。通常由企业的质量管理部门根据企业实现经营战略、方针、目标的需要,推荐并公布一批可供各 QC 小组选择的课题,每个小组则根据自身的条件选择力所能及的课题开展活动,这是一种上下结合的方式。三是由小组自行选择课题。

前两个方面的课题,是企业生产经营活动中迫切需要解决的问题,既然已经下达给 QC 小组,就应该发动小组成员共同努力去完成, 但大多数的 QC 小组需要自己去寻找、选择课题。只要发动群众,集思广益,在生产、服务和工作现场,需要改善的课题是很多的。QC 小组在自选课题时可以从以下三个方面来考虑:

(1)针对上级方针、目标在本部门落实的关键点来选题。从这方面来选题,能更好地得到领导的支持。如上级要求降低消耗,甚至限定本部门的消耗不能超过多少,而本部门在某些方面的消耗超过指标很多,部门领导正为实现这个指标犯愁,QC 小组如能主动选择这方面的课题,解决其中的一些问题,做到想领导所想,急领导所急,在力所能及的前提下,办领导所需,就肯定能得到领导的支持。这样, 在 QC 小组活动需要的时间、物质、费用方面、与外部协调方面,就会得到领导更多的关心和帮助。

(2)从现场或小组本身存在的问题方面选题。由于生产、施工、服务现场或小组本身在管理上、效率上、质量上、环境及文明生产上多有问题存在,而这些又多是小组身边或自身的问题,领导也顾不上花更多的精力来解决。如果 QC 小组选择这些问题作为课题,把它解决了,自己解放自己,自己享受成果,就能提高成员们参加 QC 小组活动的积极性。

(3)从顾客(下工序也是顾客)不满意的问题中去选题。“顾客是上帝”,把顾客不满意的问题选为课题加以解决,就能更好地为顾客服务和保证生产经营活动的正常进行。

选题常用的方法有调查表、简易图表、排列图、亲和图、头脑风暴法、水平对比、流程图等。

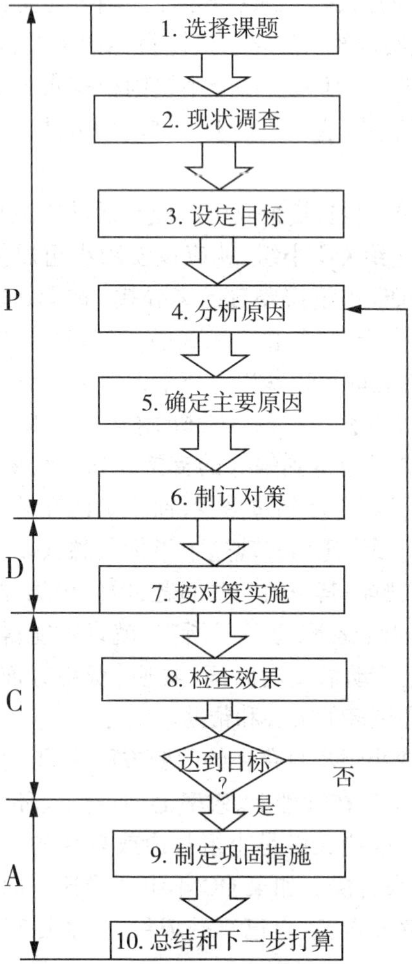

图 3－3　QC 小组活动程序

2. 选题应注意问题

选题要注意以下三个问题：

(1) 课题宜小不宜大。这就是应尽量选择解决具体问题的课题。

小课题有以下四个方面的好处：

①小课题易于取得成果，活动周期短，能更好地鼓舞小组成员的士气。

②小课题短小精悍，大部分对策都能由本小组成员自己来实施，更能发挥本组成员的创造性。

③小课题大部分是在本小组的生产（工作）现场，是自己身边存在的问题，通过自己的努力，得到改进，取得的成果也是自己受益，能更好地调动小组成员的积极性。

④小课题容易总结成果，在发表成果的15分钟时间里，能把小组活动时所动的脑筋、所下的功夫、克服困难的毅力充分表达出来，因此可以发表得很生动、很精彩，对别的QC小组更有启发。

（2）课题的名称应能一目了然地看出是要解决什么问题，不可抽象。课题名称应直接明确要解决什么问题，如“降低××××不合格品率”，“降低××××消耗”，“提高××××效率”，简洁、明了、针对性强。目前在课题名称上有两种偏向需要纠正。

第一种是为了让大家印象深刻和说明课题的重要程度，把课题名称抽象化并加上一顶“大帽子”。如有一个QC小组发表的课题名称为“鼓足干劲、力争上游、勇夺全国最佳”。其实，其内容乃是他们的产品一次合格率低于国内同行业平均水平，造成很高的返修费用，经他们努力改进后，产品一次合格率达到了前列水平。因而，课题名称如叫“提高××产品一次合格率”就很简洁明了。又如某小组发表的课题名称为“一分为二——××××技术改造”，还分为主标题和副标题。其实，其内容就是其生产线上某设备故障停机台时高，影响了生产的正常进行，他们便对设备的控制系统进行了改造，大大降低了设备故障停机台时，保证了生产正常进行。若把课题名称改为“降低××××设备故障停机台时”，就能使课题名称一目了然。

第二种是把所采用的主要对策冠以课题名称。

有的QC小组的课题名称为“提供特殊服务，提高顾客满意率”；“应用正交试验设计，提高产品性能”；“采用PC机改造设备，降低设备故障率”等。这里的“提供特殊服务”“应用正交试验设计”“采用PC机改造设备”都是对策。小组在选题时，还没有完全掌握现状，还不知问题的症结所在，还没有集思广益地分析原因，还没有找到是什么主要原因影响的，更没有研究用什么对策来解决它，怎么能把主要对策作为题目名称呢？小组这样命题无非是有以下两种情况：一是小组立题时已经带着要上这个措施的主导思想，这样就必然在活动的过程中从现状调查到原因分析，采取对策，都受这个主导思想的束缚，就不能真正做到集思广益，就会排斥更经济、更有效的对策，就不能充分发挥小组成员的智慧和创造性。二是小组通过活动解决了问题，取得了效果，在总结时，为了强调某一对策起了主导作用而后加上去的。开展QC小组活动一定要“实”，要实事求是。上述两种情况均是不实的表现，为此要加以纠正。

(3)关于选题理由，应直接写出选此课题的目的和必要性，不要长篇大论地陈述背景。

为什么要选这个课题，在发表时是要交代清楚的，这对别的小组会有启发。要说清理由，只要把上级方针是什么，或本部门有什么要求，实现这个要求的症结是什么，差距有多大，用数据把这些事实表达出来，以说明只要把这个症结解决了，就可达到本部门的要求。这样，选题的目的及必要性就很充分了。有的小组用框图的形式来表示，见图3－4及图3－5。

从图3－4、图3－5可看出选题理由简洁、明了、充分。这里不是要求各小组的选题理由都用框图形式表示，可以形式各异，但要简明、扼要，用数据表达。

有的小组，为了强调所选课题的重要性，从国际的发展趋势讲到国内的先进水平，从计划经济向市场经济的转变讲到市场经济的特点，密密麻麻的文字写了一大篇。在发表时，用了三四分钟，还没说到小组活动情况。有的小组甚至把中央领导人的讲话、题词都作为选题理由，这样做反而显得不“实”。

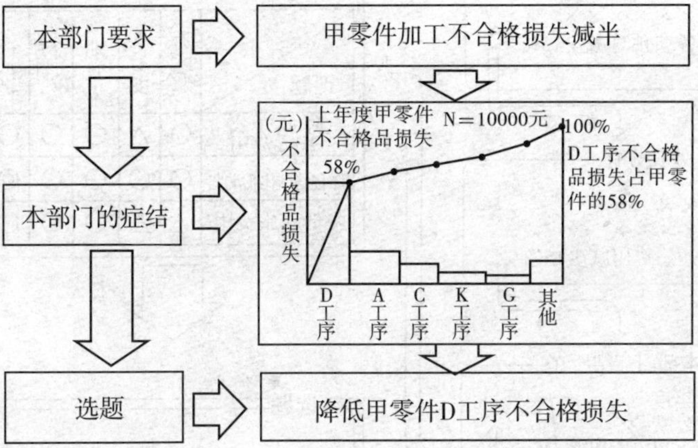

图3-4

3. 课题类型

根据QC小组活动课题的特点、活动内容，可将小组活动课题分为“现场型”“服务型”“攻关型”“管理型”及“创新型”五种类型。

(1) 现场型课题

这类课题通常以稳定生产工序质量、改进产品质量、降低消耗、改善生产环境为选题范围，课题较小，难度不大，是小组成员力所能及的，活动周期较短，比较容易出成果，但经济效益不一定大。

(2) 服务型课题

这类课题通常以推动服务工作标准化、程序化、科学化，提高服务质量和效益为选题范围，课题较小，活动时间不长，见效较快。这类课题的成果虽然经济效益不一定大，但社会效益往往比较明显。

(3) 攻关型课题

它通常以解决技术关键问题为选题范围，课题难度大，活动周期较长，需投入较多的资源，通常经济效益显著。

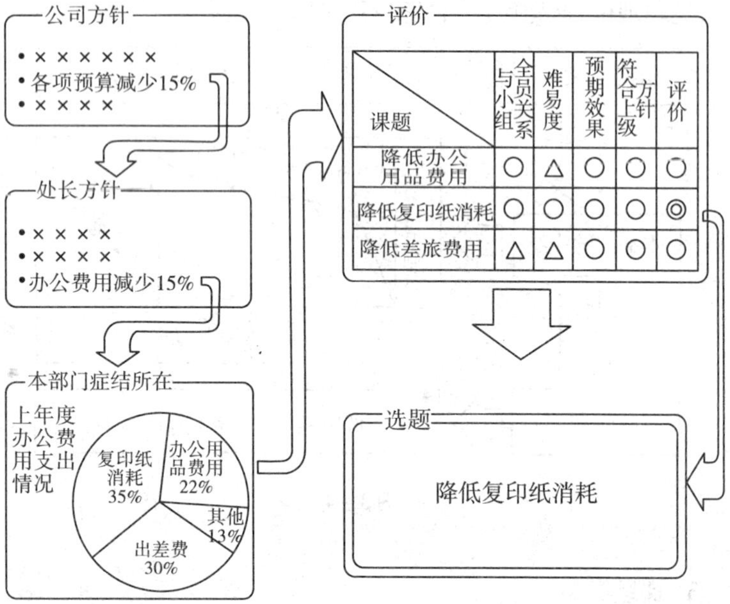

图3－5

○表示重要 △表示一般 ◎表示关键

(4)管理型课题

它通常以提高业务工作质量、解决管理中存在的问题、提高管理水平为选题范围，课题有大有小，如只涉及本部门具体管理业务工作方法改进的课题就小一些，而涉及多个部门协作的课题就大些，课题难度也不相同，效果也差别较大。

(5)创新型课题

这是QC小组成员运用新的思维方式、创新的方法，开发新产品(项目)、新方法，实现预期目标的课题。由于课题是以往不曾有过的，因此无现状可调查。但是，为实现预定的目标可以有多种方案，应由小组成员运用创新思维提出，并对各种方案进行分析论证和评价，必要时进行模拟试验，选择最佳方案，然后付诸实施。创新型课题与前述四类课题的活动程序是有所不同的(具体见第三章第三节内容)。

将QC小组活动课题分为以上五种类型,是为了突出小组活动的广泛性、群众性,便于分类发表交流,有利于调动各方面人员的积极性。如现场型和服务型课题,通常以生产和服务一线员工为主体开展活动,攻关型课题通常由领导干部、技术人员和操作人员三结合进行活动,管理型课题通常由管理人员参与活动,创新型课题则为科研人员、设计开发人员、技术人员、营销人员与管理人员,提供了开展QC小组活动可选择课题的类型。企业只有把各部门、各层次的职工都发动起来,围绕顾客、企业和职工所关心的各种问题,积极开展各种改进与创新活动,提高自身素质,保证工作质量,才能使整个企业做到优质生产、优质经营、优质服务。

二、现状调查

课题确定之后,就要掌握问题严重到什么程度,经过对现状的深入调查分析,确认小组能够改进的程度,从而为目标的设定提供依据。因此,小组成员应对现状进行认真调查,通过对所收集的数据和信息进行分类、整理、分析,把问题的症结所在找出来,然后就可以设定目标、分析原因,一步一步进行下去。现状调查做得好,会给解决课题打下一个扎实的基础。因此,现状调查这一步骤是一个很重要的环节,在整个QC小组活动程序中起到承上启下的作用。

现状调查要注意以下四个方面的问题:

第一,用数据说话。用数据来表示事实,非常重要。它能准确地掌握实际情况,原来隐隐约约感到有什么疑问,通过核实数据,就能澄清问题,进一步了解现状。

如果在选题时已收集了一定程度的数据,可在这基础上再收集有关的数据,以便更详细、准确地掌握实际情况。

收集数据也要注意三点:

①收集的数据要有客观性,避免只收集对自己有利的数据,或

者从收集的数据中只挑选对自己有利的数据而忽略其他数据。

②收集的数据要有可比性。不可比的数据不能作为说明采取对策有效性的证据。

③收集数据的时间要有约束。要收集最近时间的数据,才能真实反映现状,因为情况是会随时间的变化而不断变化的,时间相隔长的数据就不能反映现状。用时间相隔长的数据进行分析,可能会将下面的活动引入歧途。

第二,对现状调查取得的数据要整理、分类,进行分层分析,以便找到问题的症结所在。对通过调查取得的客观数据,要从不同角度进行分类,并对分类数据进行分析。如从某个角度分类的数据来看,没有发现异常情况,就可把在这个角度产生问题的可能性予以排除;而从另一角度分类的数据看,发现了异常,就说明在该角度上是存在问题的。如果从该角度上看确实存在着问题,但问题还不够明朗,则可以在这个基础上,到现场作进一步的分层调查,取得数据后再进行分析,直到找出解决问题的线索,即问题的症结所在为止。

为了对数据进行分类分析,通常可把数据按以下几种标志分类:

①按时间区分。也就是按年、季、月、日、班次来区分。

②按地点区分。也就是按位置、工地不同来区分。

③按症状区分。也就是按缺陷种类、特性、状态来区分。

④按作业区分。也就是按生产线、机床来区分,或者按操作者来区分。

第三,不仅收集已有记录的数据,更需亲自到现场去观察,去测量,去跟踪,直接掌握第一手资料,以掌握问题的实质。

第四,以下两种情况可不作现状调查。

根据小组活动目标确定的方法不同,有两种情况在活动程序中可不进行现状调查这一步骤。

一是指令性目标(其定义见目标设定一节)。因为指令性目标的 QC 小组直接按照上级指令要求设定目标,活动目标明确,因此不需要进行现状调查,而是需要进行“目标可行性分析”。

二是创新型课题。创新型课题是QC小组以全新的思维,立足于研制原来没有的产品、项目、软件、方法以及材料等。因为此课题小组从未做过,无现状可以调查,故创新型课题可以没有现状调查这一步骤(具体内容见创新型课题QC小组)。

综上所述,现状调查在整个QC小组活动程序中是很重要的一环,它的作用是为目标值的确定提供充足的依据。

现状调查常用的方法有:调查表、简易图表、排列图、直方图、控制图、散布图、分层法等。

三、设定目标

设定目标是确定小组活动要把问题解决到什么程度,也是为检查活动的效果提供依据。

有人说“只要解决问题就行了,要不要先确定目标无所谓”。这种说法是错误的。人们每做一件事情、要解决一个问题,不论这个问题的大小,都要制定目标。企业在每年年初要制定企业年度方针,以及在生产经营上到年底要达到什么样的水平。不制定目标,就没有明确的奋斗方向,一切活动将是盲目的。QC小组搞质量改进,解决课题也是如此。所以,这种“只要把问题解决,先定不定目标无所谓”的说法,是没有自信心的表现。没有自信,就不可能去努力奋斗,克服困难。

活动目标一般分为自选目标和指令性目标。自选目标是小组经过现状调查,掌握了问题的症结,明确了可改进程度而制定的目标。指令性目标则分为两种情况:一是上级以指令形式下达给小组的活动目标;二是小组直接选定的上级考核指标。小组如果直接选定上级的考核指标为目标值,应该与考核指标完全一致。通常情况下,小组活动是指令性目标的,其课题多为上级下达的指令性课题;但是将指令性课题作为小组活动选题的,其活动目标不一定都是指令性目标,要视具体情况而定。因此,QC小组在活动中选题和设定目标时要格外注意,并加以适宜的区分。例如某公司领导给某小组下达了指令性课题,要求该小组提高产品的合格率,但没有给定必须达到的目标,这就是指令性课题,这种课题不含目标值,所以小组必须自己进行现状调查,然后设定目标。如果领导在下达课题的同时说明,要把产品合格率由现状的70%提高到80%,“产品合格率80%”即为本次活动的指令性目标,而此活动课题则属于指令性目标的课题。小组可把领导给定的目标直接设定为活动目标,但是能否实现目标,就需进行目标可行性分析。

设定目标要注意以下三个问题:

(1)目标要与问题相对应。如课题名称是“降低××零件的加工废品率”,现状也已调查清楚,设定目标就是要回答废品率由现在的多少,降低到多少。如果通过对现状的反复分层调查分析已找出了问题的症结所在,数据也表明只要把这症结解决,整个问题就能迎刃而解,那么,下一步分析原因,制定对策,采取措施,都是针对这症结来进行的,便可先设定这症结由现在的多少,解决到多少的目标,再设定整个问题由多少,解决到多少的目标。例如“降低××零件加工废品率”的课题,通过现状调查分层分析,找出是A工序不合格率高所造成,A工序不合格率降下来,整个零件的加工废品率也就可大幅度下降。下面分析原因、制定对策都是针对解决A工序不合格率来进行的,则可先设定A工序的不合格率由目前的多少降到多少,再设定××零件加工废品率由目前的多少降低到多少的目标。这样就完全对应起来。总的来说,目标不要设定得多,以免把问题复杂化,通常以1个为宜,最多不要超过2个。

(2)目标要明确表示。所谓明确表示,就是要有用数据表达的目标值。没有量化的目标,在对策实施后就无法证明是否已实现了目标。如某小组以改变服务态度为目标,没有设定量化的目标值,通过对策实施,出现了一批好人好事,有的事迹很感人,但服务态度到底改变到什么程度?说不清楚。所以只有量化的目标,才能检查,才能对比。不能量化的目标,一般不能把它设为目标。

(3)制定目标要有依据。制定目标既要有一定的挑战性,又是要经过努力可以实现的,所以目标的设定应有依据。

自选目标的依据应在现状调查中体现,小组应在现状调查中陈述清楚制定这个目标的水平和理由,即为什么要制定这样的目标,制定目标的依据是什么,并尽可能用事实、数据说话。如目前国内同行业先进水平达到什么程度,而我们在设备条件、人员条件、环境条件、原材料等方面都一样,所以我们也要达到这个水平;或是过去历史上曾接近或达到过这个水平,现在部分条件又得到了改善,就应该稳定达到这个水平;或是通过现状调查,找到症结所在、预计问题解决的程度,测算出能达到的水平;或是上级对我们的考核指标,我们必须达到;或是顾客提出要求,否则就不能占领市场,等等。应避免用豪言壮语、口号式的内容作为制定目标的依据,缺乏可信性。

指令性目标是上级给定的,小组要对目标能否实现进行可行性分析,这里的分析是要说明现实情况与指令性目标之间的差距如何,差距的症结所在,以便针对它进一步分析原因。由于在分析的过程中,小组也需要根据指令目标值的要求,围绕现状症结收集数据,进行深入的分层分析,所以其分析方法类似于现状调查。

指令性目标的活动程序是在选题之后先设定目标,然后进行目标可行性分析。

指令性目标 QC 小组活动程序如图 3 -6 所示。

设定目标所用的方法,通常可用柱状图等简易图表。

四、分析原因

问题明确了,目标也已设定,接下来就可以针对问题进行分析,究竟是什么原因造成这个问题。原因分析从程序上来讲,只要能够针对现状调查所确定的问题,正确、恰当地应用统计方法,这一步就是正确的。但在分析的过程中,经常会因为小组成员考虑问题不全面或缺乏系统性,从而影响分析结果的真实性。

在分析原因时,应让 QC 小组成员充分开阔思路,从可以设想的

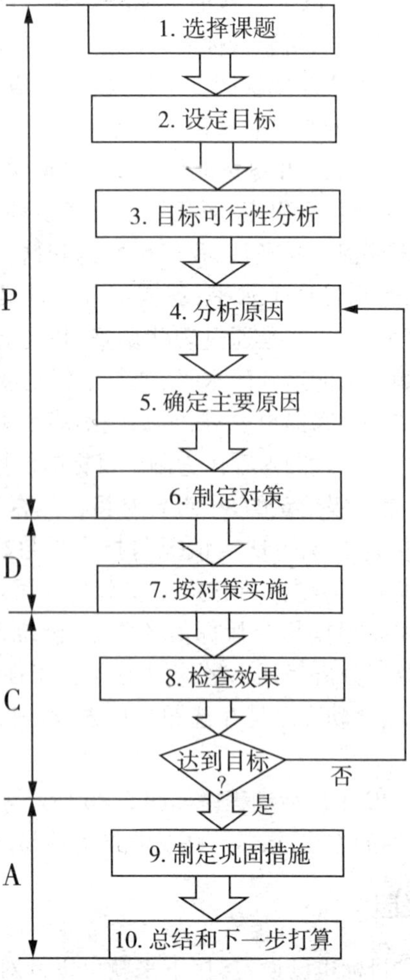

图 3－6　指令性目标 QC 小组活动程序

所有角度收集可能产生问题的全部原因。这和医生看病的道理是一样的。医生看病时，在弄清病人的症状后，首先就必须考虑到能产生这个症状的所有疾病，其次运用各种检查、化验方法逐个排除，最后确诊。

在分析原因时要注意以下问题：

(1)要针对所存在的问题分析原因。分析原因必须针对所存在的问题进行。有的小组在解决课题过程中，明确了所存在的问题是“服务差”，然而在分析原因时却针对“怎样当好顾客的朋友”来分析，这就犯了逻辑性错误。若在现状调查时，已经分析出问题的症结所在，把这个症结解决了，整个问题就可迎刃而解，就应针对这个症结来分析原因。如果已经找到症结所在而弃之不管，又回到针对课题的总问题来分析原因，则同样会出现逻辑上的混乱，也会使分析的原因针对性不强。

也有的小组在现状调查已经找到主要问题的情况下，却把课题作为结果进行分析，使现状调查失去了作用。如：某小组的活动课题是《降低铝质连接件加工废品率》，经过现状调查找出加工废品率高的主要问题是 A 工序废品率高，原因分析时小组没有针对 A 工序废品率高进行，而是回到课题分析铝质连接件加工废品率高。这样的分析使现状调查找出的关键问题失去了作用，制定目标的依据也没有意义，原因分析由于问题太大、太笼统，难以分析到可以直接采取对策。

(2)分析原因要展示问题的全貌。分析原因要从各种角度把有影响的原因都找出来，尽量避免遗漏。为此，可从“5M1E”即人(Man)、机器(Machine)、材料(Material)、方法(Method)、环境(Environment)、测量(Measure)几个角度展开分析。如果要分析的是管理问题，则常从影响它的各管理系统展开分析。

在原因分析的小组会上，组长应从展示问题的全貌入手引导小组进行讨论。小组成员提出的每一条可能影响问题的因素，不管它目前状态如何，是否真正影响，只要是有可能影响的都应记录下来，以避免遗漏。

(3)分析原因要彻底。分析原因常用的方法是针对某一方面的原因，通过反复思考“为什么”，把它一层一层展开分析下去，从原因类别展开到第一层原因,再展开到第二层原因,再到第三层原因。所谓“分析彻底”就是展开分析到可直接采取对策的具体因素为止。例如针对“喷漆质量色泽不均”问题分析原因时,从环境这一角度分析,是因为“操作时看不清”,再往下分析为什么看不清呢?是因为“光线太暗”,再往下分析为什么光线暗呢?有两个可能影响的因素:一个是“灯少”;另一个是“灯泡瓦数小”。分析到这里,原因就很具体了,而且已经到了可直接采取对策的程度。针对“灯少”的原因,对策就可定为“再安一个(或几个)灯”;针对“灯泡瓦数小”,对策就定为“换一个瓦数大的灯泡”。所以原因分析彻底,就能使对策制定得简单、明确、针对性强。有不少小组在分析原因时,没有分析彻底,只分析到第一层原因就结束了。如分析到“工艺不合理”“设备精度低”“人员素质差”等就作为末端因素。这些因素包含的内容都很广,把这些作为末端因素,制定对策并实施,就很笼统,很难保证对策的有效性。

(4)要正确、恰当地应用统计方法。分析原因时常用的方法有因果图、系统图与关联图。各小组在活动过程中,可根据所存在问题的情况以及对方法的熟悉、掌握的程度选用。这三种方法将在本书有关章节中详细介绍。这里为使选用时不至于用错,特将其主要特点列表3-1供参考。

表3-1

方法名称	适用场合	原因之间的关系	展开层次
因果图	针对单一问题进行原因分析	原因之间没有交叉影响	一般不超过四层
系统图	针对单一问题进行原因分析	原因之间没有交叉影响	没有限制
关联图	对单一问题进行原因分析	原因之间有交叉影响	没有限制
	对两个以上问题一起进行原因分析	部分原因把两个以上的问题纠缠在一起	

系统图和关联图都有多种形式,选用的原则是只要能正确地表

达清楚，能用简单的方法就不用复杂的方法，能用经常用的、大家都了解的形式，就不用不常用的、大家不熟悉的形式，更不要盲目追求方法应用的高、深、新，提倡简单化原则。因为衡量一个成果水平的高低，并不是看方法用得是否新颖，相反，如能够正确、恰当地应用方法，本身就已表现出小组掌握、应用方法的水平。反之，如果盲目追求应用新颖方法，又对新方法未准确掌握，反而会造成应用上的错误，甚至形成错误的结论。

五、确定主要原因

通过分析原因，分析出有可能影响问题的原因有很多条，其中有的确实是影响问题的主要原因，有的则不是。这一步骤就是要对诸多原因进行鉴别，把确实影响问题的主要原因找出来，将目前状态良好、对存在问题影响不大的原因排除掉，以便为制定对策提供依据。

确定主要原因可按以下三个步骤进行：

(1)把因果图、系统图或关联图中的末端因素收集起来，因为末端因素是问题的根源，所以主要原因要在末端因素中选取。

(2)在末端因素中看看是否有不可抗拒的因素。所谓不可抗拒因素，就是指小组乃至企业都无法采取对策的因素。如“拉闸停电”这是供电部门由于城市供电能力不足而采取的分片拉闸限电措施，虽然对本问题造成影响，但这对小组来说是无法采取对策的，属于不可抗拒因素，所以要把它剔除出去，不作为确定主要原因的对象。

(3)对末端因素逐条确认，以找出真正影响问题的主要原因。确认，就是要找出影响该问题的证据，找这证据要以客观事实为依据，用数据说话。数据表明该因素确实对问题有重要影响，就“承认”它是主要原因；如数据表明该因素对问题影响不大，就“不承认”该因素为主要原因，并予以排除。个别因素一次调查得到的数据尚不能充分判定时，就要再调查、再确认。这和医生看病一样，根据病人的症状，分析可能有多种病因所造成。如何确诊是什么病因呢？

就要通过对病人采取验血、X 光透视、胃镜检查、B 超、心电图、脑电图等手段，取得数据，并对这些数据进行分析，排除得其他病的可能性，从而确诊病人得的是什么病。如还不能充分证明时，还要作进一步的检查，取得进一步的证据，以作最后确诊。

确认常用的方法有以下几种：

①现场验证。现场验证是到现场通过试验，取得数据来证明。这对方法类的因素进行确认常常是很有效的。如对某一个参数定得不合适的影响因素进行确认时，就需要到现场做一些试验，变动一下该参数，看它的结果有无明显的差异，来确定它是不是真正影响问题的主要原因。又如机械行业针对加工某零件产生变形所分析的原因是“压紧位置不当”，进行确认时，可到现场改变一下压紧位置，进行试加工，如果变形明显改善，就能判定它确实是主要原因。

②现场测试、测量。现场测试、测量是到现场通过亲自测试、测量，取得数据，与标准进行比较，看其符合程度来证明。这对机器、材料、环境类因素进行确认时，常常是很有效的。如对机器某一部位的精度差、环境某一项指标高，可以借助仪器、仪表到现场实测取得数据；对材料方面的因素可到现场抽取一定数量的实物作为样本进行测试，取得数据，与标准比较来确认。

③调查、分析。对于人的方面的有些因素，不能用试验或测量的方法来取得数据，则可设计调查表，到现场进行调查、分析，取得数据来确认。

总之，确认必须要小组成员亲自到现场，亲自去观察、调查、测量、试验，取得数据才能为确定主要原因提供依据。只凭印象、感觉、经验来确认是依据不足的。采用举手表决、“01 打分法”、按重要度评分法等，均不可取。

在确认每条末端原因是否主要原因时，应根据它对所分析的问题的影响程度大小来确定，而不能根据它是否容易解决来确定。

末端因素要逐条确认，不逐条确认，就有可能把本来是主要原因的因素漏掉。

确定主要原因为制定对策提供了依据,为此“确认”做得好,就可为制定对策打下好的基础。确定主要原因常用的方法有调查表、简易图表、散布图、正交试验设计法等。

六、制定对策

主要原因确定之后,就可分别针对所确定的每条主要原因制定对策。

制定对策通常可以分三个步骤进行:

(1)提出对策。首先针对每一条主要原因,让小组全体成员开动脑筋,敞开思想,独立思考,相互启发,从各个角度提出改进的想法。如针对“工具不好用”这一主要原因,是在原有基础上改进,还是重新设计制造一个新的工具,还是用别的工具替代,对策提得越具体越好。这样,每条原因都可提出若干个对策,这里可先不必考虑提出的对策是否可行,只要是可能解决这条主要原因的对策都提出来,这样才能尽量做到不遗漏真正有效的对策,才能集思广益。

(2)研究、确定所采取的对策。从针对每一条主要原因所提出的若干个对策中分析研究,究竟选用什么样的对策和解决到什么程度。这要考虑以下几点:

①分析研究对策的有效性。首先就要分析研究该对策能不能控制或消除产生问题的主要原因,如果感到没把握或该对策不能彻底解决问题,则不宜采用,而要另谋良策。

②分析研究对策的可实施性。选用的对策起码是可以实施的,不可实施的对策就不能采用。如对策需要某一手段,而企业没有,目前企业又不可能拿出这么多资金购买,所以就无法实施;又如该对策实施后会使环境保护指标严重超标,所以,涉及违反国家法规法令的对策也不可实施采用。除此之外,还要从经济性(花多少钱、能不能花得最少)、技术性(有没有这方面的专业技术能力)、难易度(是很容易实现的,还是有一定难度)等方面综合考虑确定。必要时作多方案的可行性分析论证再确定。

③避免采用临时性的应急对策。如修理行业常用的“垫块铜皮”来消除间隙的应急对策就是属于这种性质。这种临时应急对策不能从根本上防止问题再发生。

④尽量采用依靠小组自己的力量，自己动手能够做到的对策。依靠小组自身的力量实施对策，能更好地调动小组成员的积极性、创造性，能提高小组成员解决问题的能力。由于对策是小组成员自己实施完成的，就更能激发小组成员的自豪感，对成果也会倍加爱护。如果大部分对策要依靠别人帮助，要上级领导予以协调，则往往会产生“命运不掌握在自己手中”的想法，而不能顺利解决问题。

(3)制定对策表。针对每一条主要原因采用什么对策确定之后，就可制定对策表。把对策内容落实到对策表中去。对策表要注意按“5W 1H”原则制定。

对策表是整个改进措施的计划，是下一步实施对策的依据，必须做到对策清楚、目标明确、责任落实，为此需按“5W 1H”原则来制定。“5W 1H”是六个英文单词的第一个字母，即 What(对策)、Why(目标)、Who(负责人)、Where(地点)、When(时间)、How(措施)。

按“5W 1H”的原则，QC 小组常用的对策表的表头为：

序号	要因	对策	目标	措施	地点	时间	负责人

上述对策表的排序前后是有逻辑关系的，所以，前四项的位置是不能变的。一般来说，对策表中的对策是相对宏观的，措施是具体的。目标应尽可能量化，如果确实不能量化，要做到可以检查。如前例所提到的问题是光线暗，对策为安装灯管，目标是光线明亮，措施应是安几盏灯，怎样安装、谁来安装、安装在哪儿等具体行为，确保光线足够明亮。

对策表中的地点对于在固定场所活动的小组，可以省略不写。但如果小组的活动场所是经常变动不固定的，则需要写清楚。如港务局等单位的小组在不同的码头或船舶上作业就必须予以说明。

对策表中的负责人是指组织该项对策实施的负责人,可以是小组组长,也可以是其他组员,主要根据小组的分工来确定,并不特指小组组长。

(4)在活动总结中,如果对策表中的措施比较具体,实施过程可以简单说明,如果对策表中的措施简单,实施过程就应具体。

制定对策常用的方法有:简易图表、矩阵图、PDPC 法、矢线图、优选法、正交试验设计法等。

七、实施对策

对策制定完毕,小组成员就可以严格按照对策表列出的改进措施计划加以实施。在实施过程中,组长除了完成自己负责的对策外,要多做一些组织协调工作,并定期检查实施的进程。

在实施过程中如遇到困难无法进行下去时,应及时由小组成员讨论,如果确实无法克服,可以修改对策,再按新对策实施。

每条对策实施完毕,要再次收集数据,与对策表中所定的目标比较,以检查对策是否已彻底实施并达到了要求。

在实施过程中应做好活动记录,把每条对策的具体实施时间、参加人员、活动地点与具体怎么做的,遇到什么困难,如何克服的,花了多少费用都加以记录,以便为最后整理成果报告提供依据。

八、检查效果

对策表中所有对策全部实施完成后,即所有的要因都得到了解决或改进,就要按新的情况进行试生产(工作),并从试生产(工作)中,收集数据,用以检查所取得的效果。

(1)把对策实施后的数据与对策实施前的现状以及小组制定的目标进行比较。

与对策实施前的现状比较,是要明确改善的程度。更主要的是要与小组制定的目标值进行比较,看是否达到了预定的目标。这里可能出现两种情况，一种是达到了小组制定的目标，说明问题已得到解决，就可进入下一步骤，巩固取得的成果，防止问题的再发生。另一种是未达到小组制定的目标，说明问题没有彻底解决，可能是主要原因尚未完全找到，也可能是对策制定得不妥，不能有效地解决问题，所以就要回到第四步骤，重新分析原因开始，再往下进行直至达到目标。这说明这个 PDCA 循环没有转完，在 C 阶段中还要进行一个小 PDCA 循环。这正是本节开始时所介绍的 PDCA 循环的特点之一，即大环套小环。

(2)计算经济效益。解决了问题，取得了成果，就可以计算解决这个问题能为企业带来多少经济效益，这样能更好地鼓舞士气，增加自豪感、调动积极性。计算经济效益时一定要实事求是，千万不可夸大。一般计算时间不超过活动期(包括巩固期在内)。计算出的经济效益还应减去本课题活动中的耗费，才能得出 QC 小组本次活动课题所带来的直接经济效益。

九、制定巩固措施

取得效果后，就要把效果维持下去，并防止问题的再发生。为此，要及时制定巩固措施：

(1)把对策表中通过实施已证明了的有效措施(如变更的工作方法、操作标准；变更的有关参数、图纸、资料、规章制度等)初步纳入有关标准，报有关主管部门批准，至少要纳入班组作业指导书和班组管理办法、制度。

(2)再到现场确认，是否按新的方法操作(工作)和执行了新的标准、办法、制度。

(3)在取得效果后的巩固期内要做好记录，进行统计，用数据说明成果的巩固状况。巩固期的长短应根据实际需要确定，只要有足够的时间说明在实际运行中效果是稳定的就可以。

十、总结及今后打算

俗话说“没有总结,就没有提高”。课题完成后,小组成员要坐在一起围绕以下内容认真进行总结:

(1)通过此次活动,除了解决本课题外还解决了哪些相关问题,还需要抓住哪些没有解决的问题。

(2)检查在活动程序方面,在以事实为依据用数据说话方面,在方法的应用方面,明确哪些方面是成功的,用得好,哪些方面还不大成功,尚有不足需要改进,还有哪些心得体会。

(3)认真总结通过此次活动所取得的无形效果。可从“四个意识”(质量意识、问题意识、改进意识、参与意识)的提高、个人能力的提高、QC 知识的掌握、解决问题的信心、团队精神的增强等方面来总结,这些效果虽然不直接产生经济效益,但却是非常宝贵的精神财富。

有的小组在这方面做得很好,他们对上述各项分别对活动前的状态和活动后的状态进行了自我评价,并作出了雷达图见表3-2和图3-7。

表3-2

项目	自我评价	
	活动前(分)	活动后(分)
质量意识	3	4
个人能力	2	4
QC 知识	3	4
解决问题的信心	2	4
团队精神	3	5

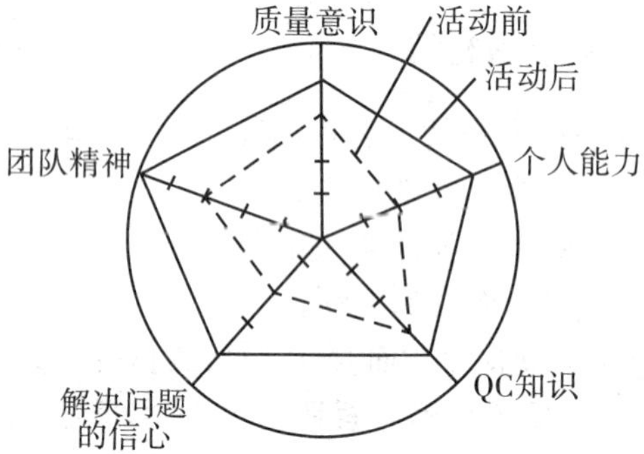

图 3－7

（4）在做到以上几点的基础上提出下一次活动要解决的课题，以便把 QC 小组活动持续地开展下去。

上述 QC 小组活动的程序是国内外 QC 小组活动经验的总结。按此程序进行活动，就能一步一个脚印、一环扣一环地进行下去，从而少走弯路。熟练地掌握程序和方法的应用，并重视用数据说明事实，就能提高解决问题的能力，从而提高小组成员的素质。

程序中每一步骤常用的方法见表 3－3（供参考）。

表 3－3

序号	方法 程序	老 QC 七种工具							新 QC 七种工具							其他方法					
		分层法	调查表	排列图	因果图	直方图	控制图	散布图	系统图	关联图	亲和图	矩阵图	矢线图	PDPC法	矩阵数据分析法	简易图	正交试验设计法	优选法	水平对比法	头脑风暴法	流程图
1	选题	◉	◉	◉			○	○			○	○				◉			○	◉	
2	现状调查	◉	◉	◉		○	○	○								◉			○		○
3	设定目标		○													◉			◉		
4	分析原因				◉				◉	◉										◉	
5	确定主要原因		○			○	○	◉								◉					
6 7	制定对策 按对策实施	○				○			◉			○	○	◉		○	○	○		◉	○
8	检查效果		○	○		○	○	○								◉			○		
9	制定巩固措施		○				○									◉				○	
10	总结和下一步打算															◉					

注：1. ◉表示特别有效　　○表示有效

2. 简易图表包括：折线图、柱状图、饼分图、甘特图、雷达图。

以上是“问题解决型”课题的十个步骤（包括现场型、攻关型、服务型和管理型），但应注意指令性目标和自选目标活动程序的差别，主要是第二步和第三步，不要混淆。指令性目标程序是在选题之后，先设定目标再进行目标可行性分析，而自选目标则需要先进行现状调查，再设定目标，其他各步骤相同。

第三节　关于“创新型”课题 QC 小组活动

“创新型”课题 QC 小组是运用全新的思维和创新的方法研制、开发新的产品、工具或服务，以提高企业产品的市场竞争力，并不断满足顾客日益增长的新需求，提高企业经营绩效。“创新型”课题具体的活动程序见图 3 – 8。

“创新型”课题与以往“问题解决型”（包括“现场型”“攻关型”“管理型”“服务型”这四种课题类型）课题，存在着本质上的不同。两者的主要差异有以下几个方面：

第一，立意不同。

“创新型”立足于研制原来没有的产品、项目、软件、方法以及材料等；而“问题解决型”是在原有基础上的改进或提高。因此，如果选题在立意上突破常规、追新求变的应选择“创新型”；如果提高或降低现有水平，达到规定要求或水平的则应选择“问题解决型”。“创新型”课题 QC 小组为突破现有产品（服务）、业务、方法的局限，可以发动小组全体成员，围绕主题，运用头脑风暴法，充分发挥创造力，提出自己的想法和意见，然后可用亲和图对大家的各种想法和意见加以整理，从不同角度形成一些可供选择的课题。因此，小组应特别注意不受现状和已有经验的束缚，否则无法创新。

第二，过程不同。

“创新型”课题由于是对过去没有发生过或是本小组从没有做过的事情而开展的活动，没有历史数据参考，也就没有现状可查，而是研究创新的切入点；而“问题解决型”则必须对现状数据（信息）进

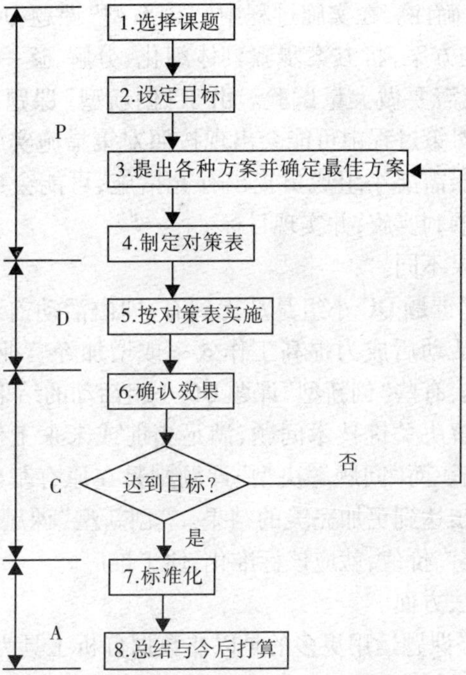

图 3－8 "创新型"课题 QC 小组活动程序

行收集调查并加以分析清楚。因此,两种课题类型小组在设定目标、原因分析、决策依据等方面都是不同的。

通过对比图 3－3 和图 3－8 两种课题类型的活动程序,可以看出其中的差异。"创新型"课题在针对选题设定目标后,需要针对要达到的预定目标,提出各种方案。这些方案应不拘泥于方案技术与能力的可行性,以及经济的合理性,只要能实现预定目标就都罗列出来。小组成员对方案逐个进行分析、论证和评价,包括从技术可行性、经济合理性(需投资多少)、预期效果、实施难易程度、实现目标的概率、耗时多少、对其他工作以及对环境的影响等,必要时,需进行实际考察、模拟试验等,对得出的数据进行分析后再作决定,以确保评价的正确性。在实施过程中,“创新型”课题 QC 小组应针对所确定的最佳方案,将方案步骤具体细化、分解,逐一制定对策;实施对策中可能需要做大量试验。由于“创新型”课题 QC 小组的特点,使得实施对策过程中可能会出现按照对策措施实施后未达到预期目标的情况,需要小组成员提出补充措施,可能会穿插一些学习活动,以保证顺利实施,并实现目标。

第三,结果不同。

“创新型”课题 QC 小组是从无到有,即由活动前不存在的事件或产品,经过活动后成为提高工作效率或增加经营业绩的增值点。需要指出的是,有些“创新型”课题 QC 小组活动的结果,可能还不是很完美,但对解决关键技术问题、满足当前或未来工作需要起到一定的促进作用。而“问题解决型”课题则是在原有基础上的提高或降低,是在逐步达到更加完美的结果。“创新型”课题 QC 小组的成果如果具有推广价值,就应该标准化,便于推广。

第四,方法方面。

“创新型”课题运用更多的是以非数据分析工具为主,如头脑风暴法、亲和图、系统图、PDPC 法、正交试验等;而“问题解决型”则是以数据分析工具为主,非数据分析工具为辅,如排列图、控制图、直方图、散布图等。

因此,“创新型”课题与“问题解决型”课题 QC 小组是企业解决不同问题的两种不同活动思维与活动形式,课题本身决定小组课题类型。所以,各种类型小组应根据实际情况选择课题,开展活动,而不要盲目追求“创新型”课题。

“创新型”课题 QC 小组活动,对于激励和培育创新思维、造就创新人才、推出创新成果和实现可持续发展,起到了积极的推进作用。但在活动中,也存在着一些问题,下面结合案例,针对“创新型”课题 QC 小组活动存在的七大主要问题进行解析。

问题一,选题不对。

将“创新型”课题与“问题解决型”(即现场型、攻关型、管理型和服务型)课题相混淆,如"降低某某产品不合格率""提高某某产品合格率"等明显是"问题解决型"的课题,误作为"创新型"课题。"创新型"课题必须立意在开发研制新产品、新服务项目、新业务、新方法等方面,课题名称必须清晰明确。

【错误例】FA232A－3306B 铝合金盖板机械加工攻关;
低压反应水冷凝器管板内孔焊接;
确保××烟丝不同批量生产流量符合要求;
阳极效应系数控制低于0.1次/槽·日。

【正确例】输电线路新型防振锤的研制;
智能计数器的研发。

问题二,活动程序有误。

一些小组对"创新型"和"问题解决型"课题类型活动程序界定不清。有的"问题解决型"课题却使用"创新型"课题的部分程序,如"提出方案并确定最佳方案";而有的"创新型"课题则采用"问题解决型"课题程序,进行现状调查、原因分析等。实际上,"创新型"课题和"问题解决型"课题出发点不一样,因此活动程序完全不同。

此外,在"创新型"课题QC小组试行阶段,曾采用"提出问题,进行课题突破口的选择"活动程序。正式推出开展"创新型"课题后,即将活动程序"提出各种方案并确定最佳方案"取代原来的"突破口的选择与评估""对策方案的提出及可行性分析"程序。现在仍有小组沿用"选择突破口",明显不符合要求。

问题三,目标设定不量化,且过多。

一些"创新型"课题的小组目标设定不直接,没有量化值,且目标设定过多,这样,不便检查课题活动的实效。

【正确例1】带电紧固螺杆、螺母作业全过程的时间由原来的平均35分钟缩短为12分钟。

【正确例2】减少监理人员数量,节省监理人员工时费10万元。

问题四,方案选择不彻底。

有的小组在确定最佳方案的过程中,仅对总体方案进行综合评价，方案选择不彻底，方案选择没有层层展开，一直展开到能采取对策为止；评价的主观性强，选择方案缺少数据，又不作分析对比。有的小组将选择方案的评价放在制定对策或对策实施过程中进行。

问题五，方案选择没有数据，多数为主观判断。

一些“创新型”课题小组在对所有提出方案进行评价、确定最佳方案过程中仅采用评价打分法、举手表决法等，而不是通过实际考察、数据分析后再作选择。主要体现在：

其一，提出方案太少，多数只有一次选择比较机会。

很多小组没有更广泛地拓宽思路，不能从多角度、多方位提出不同的方案，以进行对比选择。一些小组只提出两个方案，可选择范围过小。有的小组将方案单纯设定为“购置”“外委”或“自我开发”，再对这几种方案过于“简单”地进行主观判断，最后根据“综合得分”选出最佳方案。

【错误例】提出对策并确定最佳方案

铁塔竣工投运后，基础居于同一水平面，塔身通过地脚螺栓固定于基础上，确保塔身垂直于地面，当基础发生位移和沉降时，塔身自然会出现倾斜。

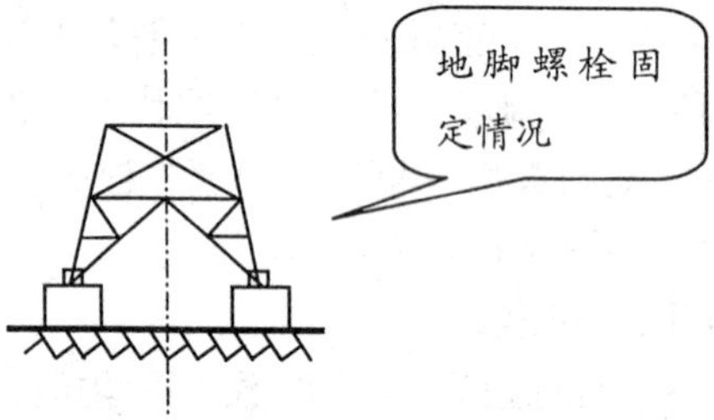

铁塔基础图

① 提出对策方案：

A. 组员 1 提出：在倾斜铁塔原基础上把基础立柱加高，使原基础整体到一个水平面上，从而纠偏。

B. 组员 2 提出:把倾斜铁塔基础周围的泥土挖开,用千斤顶把下沉基础立柱顶高到水平值内,再用混凝土浇固,从而纠偏。

C. 组长提出:我们可以通过增加地脚螺栓受力长度,将基础的下沉值修正,从而纠正铁塔倾斜。那么,如何增加地脚螺栓受力长度?在原地脚螺栓上焊接一根与下沉值等长的螺栓即可,但是经过理论计算后其强度不能满足要求。这时有组员提出:我们可以根据扭力扳手的工作原理,将其横向受力改变为纵向受力,如下图所示,那么,我们可不可以仿照扭力扳手套筒加工一个内外均有丝扣的套筒,与地脚螺栓牢固地连接起来,从而增加地脚螺栓的受力长度?

扭力扳手实物图

② 确定最佳方案:我们采用评估打分的方法,确定最佳方案(方案比较表)。

方案	项目＼组员	组员1	组员2	组员3	组员4	组员5	组员6	组员7	组员8	组员9	组员10	组员11	权数	综合得分	结论
A	难易度	◎	◎	◎	◎	◎	◎	◎	◎	◎	◎	◎	1	192	不采用
	经济性	○	○	◎	○	◎	◎	○	○	◎	◎	○	2		
	预计效果	△	△	△	○	○	△	○	△	△	△	△	3		
B	难易度	○	○	◎	◎	◎	△	○	◎	○	◎	○	1	176	不采用
	经济性	○	○	○	△	○	△	△	△	△	△	○	2		
	预计效果	○	○	○	○	○	○	◎	◎	△	△	△	3		
C	难易度	△	○	○	○	△	○	△	△	△	△	△	1	246	采用
	经济性	◎	◎	◎	○	◎	◎	○	○	△	○	○	2		
	预计效果	◎	◎	◎	◎	○	◎	◎	△	◎	◎	◎	3		

结论:方案 C 综合得分最高,故我们选择此为最佳方案。

其二，各选择方案的对比性差，只是为了比较而比较。

【错误例】方案 A：除最强信号外，降低其他各路信号功率。

方案 B：引入或增强一路信号，压制其他信号。

上述 A、B 两个方案说法不相同但意思基本一致，可比性及可选择性差。

其三，虽然提出两个方案，但明显可用的方案只有一个，另一个方案本身就不属于创新方案或仅仅是为了方案而做的“陪衬”。

其四，没有将总体方案进行分解。许多小组的总体方案过于笼统，不具体，这就需要小组将总体方案细化，便于评价和选择。

其五，没有对重点、难点分方案的选择进行实验对比。一些关键方案是否可行，需要有相应的实验数据作支撑，才能确保对方案的评价、选择的正确性。很多小组忽略了这一关键环节，使得方案选择依据不充分，缺乏说服力。

其六，方案对比评价中较少运用统计技术。

我们在本书附录三“案例及评价”中，以《输电线路新型防振锤的研制》课题为例，介绍了方案的提出、分析、评价与优选。详见附录三中案例六的“五、提出方案并确定最佳方案”部分。

问题六，对策表制定不正确。

在制定对策过程中，没有对确定的最佳方案按分解步骤逐一制定对策，有的小组没能针对对策逐项制定目标，有的小组对策笼统、不具体，措施没有针对具体对策展开，造成实施起来困难，时常出现边做、边修改、边制定的现象。

问题七，未按对策表实施。

实施中，小组常常存在未按对策表进行逐项措施实施的情况，有的小组实施后也未检查各项措施目标完成情况。

针对问题六和问题七的情况，正确的案例可参见本书附录三中的案例六的相应部分。

第四节 QC 小组活动的推进

QC 小组活动是企业的自主行为，推进 QC 小组活动健康持久的发展，是企业领导与有关管理部门的职责。为了给 QC 小组活动创造良好的外部环境，中国根据国情，建立了由中国科学技术协会、中华全国总工会、共青团中央委员会和中国质量协会联合组成的全国群众性质量管理活动领导小组。为了体现政府质量主管部门对质量管理小组活动的重视与支持，2006 年，国家质量监督检验检疫总局成为活动主办单位之一，2008 年，中华全国妇女联合会也加入到活动主办方之列。至此，由国家质检总局、全总等六家共同组成全国群众质量管理活动领导小组。各省、自治区、市也建立了相应的领导组织，负责全国和省、自治区、市的 QC 小组活动的宏观指导与推进。1997 年 3 月 20 日该领导小组的四个成员单位会同国家经济贸易委员会、财政部联合颁发文件"印发《关于推进企业质量管理小组活动意见》的通知"，其中提出了长期未得到解决的关于 QC 小组活动的奖励意见，为激励 QC 小组活动的进一步开展提供了政策依据。

本节主要是从企业管理者的角度来具体谈谈如何有效地推进本企业 QC 小组活动健康持久发展的问题。根据国内外的实践经验，主要应抓好以下五个方面的工作：

（1）自始至终抓好质量教育。QC 小组活动涉及面广，参加的人多，它能否取得成功，关键在于人的积极性、创造性能否发挥出来。质量教育可以使 QC 小组成员提高质量意识、问题意识、改进意识和参与意识，更加自觉地参加 QC 小组活动。对 QC 小组组长和小组成员进行质量教育，应结合实际，反复强调并详细说明 QC 小组活动的目的、理念，以及开展 QC 小组活动的科学思路和方法；应从正反两个方面讲明活动中（包括方法运用中）应注意的一些问题。通过教育，使 QC 小组活动深入人心，推动更多的人参加到 QC 小组活动中来，并能有效地开展活动。教育的方式可以灵活多样，既可以请专家讲课，进行案例分析；也可以让小组长或小组成员走出去，参加QC小组活动成果发表会，听取搞得好的小组的经验介绍；还可以边活动，边请有经验的专家给予具体指导。总之，要自始至终抓质量教育不放松，教育内容一定要有较强的针对性，时间不长，要有实效。

(2)制定企业年度的QC小组活动推进方针与计划。为使企业的QC小组活动有计划地推进，企业有关管理部门，应在对上一年度QC小组活动情况进行总结和分析的基础上，结合企业本年度的经营方针目标及现状，主动制定本年度的推动方针和计划，以明确本年度QC小组活动推进的力度、重点，QC小组数量的发展，QC小组成员的质量教育，企业内QC小组成果发表与经验交流，以及外出参加学习、交流等计划安排，循序渐进地推进企业QC小组活动更广泛、深入、健康持久地发展。

(3)提供开展活动的环境条件。根据每个QC小组活动计划的安排，为他们提供开展活动必要的时间、场所及所用的工具，不要使QC小组正常活动因此而受到影响。

(4)对QC小组活动给予具体指导。首先，应对各个小组的课题给予关注，看看课题是否符合QC小组的实际情况，是不是小组力所能及，必要时可提出调整课题或成员的建议，但不要强加于小组，要尊重他们的意见。

其次，在小组开展活动时，要积极参与，当好参谋。小组长或成员找管理者商量问题时，应积极参与，帮助出主意。有时则应主动询问其活动状况如何。如果改善活动出现问题或遇到困难，应帮助他们分析原因，进行必要的协调，使活动能继续进行下去。

最后，在QC小组活动取得成果时，应及时听取其成果报告，并给予具体的评价和鼓励。必要时，可对其整理的成果报告给予一定的指导。

总之，对QC小组活动应自始至终予以足够的关心和必要的帮助，不要认为它是QC小组的自主活动就放任自流。

(5)建立健全企业QC小组活动管理办法。企业应根据自己的实际情况，参照国家经贸委等颁布的《关于推进企业质量管理小组活动的意见》，制定并逐步完善企业 QC 小组活动管理办法。“办法”应按照小组和课题注册登记、活动记录、成果报告与发表、成果评价与奖励，以及小组活动的基本程序等各个管理环节提出明确要求，研究具体可行的做法，以推动企业 QC 小组活动逐步做到规范化、科学化、经常化。

综上所述，要推进企业的 QC 小组活动自主、活跃地开展起来，坚持下去，不断提高活动水平和活动成效，企业领导与管理者既要有高度热情，又要讲究科学和艺术。对于 QC 小组活动要多宣传，多关心，多指导，多鼓励，而不要求全责备，要千方百计保护群众开展活动的积极性，激发群众的创造性和主动性。至于活动中的问题与不足，只要实事求是地认真对待，给予及时的分析、指导，是可以逐步解决的。

第四章　QC小组活动成果

QC小组全体成员经过共同努力,完成一个课题的活动循环之后,无论是否达到了预期目标,都应认真总结,以利于今后活动的有效开展。对于达到了预期目标的成果,总结后应整理成果报告,准备发表,以期交流和表彰。这一章主要讲如何整理成果报告,以及怎样做好成果发表工作。

第一节　QC小组活动成果报告

一、QC小组活动成果类型

QC小组活动取得的成果,可以分为两类:一类是“有形成果”,一类是“无形成果”。

“有形成果”,主要是指那些可以用物质或价值形式表现出来,通常能直接计算其经济效益的成果。如提高产品质量,降低物资消耗,减少设备故障停机时间,提高劳动生产率,缩短交货期,等等。

“无形成果”,是与“有形成果”相对而言的,通常是难以用物质或价值形式表现出来,无法直接计算其经济效益的成果。如改善生产(工作)现场环境,改善人际关系,提高小组成员自身素质,加强小组自主管理,改进小组活动方法,提高活动有效性,等等。

QC小组活动取得了“有形成果”,易于引起人们的重视,成为整理成果报告、发表交流与奖励的重点,而对于QC小组活动取得的“无形成果”往往重视不够。实践证明,这些“无形成果”的取得,虽然不能直接计算其经济效益,但却在开发QC小组成员的智力,调动人们的积极性,提高人的素质,培养人才,增强集体的凝聚力等方面发挥重要的作用。它往往表现在人们的精神面貌的变化上,如敬业精神、工作自觉性、主动性、工作技能、协作精神的增强等。人们的这种精神的、心理的积极变化，必将会对企业在经济效益方面产生更深刻、更广泛、更长远的影响。

其实，有一些“无形成果”并不是独立的一类小组活动课题产生的，而是与“有形成果”相伴而生的，即QC小组活动在取得“有形成果”的同时，也伴随着一些“无形成果”的出现。如在不合格品率减半的活动课题取得“有形成果”的同时，小组成员的质量意识提高了，质量责任心和自我控制能力增强了。这些相伴而生的“无形成果”也应给予总结、交流、表彰，以推动QC小组自身建设和今后的巩固与发展。

二、QC小组活动成果报告的整理

QC小组活动取得了成果，无论是“有形成果”还是“无形成果”，都应认真总结，整理出成果报告。这既有利于成果的交流和评选，更有利于小组成员通过总结活动中的经验教训，提高今后活动的有效性。

成果报告是QC小组活动全过程的书面表现形式，是其活动的真实写照。它不是靠哪一位“秀才”无中生有“编”出来的，而是在小组活动的原始记录的基础上，经过小组成员共同讨论总结整理出来的。下面就如何整理好QC小组活动成果报告，提出几点建议。

(一)整理成果报告的一般步骤

(1)由QC小组组长召集小组全体成员开会，认真回顾本课题活动全过程，总结分析活动的经验教训。如选题是否适宜，问题分析是否全面，原因分析是否透彻，措施的针对性强不强，等等；畅谈活动中体会最深的是什么，成果报告的中心问题是什么。会上确定整理成果报告的分工，如由谁执笔，由谁负责收集整理哪方面的资料，何时交给执笔人，以及下次集体讨论修改成果报告初稿的时间和方式等。

(2)按照小组成员分工，搜集和整理小组活动的原始记录和资料。这些原始记录和资料包括:小组开展集体活动的会议记录,本课题的现状调查的有关数据和调查记录,对策实施过程中进行试验、检测、分析的数据和记录,以及课题目标与国内外同行业的对比资料,与企业历史最好水平的对比资料,活动前后的对比资料等。

(3)由成果报告执笔人在掌握上述资料和总结会上大家谈的意见的基础上,按照 QC 小组活动的基本程序整理成果报告(初稿)。

(4)将执笔人整理出的成果报告(初稿)提交小组成员全体会议,由全体成员认真讨论、修改、补充、完善。最后由执笔人集中大家意见,修改完成成果报告。

(二)总结、整理成果报告要注意的问题

总结、整理成果报告的主要目的有两个。一是为了小组自身的提高,通过对已解决课题的总结,来提高解决问题的能力。二是为了发表交流,通过发表交流,互相激励、互相启发、共同提高。这也就明确了总结、整理成果报告的两个基本的立足点,一是立足于本身的提高;二是立足于发表交流。从这两点出发总结、整理成果报告要注意以下几个问题:

(1)严格按活动程序进行总结。QC 小组开展活动,解决课题是按活动程序进行的,在课题解决之后,再按活动程序一个步骤、一个步骤地进行总结回顾,看看各步骤之间,是不是做到紧密衔接了,每一步骤所下的结论,是否有充分的依据和说服力,所用的方法有没有错误的地方。只有通过认真的全面的总结、整理,才能对管理技术的运用得到更深的认识,才能真正提高解决问题的能力。有时通过全面的总结、整理,自己会发现尚有欠缺之处,在可能的情况下,还可进一步地补充、完善。这样总结、整理出的成果报告,就有很强的逻辑性,体现出一环扣一环,处处都有交代,使别的小组也能从中得到启发。

(2)把在活动中所下的功夫、努力克服困难、进行科学判断的情况总结到成果报告中去。例如,小组是如何对现状一层、一层地进行调查分析,从而找到问题的症结的,如何寻找证据来确定主要原因的；在若干条可采取的对策中如何决定所采取的对策的；实施中又是如何千方百计去实现对策的，等等，这样就能把成果内容总结、整理得生动、活泼、充实。这不但使小组成员本身能得到启发，使别的小组也会得到更好的借鉴。

(3)成果报告要以图、表、数据为主，配以少量的文字说明来表达，尽量做到标题化、图表化、数据化，以使成果报告清晰、醒目。实践证明，用密密麻麻的文字叙述为主体的成果报告，其交流效果是很差的。

(4)不要用专业技术性太强的名词术语，在不可避免时(特别是在发表时)，要用通俗易懂的语言进行必要的解释。因为成果发表的主要目的在于交流，其前提是要让与会的人听懂，只有听懂了才能从发表的成果中得到启发，才能达到交流的目的。

(5)在成果报告内容的前面，可简要介绍 QC 小组的组成情况。必要时还要对与小组活动课题有关的企业情况，甚至生产过程(或流程)作简单介绍，用以说明你的课题是哪一部分发生的问题。

总之要把成果总结、整理好是要花一定工夫的，对此我们不要嫌麻烦，而要把它看成是锻炼提高的机会，这和运动员要提高水平一样，不通过刻苦训练就出不了成绩。我们 QC 小组就是要通过实践进行总结，再实践，再总结，来逐步提高解决问题的能力，逐步提高成果报告的水平，从而达到培养人才，开发人力资源的目的。

第二节　QC 小组活动成果发表

只要 QC 小组活动取得了成果，无论是“有形成果”或“无形成果”，也无论是大成果，或是小成果，均应该在适当的场合发表。

一、成果发表的作用

组织成果发表，不是为了应付上级的要求，也不是为发表而发表地走形式，更不是仅仅为了评选优秀 QC 小组。成果发表有其独特的作用，因而成为 QC 小组活动的一个特色。其主要作用是：

（1）交流经验，相互启发，共同提高。在成果发表会上，许多小组发表成果，谈经验体会，这就为每个 QC 小组学习别人的经验，寻找自己的差距提供了条件。通过成果发表会的提问答辩，可以起到相互交流、相互启发、共同探讨、取长补短、集思广益、共同提高的作用。

（2）鼓舞士气，满足小组成员自我实现的需要。QC 小组成员在大庭广众下发表自己活动所取得的成果，并取得领导、专家和广大职工的承认，给小组成员以自我实现的机会，尤其对许多在生产、服务现场工作的职工是很难得的。这必然会增强 QC 小组的荣誉感和自信心，起到激励和鼓舞士气的作用，给今后的活动增强动力。

（3）现身说法，吸引更多职工参加 QC 小组活动。通过 QC 小组成员讲述自己活动的过程与取得的成果，可以起到现身说法的作用，拉近 QC 小组与广大职工之间的距离，有说服力地解除人们对 QC 小组活动的种种疑虑，从而吸引更多的职工参加到 QC 小组活动中来，进一步带动 QC 小组活动更广泛、深入地开展。

（4）使评选优秀 QC 小组和优秀成果具有广泛的群众基础。通过成果发表会，QC 小组成果得以公之于众，让专家和听众一起来评价。这样就可以增大评选优秀 QC 小组和优秀成果的透明度，使评选出的优秀小组和优秀成果具有较广泛的群众基础。如果各级优秀 QC 小组都是经过各级成果发表评选出来的，就可杜绝人为编造虚假成果混入优秀 QC 小组行列的现象。

（5）提高 QC 小组成员科学总结成果的能力。QC 小组为了更好地在成果发表会上向大家介绍自己活动的成果，全体成员就要认真地回顾活动的整个过程，总结经验教训，整理好成果报告。这对于小组成员来说，也是一次在实践中再学习和培养能力的过程。这个过程可使 QC 小组成员不断提高科学总结成果的能力。

二、成果发表的组织工作

QC 小组成果发表意义重大,组织好成果发表工作,才能更好地发挥其作用。搞好成果发表,要由发表成果的 QC 小组和成果发表会的组织者两个方面作出努力。下面分别从这两个方面介绍一些注意事项。

(一)QC 小组发表成果应注意的问题

(1)做好发表前的准备工作。为了使发表取得好的效果,应认真研究选择恰当的发表形式,这要根据不同场合、不同听众以及课题的特点而定。如在现场,可由一人发表,也可由多人发表;可以配合图、表或实物发表,也可以带有模拟性的表演式发表。发表形式不要一个模式,可灵活多样,生动活泼,不拘一格。但也要注意别哗众取宠,始终不要忘记发表成果的作用。在准备发表成果所需的图片、实物或模型时,也要由小组成员共同分担,不要都加在一个人身上,也要体现人人参与的精神。在正式发表之前,最好能在小组内进行一下"预演",通过"预演",让大家对于发表时的仪态、声音、时间、重点、连贯性、动作等方面发表意见,提出不足和需要改进之处,以群策群力提高成果发表水平。

(2)发表成果时应注意这样一些问题:①上台后先作自我介绍(在车间内发表可免),让听众知道你是本 QC 小组的主要成员,而不是外请的"演员"。②如同给听众讲故事,自始至终都要声音洪亮,语言简明,吐字清楚,语气自信,语速有节奏,让人听起来你是在讲自己做过的事,而不是在"背书"。③仪态要自然大方,不要过于拘谨和紧张,即使发表中出现了错、漏处也不要紧,道声"对不起",加以纠正和补充即可。④在本企业(或同行业)以外发表成果时,要尽量避免使用专业性很强的技术术语,必须使用时应略作解释,以使听众能明白。

(3)在成果发表完毕后的提问答疑时,态度要谦虚;对提问者要有礼貌,回答提问要简洁明了;提问较多时要有耐心,没听清楚的提问，可请提问者再重复一次；实属技术保密问题，要婉言谢绝。发表人对提问答疑应抱着一种共同探讨、互相学习、以求改进的态度来对待，不要视提问为“挑刺”而冷待。

(4)发表时所用的“道具”应本着节约、实用的原则制作。如在企业内基层发表时，可用一块黑板、一支粉笔或一张综合性的图表，或一件实物、几张照片等最简单的“道具”，配合发表人的讲解；如在企业内高层，或企业外更高层次发表时，可根据需要制作投影胶片、幻灯片或电脑软盘等。它们的制作应朴实、清晰，应以数据、图、表为主，配以小标题与必要的文字说明。片子数量要尽可能少，每张片子上的字、图、表也要少，投影到屏幕上使观众一目了然。切记不要不计成本地追求形式，或是成果报告“搬家”，片子多且文字密密麻麻一片，既浪费，效果又不佳。

(二)组织好成果发表的注意事项

(1)发表形式服从于发表目的。为了更好地发挥成果发表的作用，作为组织者应视不同层次区别对待，提倡不同特点的成果运用不同的形式发表，不搞一个模式。比如在中小企业的厂级或大企业的分厂、车间级的成果发表会上，可以运用一张纸、实物对比、突出小组特色和活动的重点内容介绍，以及小组成员集体上台一人发表一段或一人介绍、多人模拟表演等灵活多样的形式，以求实效。而对大企业或行业、地区的成果发表会，可提出一些统一要求，如要上报成果报告材料，要带投影胶片或幻灯片，发表时间一般为15分钟，并有5~10分钟的提问答辩时间等，但具体发表形式也可以根据小组的实际，灵活多样。

(2)发表会的主持人要积极启发倡导听众对发表的成果提出问题，由发表人进行答辩。这样可以活跃会场气氛，起到相互交流、共同探讨，互相学习、共同提高的作用。

(3)每个成果发表答辩后，应由担任评委的专家给予客观的讲评。讲评中既要肯定小组成果的优点、好的经验和做法，又要实事求是地指出成果中的不足和问题，并指出应如何改进。这样可以使每次成果发表会都成为一次结合实际的教育机会，使与会者得到一次学习和提高。

(4)组织者要尽可能请与成果发表会同一层次的最高主管领导参加会议，听取成果发表后即席讲话，为发表成果的 QC 小组鼓劲，并号召大家向他们学习，更加广泛地开展 QC 小组活动。如有可能，请领导人为获奖的优秀 QC 小组颁奖，并与发表成果的小组合影留念，以资鼓励。

(5)在有条件的行业或地区，可以考虑按不同类型的 QC 小组分别召开成果发表会。这样做，既有助于更有效地交流经验，互相鼓励，又有利于相互比较，从同类型的 QC 小组中选出比较优秀的 QC 小组来。这样也可避免发生技术攻关型或管理型的经济效益或社会效益显著的 QC 小组的成果容易压倒现场型、服务型的效益不显著的小组成果，因而容易被评为各级优秀 QC 小组的偏向。

总之，要组织好 QC 小组成果发表会，需要做很多复杂细致的具体工作。如发表会时间、地点的确定要合适，能有更多的听众和主要领导参加；要选聘一定数量具有较高理论水平与丰富实践经验的、具有诊断师资格的人担任评委；要布置好会场，准备各小组发表成果时所需要的工具(投影仪、屏幕、幻灯机、录像机、台上和台下用的扩音器等)；如需评比名次，还要有统一评分标准，准备评分表，聘请评分统计员，按照规定的统计原则统计核实所得分数，等等。只要我们牢记成果发表的作用，不断总结组织发表会的经验教训，就会找到其规律性，不断提高组织工作效率和发表会水平。

第五章　QC 小组活动成果的评审与激励

第一节　QC 小组活动成果的评审

评审就是评价与审核。对 QC 小组活动成果的评审，就是与评审标准对比，衡量小组活动达到标准的程度，审查小组活动成果是否完整、正确、真实、有效。

一、评审的目的与基本要求

（一）评审的目的

QC 小组活动取得成果之后，为了肯定取得的成绩，总结成功的经验，指出不足，以不断提高 QC 小组活动水平，同时为表彰先进、落实奖励，使 QC 小组活动扎扎实实地开展下去，就需要对 QC 小组活动成果进行客观的评价与审核。

（二）评审的基本要求

为达到评审的目的，评审工作要满足以下三条基本要求：

（1）有利于调动积极性。企业广大职工自主组织起来参加 QC 小组活动，进行质量改进，具有深远的意义。为此，评审时要充分肯定他们的成绩，帮助他们总结成功经验，同时诚恳地指出存在的缺点和不足，以帮助他们提高活动水平。切不可对其缺点加以指责，更不能嫌弃，以保护和鼓励他们活动的积极性，避免挫伤他们的积极性。

（2）有利于提高 QC 小组的活动水平。QC 小组经过活动取得成果后，他们愿意与大家一起分享成功的喜悦，同时也愿意听取领导、专家和同行指出他们的活动成果还有什么不足，以便在下次活动时改进和提高。为此，要对他们的成果内容和活动过程进行评审，认真负责地指出缺点和不足,热情地帮助他们,这样才能不断地提高活动水平。

(3)有利于交流和互相启发。QC 小组活动成果发表是进行交流的主要方式,而评审活动成果对交流能起到引导作用。对一个小组活动成果进行评审,总结成功的经验,指出存在的缺陷和不足,提出改进意见,对别的小组来说,能从中得到更好的启发与帮助。因此,在总结成功的经验时,一定要实事求是,指出缺陷和不足,也要有依据。

二、评审原则

根据评审目的,QC 小组活动成果的评审包含两部分内容:一是肯定成绩,二是指出不足。在肯定成绩方面一般比较容易掌握,指出不足则不容易把握好尺度。评审不好,就达不到上述基本要求。为此,评审时要按以下原则进行。

(一)从大处着眼,抓主要问题

每个 QC 小组活动成果不可能十全十美,它总是存在着缺陷和不足之处,当然有的成果缺陷少一些,有的成果缺陷多一些。在评审 QC 小组活动成果时,除帮助总结成功经验外,还要与评审标准对照,找出其中的主要问题。如果有的评审人员在评审时,主要的问题没有找出来,而那些"微不足道"的小问题却找了一堆,这将会把评审工作引导到不正确的方向,甚至会使被评审的 QC 小组产生反感,从而挫伤 QC 小组成员的积极性。为此,在评审过程中指出问题和不足,一定要从大处着眼,抓住主要问题。

那么,什么是主要问题,什么是小问题呢?这涉及评审重点的问题。

QC 小组活动成果与别的成果(如技术革新小组成果)的主要不同点有三条:

(1)QC 小组的活动过程是遵循 PDCA 循环的科学程序进行的,因此它所展示的成果思路清晰,具有严密的逻辑性,能给人以更大的启发,从而提高解决问题的能力。

(2)QC 小组活动强调以客观的事实作依据,用数据“说话”,从而能避免主观判断,提高解决问题的科学性。

(3)它运用科学的统计方法,通过对收集的大量数据进行加工整理,去伪存真,去粗取精,从而把握事物的客观规律。

以上三条也就是 QC 小组活动成果的主要特点,为此评审的重点应是:

(1)成果所展示的活动全过程是否符合 PDCA 的活动程序。

(2)各个环节是否做到以客观事实为依据,用数据“说话”,以及所用数据是否完整、正确、有效。

(3)统计方法的运用是否正确、恰当。

按 QC 小组活动的程序进行活动和总结的成果,其内容必然一步一步循序渐进,一环紧扣一环,思路清晰,逻辑性好,体现出该小组具有一定的管理能力和人员素质。在短短的十五分钟发表过程中,让大家能够听得明白,得到启发。相反,有的成果没有按科学的程序进行活动和总结,如已找出了主要原因,而对策却没有针对主要原因来制定;对策制定后,未按对策表逐条实施等,以及程序颠倒、漏缺,这些都会造成逻辑混乱,使人听不明白,影响交流的效果,这些都应作为主要问题予以提出。

为什么要选这个课题;为什么要制定这个目标值;为什么要确定这几条为主要原因;效果是如何取得的,等等,都要有依据,并力求用数据表达,以体现其科学性并有说服力。如果没有依据或依据不足,要作为主要问题予以提出。有的成果在确定主要原因时用“0、1 法”,虽然“0、1 法”也是数据,但在小组成员对每一条选“0”或选“1”时,还是一种主观看法,而不是客观的事实,因此同样应以确定主要原因依据不足予以提出。

统计方法应用不恰当、不正确,当然是主要问题,要给予提出。如亲和图,在采用头脑风暴法后将其用于归纳问题最为恰当,而有的小组把它用来直接分析问题的原因,显然是应用不恰当。又如因果图应是一个问题做一张因果图来分析原因，而有的成果中，两个以上问题（或质量特性）用一个因果图来分析，显然是属于应用不正确。

（二）要客观并有依据

提出评审意见，特别是指出问题和不足，一定要站在客观的立场上提出。所谓客观，就是要依照事物的本来面目去考察，不带个人偏见。为此，对提出的每一条不足，都要有依据。是不符合 QC 小组活动程序的哪一步骤的什么要求；或是不符合评审标准中哪一条款，这样才能避免把个人的偏见带入评审意见中。

（三）避免在专业技术上钻牛角尖

QC 小组活动，解决所选择的课题，取得成果，其中必然包含着两个方面的内容，一个是专业技术方面；另一个是管理技术方面，这就是我们常说的质量管理必须要专业技术和管理技术两个轮子一起转动的道理。

每一个 QC 小组活动成果，其专业技术是各不相同的。同一个专业，各企业之间由于设备条件不同、工艺不同、操作习惯不同、环境不同，也会有很大差异，有的甚至关系到专业技术的秘密。而在管理技术方面则有较多的共性，可以交流，可以互相启发。因此，应主要对其管理技术方面进行评审，避免在专业技术上钻牛角尖。当然在企业内部评审 QC 小组活动成果时，必然会涉及专业技术方面，企业也应该在专业技术方面把好关，但在提出评审意见时也要侧重从管理技术方面提出。

（四）不要单纯以经济效益为依据评选优秀 QC 小组

对 QC 小组活动成果的评审，往往是与评选各级优秀 QC 小组结合在一起进行的，因此除提出评审意见外，还要采用评分的办法评出哪些小组的成果更好一些。

开展 QC 小组活动就是要解决存在的问题，取得成果。获得经济效益越大，该 QC 小组的成绩就越大，这是很自然的。然而大多数 QC 小组，特别是生产现场的职工组织起来的 QC 小组，他们身边需改进的大都是一些小课题，取得成果后，所产生的经济效益与那些大型的攻关型课题成果所产生的经济效益是无法相比的，甚至可以说是“微不足道”。但是，广泛开展QC小组活动，有着更深远的意义。广大职工通过参加QC小组活动，学到了更多的质量管理知识，掌握了科学的思维方式，增强了解决问题的能力，提高了职工的素质，培养和造就了人才，开发了人力和智力资源，实现了自身价值，激发了积极性和创造性，这些是开展QC小组活动第一位的任务。如果企业的职工都能自主组织起来，成立QC小组，围绕着企业经营战略、方针目标和身边存在的问题不断进行改进、创新，企业的精神文明建设和物质文明建设就会发生可喜的变化。

如果在评审QC小组成果时，经济效益越大打分就越高，则那些小课题，非常有实用价值的“现场型”“服务型”的成果，就无法进入各级优秀QC小组的行列，这必然会挫伤广大现场职工参加QC小组的积极性。为此在评审和评选QC小组活动成果时，不能单纯以创造经济效益的大小论高低。不仅要看经济效益，也要看社会效益，不仅要重视有形成果，也要重视无形成果，不仅要鼓励创大成果，也要鼓励创小成果。

三、评审标准

1997年中国质量管理协会组织制定并颁布了QC小组活动成果的评审标准（试行），经过三年的试行，于2000年初进行了修订。评审标准由现场评审和发表评审两个部分组成。

（一）QC小组活动成果的现场评审

QC小组活动开展得如何，最真实的体现是活动现场。因此，对现场的评审是QC小组活动成果评审的重要方面。评审的项目及内容见表5－1。

表 5－1　QC 小组活动成果现场评审表

小组名称:________　　　　　　　　课题名称________

序号	评审项目	评审内容	配分	得分
1	QC 小组的组织	(1)要按有关规定进行小组登记和课题登记 (2)小组活动时,小组成员的出勤情况 (3)小组成员参与分担组内工作的情况	7～15分	
2	活动情况与活动记录	(1)活动过程需按 QC 小组活动程序进行 (2)取得数据的各项原始记录要妥善保存 (3)活动记录要完整、真实,并能反映活动的全过程 (4)每一阶段的活动能否按计划完成 (5)活动记录的内容与发表资料的一致性	20～40分	
3	活动成果及成果的维持、巩固	(1)对成果内容进行核实和确认,并已达到所制定的目标 (2)取得的经济效益已得到财务部门的认可 (3)改进的有效措施已纳入有关标准 (4)现场已按新的标准作业,并把成果巩固在较好的水准上	15～30分	
4	QC 小组教育	(1)QC 小组成员对 QC 小组活动程序的了解情况 (2)QC 小组成员对方法、工具的了解情况	7～15分	
总体评价			总得分	

评委:________________

(二)发表评审

在 QC 小组活动成果发表时,为了互相启发,学习交流,肯定成绩,指出不足,以及评选优秀 QC 小组,还要对成果进行发表评审。

发表评审的项目及内容见表 5－2。

表 5－2　QC 小组活动成果发表评审表(修订版)

小组名称:________　　　　　　　　　课题名称________

序号	评审项目	评审内容	配分	得分
1	选　题	(1)所选课题应与上级方针目标相结合,或是本小组现场急需解决的问题 (2)课题名称要简洁明确地直接针对所存在的问题 (3)现状已清楚掌握,数据充分,并通过分析已明确问题的症结所在 (4)现状已为制定目标提供了依据 (5)目标设定不要过多,并有量化的目标值和有一定依据 (6)工具运用正确、适宜	8～15 分	
2	原因分析	(1)应针对问题的症结来分析原因,因果关系要明确、清楚 (2)原因要分析透彻,一直分析到可直接采取对策的程度 (3)主要原因要从末端因素中选取 (4)应对所有末端因素都进行了要因确认,并且是用数据、事实客观地证明确是主要原因 (5)工具运用正确、适宜	13～20 分	
3	对策与实施	(1)应针对所确定的主要原因,逐条制定对策 (2)对策应按 5W1H 的原则制定,每条对策在实施后都能检查是否已完成(达到目标)及有无效果 (3)要按对策表逐条实施,且实施后的结果都有所交代 (4)大部分的对策是由本组成员来实施的,遇到困难能努力克服 (5)工具运用正确、适宜	13～20 分	

续表

序号	评审项目	评审内容	配分	得分
4	效　果	(1)取得效果后与原状比较,确认其改进的有效性,与所制定的目标比较,看其是否已达到 (2)取得经济效益的计算实事求是、无夸大 (3)已注意了对无形效果的评价 (4)改进后的有效方法和措施已纳入有关标准,并按新标准实施 (5)改进后的效果能维持、巩固在良好的水准,并用图表表示出巩固期的数据 (6)工具运用正确、适宜	13~20 分	
5	发　表	(1)发表资料要系统分明,前后连贯,逻辑性好 (2)发表资料要通俗易懂,应以图、表、数据为主,避免通篇文字、照本宣读	5~10 分	
6	特　点	统计方法运用突出,有特色,具有启发性	8~15 分	
总体评价			总得分	

评委:________________

上述标准适用于现场型、攻关型、服务型和管理型课题类型的QC小组活动成果的评审。各单位在评审QC小组活动成果时可直接采用。有的单位确因行业的特殊性,不适合直接采用时,可自行修订后采用之,但需遵循上述标准的原则及内涵(创新型课题与此不同)。

表 5－3 “创新型”课题 QC 小组活动成果发表评审表

小组名称:________　　　　　　　　　　课题名称________

序号	评审项目	评审内容	配分	得分
1	选　题	1. 题目选定是否有创新的含义 2. 选题的理由、必要性要具体充分 3. 目标要具挑战性,并要有量化的目标和分析	13～20 分	
2	提出方案确定最佳方案	1. 应充分、广泛地提出方案 2. 确定最佳方案要分析透彻,事先评价,科学决策,必要时要作模拟试验 3. 工具运用正确、适宜	20～30 分	
3	对　策与实施	1. 按“5W1H”的原则制订对策表 2. 按对策表逐条实施,每条对策实施后的结果都有交代 3. 工具运用正确、适宜	13～20 分	
4	效　果	1. 确认效果并与目标比较 2. 经济效益的计算实事求是、无夸大 3. 注意了活动过程及对无形效果的评价 4. 成果已发挥作用并纳入有关标准及管理规范	8～15 分	
5	发　表	1. 发表资料要系统分明,前后连贯,逻辑性好 2. 发表资料应以图表、数据为主,通俗易懂,不用专业性较强的词句和内容 3. 发表时要从容大方,有礼貌地讲成果 4. 回答问题时诚恳、简要、不强辩	6～10 分	
6	特　点	1. 课题具体务实 2. 充分体现小组成员的创造性	0～5 分	
总体评价			总得分	

评委:________

四、评审的方法

(一)基层企业对QC小组活动成果的评审

基层企业对QC小组活动成果的评审要进行现场评审和发表评审。

现场评审是企业对QC小组活动成果进行评审的重要方面。QC小组取得成果,向企业主管部门申报后,企业要组织有关人员组成评审组,深入QC小组活动现场,面向QC小组全体成员,了解他们活动过程的详细情况,以及他们作出的努力,克服的困难,取得的成绩。这直接体现了企业领导对QC小组活动的关心和支持。

现场评审的时间一般安排在小组取得成果后两个月左右为宜。相隔时间太短,不能很好地看出效果的维持和巩固情况;相隔时间太长,则不利于更好地调动小组成员的积极性。

现场评审时,企业主管部门要组织熟悉QC小组活动的有关人员组成评审组,严格按照表5-1“QC小组活动成果现场评审表”的内容进行评审。评审组成员最好不少于五人。

发表评审可在企业举办的QC小组成果发表会上进行。也要由企业主管部门聘请熟悉QC小组活动的有关人员组成评审组,一般不少于五人,严格按表5-2“QC小组活动成果发表评审表”的内容进行评审计分。

把现场评审和发表评审两项综合起来,就是对该QC小组活动成果评审的总成绩。企业评审的重心应放在审核成果的真实性及有效性上,因此现场评审的成绩占总成绩的60%为宜。

(二)各级质量管理协会对QC小组活动成果的评审

各级质量管理协会对QC小组活动成果的评审,一般都和评选各级优秀QC小组结合在一起进行。

各级质协为了树立典型、带动全局,交流经验、明确导向,肯定成绩、表彰激励,每年应定期召开QC小组活动成果发表会,在企业选派的优秀QC小组中,通过发表评审,评选出本地区、本行业的优秀QC小组和参加更高一级优秀QC小组评选的小组。

各级质协对 QC 小组活动成果的评审，为减轻企业的负担，一般只进行发表评审。

评审时由主办质协聘请懂质量管理理论、能指导小组活动、会评价小组成果的人员担任评委，组成评审组，评委一般不少于五人。在评选省、市级优秀 QC 小组时，为保证评审质量，更好地达到评审目的，使评选能在公平竞赛的环境中进行，必须聘请经省、市质协考评合格并聘任的省、市级 QC 小组活动诊断师担任评委，在评选国家级优秀 QC 小组时，必须聘请经中国质协考评合格并聘为国家级 QC 小组活动诊断师的人员担任评委。

评审一般应按以下程序进行：首先由发表会的主办部门把参加发表的小组的成果材料收齐后，提前交每一评委进行审阅。评委审阅后，对每一个成果材料，按评审原则和评审标准提出初步的评审意见。

评审意见可包括两部分内容。第一部分是对成果的总体评价；第二部分是指出成果内容中的不足之处。

总体评价，是从成果的总体去看属于什么类型的课题，成果有什么主要特点，在 PDCA 程序运用方面、在以事实为依据用数据"说话"方面、在方法的应用方面有哪些成功之处，在哪些方面有交流、推广的价值，以及还有些什么不足。

指出不足之处时要具体指出每一条缺陷之所在，并说明为什么是缺陷的根据。这也就是评审前的准备。如果没有这样的准备，评委们很难在短短的十五分钟发表后给出恰如其分的分数。

然后，在发表会场，听完每一个成果的发表及提问、答辩，评委们严格按表 5－2"QC 小组活动成果发表评审表"的内容逐条评分，评出成绩。同时还要根据发表及回答提问的情况，修正初步的评审意见。

评审意见可提供给发表小组，作为以后活动中改进、提高的参考，或提供作为现场讲评之用。

第二节　QC 小组的激励

一、激励概述

现代企业管理是以人为中心的管理。企业是以人为主体组成、依靠人进行生产经营活动、为人的需要而进行生产的，因此，管理的基本对象是人，实现企业方针目标要依靠全体人员的积极性、创造性。

所谓积极性，是指人们从事某项活动的意愿及行为的准备状态。例如，工作积极性就是人们的工作意愿及工作时的激奋状态。而调动人的积极性的重要手段是激励。激励就是激发人的动机，发挥人的主观能动性，诱导人的行为，使其充分发挥内在潜力、聪明才干，为实现组织的目标而努力。

积极性有其自身形成和变化规律，激励就是按照积极性的运动规律对人施加一定影响，使其积极性形成，并按预定方向发展。

人的积极性产生于自身的需要。例如，人体要求保持一定温度，当外界环境较冷或较热时，就出现不平衡，于是就产生了保暖或降温的需要，如果通过劳动能获得衣服或降温条件，人们就会产生劳动积极性。

美国心理学家马斯洛（A. H. Maslow）在 1943 年发表了《人的动机理论》，其中提出的“需要层次论”认为，人有五种基本需要，而且有先后次序，组成高低的层次，低层次的需要得到满足后会出现更高层次的需要，如图 5－1 所示。

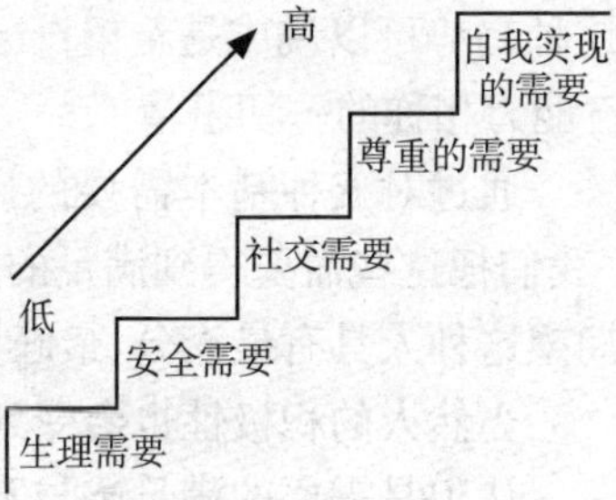

图 5－1　马斯洛的需要层次理论

（1）生理需要（The Physiological Needs）。生理需要是指衣食住行方面的需要。

马斯洛认为“在一切需要中生理的需要是最优先的”。

(2)安全需要(The Safety Needs)。安全需要是指人身安全与职业安全的需要。包括免受疾病、失业与各种灾祸的侵害和威胁,如自然与社会环境安定、职业保障、医疗保险、劳动保护等。

(3)社交需要(The Love Needs)。社交需要,也称之为归属需要。这种需要与人的社会本性和人们对交往的需求是相互关联的。它包括组织的归属与关怀, 人与人之间的友谊、家庭亲人的温暖与相爱等。如希望进行社会交往,成为社会集体中的一员,获得某一团体或组织的承认,人与人之间关系融洽、保持友谊和忠诚;希望得到别人的关怀、情感、支持或爱情,等等。

(4)尊重的需要(The Esteem Needs)。尊重的需要是指自尊和被人尊重的需要。马斯洛说“社会上所有的人都希望自己有稳定牢固的地位,希望别人的高度评价,需要自尊、自重,并为他人所尊重”,“自尊需要的满足使人产生自信,觉得在这个世界上有价值、有实力、有能力、有用处。而这些需要一旦受挫,就会使人产生自卑感、软弱感、无能感。这些又会使人失去基本的自信”。

(5)自我实现的需要(The Needs for Self-actualization)。自我实现的需要是指个人潜力的发挥、工作上有成就的需要。马斯洛说:“说到自我实现的需要,就是指促使他的潜在能力得以实现的趋势。这种趋势可以说成是希望自己越来越成为所期望的人物,完成与自己能力相称的一切事情。”

通过对五种基本需要的研究,马斯洛得出一个很重要的结论:“我们把这些需要得到满足的人叫作基本满足的人,由此,我们可以期望这种人具有最充分、最旺盛的创造力。”

当然人的积极性也会受到主观认识的调节和客观环境的影响。

认识是需要的满足感与不满足感形成的重要因素之一,对积极性的发展有重要的调节作用。如把服务员看成是为人民服务的高尚职业和把服务员看成是“伺候人”的下贱工作,在认识上存在着根本的差异,前者在得到服务对象的表扬和赞誉时,就会感到很大的满足，而后者同样得到顾客的表扬和赞誉时，就不会产生满足感。

客观环境会影响积极性的发展。比如，在市场物价基本稳定的年代，职工没有后顾之忧，比较容易做到“一心扑在工作上”，而当社会出现连续的通货膨胀时，职工的工作积极性就会受到制约。

由需要产生动机，动机产生行为，为达到需要的目标去奋斗。同样，当行为得到的结果，不能满足需要时，也会影响到积极性的发挥。总之，正确处理人的需要、认识、环境和行为效果反馈的关系，就能得到最有效的激励，充分地调动人的积极性，并转化为物质力量。

二、对 QC 小组的激励

当 QC 小组的成员以极大的热情，围绕企业方针目标和现场存在的问题，在改进质量、降低消耗、加强管理、提高经济效益方面开展活动，并取得成果以后，如何使这一奋发向上的热情得以保持，并能再次选择课题持续地活动下去，同时也吸引更多的职工参加 QC 小组活动，这就必须采取有效的激励手段。

(一)理想与目标激励

职工有没有远大的理想，精神境界如何，对其积极性影响甚大。理想可以分为社会理想和个人理想，前者如改变家乡落后面貌、振兴中华、实现共产主义等；后者如干一番事业、攀登科学技术高峰、成为优秀工作者、劳动模范等。这些都可以对职工的工作、学习积极性产生持久的作用。因此，企业应当把理想教育当作激励的重要手段，帮助职工树立社会理想，并把个人理想与社会理想结合起来。应该使职工认识到，企业的兴衰，将直接影响到职工的收入乃至前途；同样，职工工作的好坏、努力奋进的程度不同，除本身得到不同报酬外，也将影响到企业的效益。职工和企业的关系十分密切。为此，应把企业的方针目标、发展规划、开发与生产适销对路产品的措施等交给广大职工，以激发广大职工参加 QC 小组，积极投入各项质量改进活动的自觉性，为企业的发展作出贡献，同时职工通过参加活动又可增长自己的才干。

大多数人都有成就需要，希望不断获得成功，成功的标志就是达到预定的目标。有目标，人才有奔头，才能产生动力，因此，目标也是一个重要的激励因素。

（二）荣誉激励

对成绩突出的优秀职工给予表彰，授予荣誉称号，发给荣誉证书等，这是对职工作出贡献的公开承认，可以满足人的自尊的需要，从而达到激励目的。高明的企业领导人都懂得这种成本低而效果好的激励手段的重要。美国 IBM 公司的一名副总裁在《IBM 道路》中写道："钱并不是有雄心壮志的人的唯一目标，几乎任何一件可以提高自尊心的事情都会起积极作用。我并不是说凭赞美、头衔和一纸证书就会使一个付不起账单的人满足——不是这样。但是，这些做法是在物质奖励的基础上对作出贡献的人的一个很好的、公共的评价。"他批准成立了一个"百分之百俱乐部"，每当 IBM 公司的职工完成年度销售定额时，他就被批准成为"百分之百俱乐部"的成员，他和他的家人被邀请参加隆重的集会。结果，力争获得"百分之百俱乐部"的成员资格便成为公司新雇员的第一个目标，而不是去"挣大钱"，公司的销售业务也得到了有力的推动。

对取得成果的 QC 小组，特别是对评选出的企业优秀 QC 小组，省、市级优秀 QC 小组，国家级优秀 QC 小组授予荣誉称号，发给荣誉证书，给予表彰；小组每个成员都将为获得这一荣誉而感到自豪，同时也会为维护这一荣誉而努力。

（三）物质激励

物质激励是最基本的激励手段，物质激励包括工资、奖金和各种公共福利。因为工资、奖金、住房等决定着人们的基本需要的满足。同时，职工的收入及居住条件也影响其社会地位、社会交往，甚至还影响着学习、文化娱乐等精神需要的满足。QC 小组取得成果，创造了效益，应根据按劳分配的原则给予物质奖励。

（四）关怀与支持激励

QC 小组的活动能得到企业领导的重视、关心和支持，必将更激发起职工参加 QC 小组活动的积极性，从而把 QC 小组活动搞得更加出色。

日本绝大多数企业都十分重视 QC 小组活动。召开企业 QC 小组成果发表会时，企业的主要领导人通常都参加会议，并亲自给优秀 QC 小组颁奖，与发表人合影留念。他们还邀请发表人的家属参加发表会，聆听亲人的发表，与发表人共享所受到的尊敬和取得的荣誉。

中国许多企业领导也十分重视 QC 小组活动。他们把 QC 小组活动视为培育一代新人的有效方式，提高企业素质的重要手段。企业召开 QC 小组成果发表会时，他们坚持参加，亲自总结经验，提出改进意见，激励职工积极投入 QC 小组活动。因此，这些企业的 QC 小组活动开展得越来越好。

另外，作为领导，对 QC 小组活动时所需要的物品、资金、时间、场所等给予支持，并帮助他们解决一些横向协调的问题，尽可能挤出一点时间，深入 QC 小组参加一两次活动，这些都能使小组成员感到领导的关心和支持，从而提高他们活动的积极性。

（五）培训激励

培训的激励作用是多方面的，它可以满足职工特别是青年职工求知的需要，可以提高职工达成目标的能力，胜任更艰巨的工作。

对职工进行 QC 小组的基本知识培训，使他们能组织起 QC 小组进行活动；选派 QC 小组骨干到上级举办的 QC 小组骨干培训班进行系统的培训，如此反复，必将更激发起职工参加 QC 小组并搞好 QC 小组活动的积极性。

派出优秀 QC 小组代表参加各级 QC 小组成果发表会，也是培训的方法之一。通过发表交流，可学到不同企业、不同行业 QC 小组的好经验，受到更多的启发。

（六）组织激励

组织激励是指运用组织责任及权利对职工进行激励。大多数人是愿意得到提拔和承担更大责任的。当该职工因工作出色而得到提拔或调到更重要的岗位工作时，更能调动他的积极性，同时对其他职工也是一种鞭策。

日本的企业很注重运用组织激励手段，许多企业在提拔班组长时，是从 QC 小组组长中选拔的。他们认为 QC 小组组长能把小组成员团结在一起进行活动，说明他具备一定的组织能力，他能带领小组成员运用 PDCA 循环和科学方法解决问题，说明他已具备了一定的管理能力，是可以胜任班组长工作的。

1997 年国家经济贸易委员会、财政部、中国科学技术协会、中华全国总工会、共青团中央委员会、中国质量协会六家单位联合颁发了国经贸〔1997〕147 号文件“印发《关于推进企业质量管理小组活动意见》的通知”（参见本书附录二）。“意见”的第五部分表彰与奖励中，明确提出了对优秀 QC 小组、QC 小组活动优秀推进者和优秀领导者，可给予优先参加有关质量管理方面的学习和深造的机会；获得各级优秀 QC 小组称号的小组，由批准单位颁发奖状和证书；企业应根据优秀 QC 小组的等级分别给予相应的荣誉奖和物质奖励；企业对运用质量管理理论和方法围绕提高质量、降低消耗或提高管理水平、改善作业环境、增进效益等方面取得成果的优秀 QC 小组的成员，应颁发同等级的科技成果证书。“意见”的附件一，还给出了 QC 小组活动荣誉奖的等级和奖金额。

“意见”的颁发体现了中国政府对 QC 小组活动的重视和支持，这将会更加激发职工参加 QC 小组和搞好小组活动的积极性，并将 QC 小组活动推向一个新的水平。

第六章　统计方法基础知识

第一节　统计方法及其用途

在西方,“统计”(Statistics)一词是由“国家”(State)一词演化而来的。它的意思是指收集和整理国情资料、信息的一种活动。

随着近代科学技术和工农业生产的飞速发展,统计方法得到了日益广泛和深入的应用,对人类认识和改造世界产生了重大影响。日本在战后经济恢复和高速发展中,统计方法所起的作用已经引起世界各国的瞩目和议论。用统计方法分析种种社会调查和工农业生产状况的资料而引出的结论,日益成为有关当局决策的重要依据。

美国著名的质量管理专家 A. V. 菲根堡姆(Feigenbaum)指出,在全面质量管理中,“无论何时、何处都会用到数理统计方法”。“这些统计方法所表达的观点对于全面质量管理的整个领域都有深刻的影响”。日本著名的质量管理专家石川馨把引入统计方法的质量管理称为新的质量管理。

一、什么是统计方法

所谓统计方法,是指有关收集、整理、分析和解释统计数据,并对其所反映的问题作出一定结论的方法。

统计方法一般分成描述性统计方法和推断性统计方法两类。

描述性统计方法是对统计数据进行整理和描述的方法。比如,一位教师计算一个班级的数学平均成绩和最高分与最低分的差距,就是描述性统计方法的一个例子。描述性统计方法常用曲线、表格、图形等反映统计数据和描述观测结果,以使数据更加容易理解。例如,可将统计数据整理成折线图和频数直方图,等等。

例　加工 $\phi 8_{-0.10}^{-0.05}$ 的螺栓外径，实测其 100 件的数据如表 6－1 所示。现用描述性统计方法将其整理成频数直方图如图 6－1 所示。

表 6－1　螺栓尺寸实测值　　　(0.001mm)

38[1)]	30[1)]	18	25	23	30[1)]	20	29	22	25
30	25	13[Lm2)]	25	27	20	25	28	18[2)]	38[1)]
38	30	25	25	27	24	30[1)]	30	22	22
14[2)]	30	26	25	27	25	26	35	25	15[2)]
24	25	28[1)]	27[1)]	23	29	23	30	25	18
29	18[2)]	24	20[2)]	22[2)]	22	20[2)]	38[La1)]	20	27
28	20	22	22	23	25	29	25	27	35
20	18	23	27	29	30	30	24[2)]	22	31
18	28	15	23	31[1)]	26	25	30	30[1)]	19
23	28	19	25	22	18[2)]	22	35	30	22

注：1)——列中最大值；2)——列中最小值；Lm——表中最小值；La——表中最大值。

通过这个例子得到的频数直方图、平均值（$\overline{X}$）和标准偏差值（s），都是对表 6－1 中统计数据的整理和描述。

推断性统计方法是在对统计数据描述的基础上，进一步对其所反映的问题进行分析、解释和作出推断性结论的方法。比如，上述计算一个班级的数学平均成绩和最高分与最低分差距一例，如果该教师，由这个班级的数学平均成绩，去估计学习同样课程的整个年级 5 个班级的平均水平，则这种统计估计就属于推断性统计方法。又如，一个生产白炽灯泡的工厂，以往一直采用某

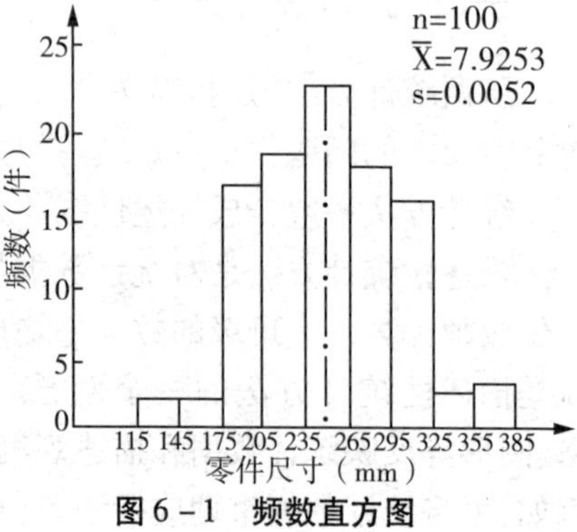

图 6－1　频数直方图

种工艺,现在有的工艺人员提出一些改进该工艺的措施,以提高产品的寿命。为此,取出在新老工艺下生产的灯泡各若干个去使用,记下每个参加试验的灯泡寿命。在将所得数据进行处理后,得到老工艺下生产的灯泡平均寿命为500h,新工艺下生产的灯泡平均寿命为540h。于是得出结论:新工艺的确有助于改善质量,它使灯泡的使用时间延长了40h。这时就要用到“假设检验”这个推断性统计方法。

二、统计方法的性质

统计方法有以下三种性质:

(1)描述性。利用统计方法对统计数据进行整理和描述,以便展示出统计数据的规律,这就是统计方法的描述性。统计数据可用数量值加以度量,如平均数、中位数、极差和标准偏差等;亦可用统计图表予以显示,如条形图、折线图、圆形图、频数直方图等。

(2)推断性。统计方法都要通过详细研究样本来达到了解、推测总体状况的目的,因此它具有由局部推断整体的性质。例如某教师利用一个班级的数学平均成绩去估计整个年级学习同样数学课程的平均成绩,就具有明显的推断性。

(3)风险性。统计方法既然要用部分去推断全体,那么这种由推断而得出的结论就不会是百分之百正确,即可能有错误。犯错误就要担风险。不过,正确地使用统计方法,可以最大限度地减少带来的风险,并对犯错误的可能性和风险大小作出有效的估计。

三、统计方法的用途

在质量管理活动过程中,统计方法一般有以下几方面的用途。

(一)提供表示事物特征的数据

在质量管理活动中收集到的数据大都表现为杂乱无章,这就需要运用统计方法计算其特征值,以显示出事物的规律性。如平均值、中位数、标准偏差、方差、极差等。

(二)比较两事物的差异

在质量管理活动中,实施质量改进或应用新材料、新工艺,均需要判断所取得的结果同改进前的状态有无显著差异,这就需要用到假设检验、显著性检验、方差分析和水平对比法等。

(三)分析影响事物变化的因素

为了对症下药,有效地解决质量问题,在质量管理活动中可以应用各种方法,分析影响事物变化的各种原因。如因果图、调查表、散布图、分层法、树图(系统图)、方差分析,等等。

(四)分析事物之间的相关关系

在质量管理活动中,常常遇到两个甚至两个以上的变量之间虽然没有确定的函数关系,但往往存在着一定的相关关系。运用统计方法确定这种关系的性质和程度,对于质量活动的有效性就显得十分重要。这里可利用散布图、试验设计法等。

(五)研究取样和试验方法,确定合理的试验方案

用于这方面的统计技术有:抽样方法、抽样检验、试验设计、可靠性试验等。

(六)发现质量问题,分析和掌握质量数据的分布状况和动态变化

用于这方面的统计技术有:频数直方图、控制图、散布图、排列图等。

(七)描述质量形成过程

用于这方面的统计技术有:流程图、控制图等。

应当指出,统计方法在质量管理中起到的是归纳、分析问题,显示事物的客观规律的作用,而不是具体解决质量问题的方法。这如同医生为病人诊断一样,体温表、血压计、X光透视机、心电图仪、B超仪、核磁共振仪等仪表器具,只是帮助医生作出正确诊断的工具,诊断并不等于治疗。要想治好病,还应当采取打针、服药或其他治疗方法。因此,统计方法在质量管理中的作用在于利用这些方法,探索质量症结所在,分析产生质量问题的原因,但要解决质量问题和提高产品质量还需依靠专业技术和组织管理措施。

总之，通过对统计方法的学习，应认识到，在质量管理的现场中，我们到处都要同变量、波动和风险打交道。因此必须在头脑里经常形成统计调查、统计分析、统计判断等统计思考方法去考虑问题。

第二节　产品质量波动

产品质量具有波动性和规律性。在生产实践中，即便操作者、机器、原材料、加工方法、测试手段、生产环境等条件相同，但生产出的一批产品的质量特性数据却并不完全相同，总是存在着差异，这就是产品质量的波动性。因此，产品质量波动具有普遍性和永恒性。当生产过程处于统计控制状态时，生产出来的产品的质量特性数据，其波动服从一定的分布规律，这就是产品质量的规律性。

从统计学的角度来看，可以把产品质量波动分成正常波动和异常波动两类。

一、正常波动

正常波动是由随机原因引起的产品质量波动。这些随机因素在生产过程中大量存在，对产品质量经常发生影响，但它所造成的质量特性值波动往往比较小。例如，原材料的成分和性能上的微小差异；机器设备的轻微振动；温度、湿度的微小变化；操作方法、测量方法、检测仪器的微小差异；等等。要消除造成这些波动的随机因素，在技术上难以达到，在经济上的代价也很大。因此，一般情况下这些质量波动在生产过程中是允许存在的，所以称为正常波动。公差就是承认这种波动的产物。我们把仅有正常波动的生产过程称为处于统计控制状态，简称为控制状态或稳定状态。

二、异常波动

异常波动是由系统原因引起的产品质量波动。这些系统因素在生产过程中并不大量存在，对产品质量也不经常发生影响，一旦存在，它对产品质量的影响就比较显著。比如，原材料的质量不符合规定要求；机器设备带病运转；操作者违反操作规程；测量工具带系统性误差；等等。由于这些原因引起的质量波动大小和作用方向一般具有一定的周期性或倾向性，因此比较容易查明，容易预防和消除。又由于异常波动对质量特性值的影响较大，因此，一般说来在生产过程中是不允许存在的。我们把有异常波动的生产过程称为处于非统计控制状态，简称失控状态或不稳定状态。

质量管理的一项重要工作，就是要找出产品质量波动规律，把正常波动控制在合理范围内，消除系统原因引起的异常波动。

从微观角度看，引起产品质量波动的原因主要来自 6 个方面：

人（Man）：操作者的质量意识、技术水平、文化素养、熟练程度和身体素质等。

机器（Machine）：机器设备、工夹具的精度和维护保养状况等。

材料（Material）：材料的化学成分、物理性能和外观质量等。

方法（Method）：加工工艺、操作规程和作业指导书的正确程度等。

测量（Measure）：测量设备、试验手段和测试方法等。

环境（Environment）：工作场地的温度、湿度、含尘度、照明、噪声和震动等。

通常把上述因素称为引起产品质量波动的 6 大因素或简称“5M1E”因素。

第三节　统计数据及其分类

在工厂、车间、生产现场，经常会碰到的统计数据有职工人数、职工工资总额、产量、尺寸、质量、化学成分、硬度、纯度、强度、压力、温度、时间、耗电量、用水量、气孔数、砂眼数、疵点数、假焊数、色斑数、不合格品数、不合格品率、合格品数、合格品率等。这些统计数据，有的是可以测量出来的，有的是能够数出来的，有的是由两个数相除得到的。从统计的角度来看，一般把上述形形色色的统计数据归成两大类，即计量数据和计数数据。

一、计量数据

凡是可以连续取值的，或者说可以用测量工具具体测量出小数点以下数值的这类数据，就叫作计量数据。如长度、容积、质量、化学成分、温度、产量、职工工资总额等。就拿长度来说，在1~2mm，还可连续测出1.1、1.2、1.3mm等数值来，而在1.1~1.2mm还可以进一步测得1.11、1.12、1.13mm等数值来。

计量数据一般服从正态分布。

二、计数数据

凡是不能连续取值的，或者说即使用测量工具也得不到小数点以下的数据，而只能得到0或1,2,3……等自然数这类数据，就叫作计数数据。如不合格品数、疵点数、缺陷数，等等。就以不合格品数来说，当用测量工具去测量时，就只能得到1件、2件、3件……不合格品数。计数数据还可以细分为计件数据和计点数据。计件数据是指按件计数的数据，如不合格品数、彩色电视机台数、质量检测项目数等。计点数据是指按缺陷点（项）计数的数据，如疵点数、砂眼数、气泡数、单位（产品）缺陷数等。

应当注意，当数据以百分率表示时，要判断它是计量数据还是计数数据，应取决于给出数据的计算公式的分子。当分子是计量数据时，则求得的百分率数据为计量数据；当分子是计数数据时，即使得到的百分率不是整数，它也应属于计数数据。例如，生产出的1000台电动机中，有12台为不合格品，其不合格品率为：

$$\frac{12\text{台}}{1000\text{台}} \times 100\% = 1.2\%$$

从数据1.2%来看，它虽然有小数点以下的数值，但因为计算公式中分子12台是计数数据，所以电动机不合格品率1.2%应是计数数据。

计件数据一般服从二项式分布，计点数据一般服从泊松分布。

第四节　总体与样本

通常我们不可能为了掌握一批产品的质量信息而检查整批产品。同样，在大多数情况下也不可能为了了解某道工序的产品质量而把该工序所制造出来的全部产品一一加以测试，而只能从中抽取一定数量的样品进行测试，从样品的测试结果来推断整批产品的质量。

什么叫总体？总体又叫“母体”。它是指在某一次统计分析中研究对象的全体。总体是提供统计数据的大本营，是源源不断地供给数据的原始数据库。比如，为研究分析一道工序或一批产品质量的好坏，那么被研究分析的“这道工序或那批产品”就是总体。总体可以是有限的，也可以是无限的。例如生产一批电子元件 10 万件，尽管它数量相当大，但总是可以数得清楚，因此可以说这批被研究的电子元件 10 万件是有限总体。然而对于这个电子元件工厂或其某个生产过程或某道工序来说，过去、现在都生产着这种电子元件，而且以后仍将继续生产这种电子元件，这样它的数量就无法数清了。因此，可将这个工厂、某个生产过程或某道工序的从前、现在和将来的全部产量视为无限总体。组成总体的每个单元(产品)叫作个体。总体中所含的个体数叫作总体含量(总体大小)，常用符号 N 表示。

样本也叫“子样”。它是从总体中随机抽取出来并且要对它进行详细研究分析的一部分个体(产品)。样本中所含的样品数目，一般叫样本大小或样本容量，常用符号 n 表示。比如从一批数量为 1000 件的产品中随机抽取出 20 件产品，并对它的直径进行检测，则被取出的 20 件产品就组成一个样本，即 $n=20$。换句话说，这个样本由 20 件样品组成，样本大小为 20。可见，被抽出的样本中的每一个产品叫作样品。样本是由 1 个或若干个样品组成的。

抽样，就是指从总体中随机抽取样品组成样本的活动过程。

随机抽样，就是要使总体中的每一个个体(产品)都有同等机会被抽取出来组成样本的活动过程。

抽取样本获得样本的信息不是目的，而是达到研究总体状况的一种手段。在质量管理中，常用这种研究局部去推断全局，研究样本去估计、预测总体的统计方法，从而达到保证产品质量和提高产品质量的目的。当然，运用样本来估计、推断总体不会是百分之百正确的，而且肯定会有误差和判断错误。不过，我们可以根据目的要求让这种错误尽量减少。

下面进一步说明总体和样本的关系。如果收集数据的目的是为了对生产过程中的某道工序进行预防性控制和管理，就应该以该道工序作为研究对象，在生产加工过程中或从已加工出的一批产品中，随机抽取样本进行测试，将已得到的数据进行整理、分析和判断，用来说明这道工序的状况和加工产品的质量趋势。如果收集数据的目的是为了对一批产品进行质量评价和验收，判定这批产品的质量是否合格，产品质量达到什么样的水平，应不应该接收，那么就应该以这批产品作为对象，从中随机抽取一部分产品为样本进行测试，把所得到的质量数据与规定的判定标准进行比较，从而判定该批产品的质量状况(见图6-2)。

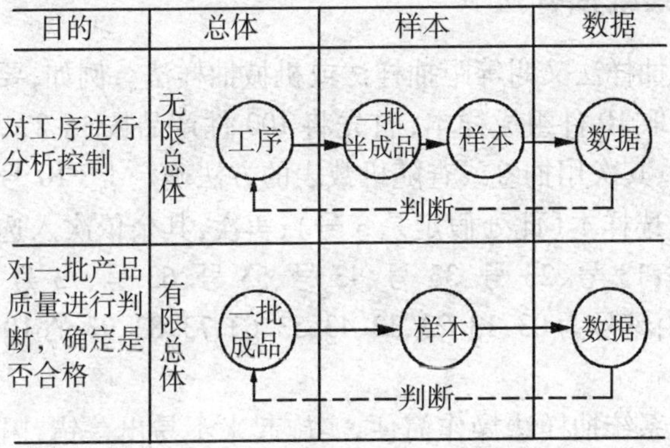

图6-2　数据、样本和总体的关系

第五节　随机抽样方法

一、简单随机抽样法

这种方法就是通常所说的随机抽样法。之所以叫简单随机抽样法，就是指总体中的每个个体被抽到的机会是相同的。要实现抽样的随机化，可采用抽签（或抓阄）、查随机数值表，或掷随机数骰子等办法。例如，要从 100 件产品中随机抽取 10 件组成样本，可把这 100 件产品从 1 开始编号一直编到 100 号，然后用抽签（或抓阄）的办法，任意抽出 10 张，假如抽到的编号是 3、7、15、18、23、35、46、51、72、89 这 10 个，于是就把这 10 个编号的产品拿出来组成样本。这就是简单随机抽样法。这个办法的优点是抽样误差小，缺点是抽样手续比较繁杂。在实际工作中，真正做到总体中的每个个体被抽到的机会完全一样是不容易的，这往往是由各种客观条件和主观心理等许多因素综合影响造成的。

二、系统抽样法

系统抽样法又叫等距抽样法或机械抽样法。例如，要从 100 件产品中抽取 10 件组成样本，首先将 100 件产品按 1，2，3，…，100 顺序编号；其次用抽签或查随机数表的方法确定 1～10 号中的哪一件产品入选样本（此处假定是 3 号）；再次，其余依次入选样本的产品编号是：13 号、23 号、33 号、43 号、53 号、63 号、73 号、83 号、93 号；最后由编号为 03、13、23、33、43、53、63、73、83、93 的 10 件产品组成样本。

由于系统抽样法操作简便，实施起来不易出差错，因而在生产现场人们乐于使用它。像在某道工序上定时去抽一件产品进行检验，就可以看作是系统抽样的一个例子。

由于系统抽样的抽样起点一旦被确定后（如抽到了第 3 号），整个样本也就完全被确定,因此这种抽样方法容易出现大的偏差。比如,一台织布机出了毛病,恰好是每隔 50m(周期性)出现一段疵布,而检验人员又正好是每隔 50m 抽一段进行检查,抽样的起点正好碰到有瑕疵的布段,这样一来,以后抽查的每一段都有瑕疵,进而就会对整匹布甚至整个工序的质量得出错误的结论。总之,当总体含有一种周期性的变化,而抽样间隔又同这个周期相吻合时,就会得到一个偏倚很严重的样本。因此,在总体会发生周期性变化的场合,不宜使用这种抽样的方法。

三、分层抽样法

分层抽样法也叫类型抽样法。它是从一个可以分成不同于总体的总体(或称为层)中,按规定的比例从不同层中随机抽取样品(个体)的方法。比如,有甲、乙、丙三个工人在同一台机器设备上倒班加工同一种零件,他们加工完了的零件分别堆放在三个地方,如果现在要求抽取 15 个零件组成样本,采用分层抽样法,应从堆放零件的三个地方分别随机抽取 5 个零件,合起来一共 15 个零件组成样本。这种抽样方法的优点是,样本的代表性比较好,抽样误差比较小;缺点是抽样手续较简单随机抽样还要繁杂些。这个方法常用于产品质量验收。

四、整群抽样法

整群抽样法又叫集团抽样法。这种方法是将总体分成许多群,每个群由个体按一定方式结合而成,然后随机地抽取若干群,并由这些群中的所有个体组成样本。这种抽样法的背景是:有时为了实施上的方便,常以群体(公司、工厂、车间、班组、工序或一段时间内生产的一批零件等)为单位进行抽样,凡抽到的群体就全面检查,仔细研究。比如,对某种产品来说,每隔 20h 抽出其中 1h 产量的产品组成样本;或者是每隔一定时间(如 30 min、1h、4h、8h 等)一次抽取若干个(几个、十几个、几十个等)产品组成样本。这种抽样方法的优点是抽样实施方便;缺点是,由于样本只来自个别几个群体,而不能均匀地分布在总体中,因而代表性差,抽样误差大。这种方法常用在工序控制中。

在此举一个例子来说明这 4 种抽样方法的运用。

假设有某种成品零件分别装在 20 个零件箱中,每箱各装 50 个,总共是1000个。如果想从中取100个零件作为样本进行测试研究,那么应该怎样运用上述 4 种抽样方法呢?

(1)将 20 箱零件倒在一起,混合均匀,并将零件从1 ~ 1000 一一编号,然后用查随机数表或抽签的办法从中抽出编号毫无规律的 100 个零件组成样本,这就是简单随机抽样。

(2)将 20 箱零件倒在一起,混合均匀,并将零件从 1 ~ 1000 逐一编号,然后用查随机数表或抽签的办法先决定起始编号,比如 16 号,那么后面入选样本零件编号依次为 26,36,46,56,…,906,916,926,…,996,06。于是就由这 100 个零件组成样本,这即系统抽样。

(3)对 20 箱零件,每箱都随机抽出 5 个零件,共 100 件组成样本,这就是分层抽样。

(4)先从 20 箱零件随机抽出 2 箱,然后对这 2 箱零件进行全数检查,即把这 2 箱零件看成是“整群”,由它们组成样本,这就是整群抽样。

第六节　统计特征数

统计特征数是对样本来说的。

统计方法中常用的统计特征数可分为两类:一类是表示数据的集中位置的,如样本平均值、样本中位数等,一类是表示数据的离散程度的,如样本极差、样本标准偏差等。下面介绍常用的几个重要的统计特征数。

一、样本平均值

它是表示数据集中位置的各种特征数中最基本的一种，常用符号 $\bar{x}$ 来表示，其计算公式为：

$$\bar{x} = \frac{1}{n}\sum_{i=1}^{n} x_i \qquad (式6-1)$$

式中：$\bar{x}$ ——样本算术平均值；

n ——样本大小。

例如，有 2，3，4，5，6 五个统计数据，则其平均值：

$$\bar{x} = \frac{2+3+4+5+6}{5} = 4$$

二、样本中位数

把收集到的统计数据 $x_1, x_2, \cdots, x_n$，按大小顺序重新排列，排在正中间的那个数就叫作中位数，用符号 $\tilde{x}$ 来表示。

当 n 为奇数时，正中间的数只有一个；当 n 为偶数时，正中位置有两个数，此时，中位数为正中两个数的算术平均值。

例如：有1.2，1.1，1.4，1.5，1.3五个统计数据，则中位数 $\tilde{x}=1.3$。又如，有 1.0，1.2，1.4，1.1 四个统计数据，则中位数

$$\tilde{x} = \frac{1.1+1.2}{2} = 1.15$$

中位数也是表示数据集中位置的一种特征数，只是较样本平均值所表示的数据集中位置要粗略一些，但是可减少计算的工作量。

三、样本方差

样本方差的计算公式为：

$$s^2 = \frac{1}{n-1}\sum_{i=1}^{n}(x_i - \bar{x})^2 \qquad (式6-2)$$

式中：s^2——样本方差；

$x_i - \bar{x}$ ——某一数据与样本平均值之间的偏差。

例如,有2,3,4,5,6五个统计数据,则其方差:

$$s^2 = \frac{1}{5-1}[(2-4)^2 + (3-4)^2 + (4-4)^2 + (5-4)^2 + (6-4)^2]$$

$$= \frac{1}{4}[(-2)^2 + (-1)^2 + 0^2 + 1^2 + 2^2] = \frac{1}{4} \times 10 = 2.5$$

样本方差是衡量统计数据分散程度的一种特征数,在方差分析中常用到。

四、样本标准偏差

国际标准化组织规定,把样本方差的正平方根作为样本标准偏差,用符号 s 来表示。所以样本标准偏差的计算公式为:

$$s = \sqrt{\frac{1}{n-1}\sum_{i=1}^{n}(x_i - \bar{x})^2} \qquad (式6-3)$$

沿用计算样本方差的例子,则那五个统计数据的标准偏差:

$$s = \sqrt{\frac{1}{5-1}[(2-4)^2 + (3-4)^2 + (4-4)^2 + (5-4)^2 + (6-4)^2]}$$

$$= \sqrt{\frac{1}{4}[(-2)^2 + (-1)^2 + 0^2 + 1^2 + 2^2]} = \sqrt{\frac{10}{4}} = \sqrt{2.5} \approx 1.58$$

为什么要用 s^2 或 s 来衡量数据的分散程度呢?由式(6-2)和式(6-3)可知,求和号 $\sum$ 中的每一项 $(x_i - \bar{x})$ 是表示第 i 个数据同这批数据的平均值 $\bar{x}$(它代表这批数据的集中位置)的偏差。如果将这些偏差值单纯地相加,容易证明它的和为零,因而无法用来表示数据的分散程度。因此一般都用偏差的平方和来衡量。为什么在计算样本方差时要用 $n-1$ 作为除数,而不像计算样本平均值那样用 n 作为除数呢?通俗地说,就是可以使计算结果更精确些。

五、样本极差

极差是一组数据中最大值与最小值之差。常用符号 R 表示,其计算公式可写成：

$$R = x_{max} - x_{min} \quad (式6-4)$$

式中：x_{max}——一组数据中的最大值；

x_{min}——一组数据中的最小值。

比如，有3，6，7，8，10五个数据组成一组，则极差$R = 10 - 3 = 7$。

极差是表示数据分散程度的各种特征值中计算最简单的一种。但是由于只用了一组数据中两头的数据，没有充分利用全部数据所提供的信息，因此极差反映实际情况的准确性较差。例如，2，4，5，7，9与2，3，5，8，9这两组数据，它们的极差都是一样的（$R = 7$），但是这两组数据的分布情况却不相同。

第七节　两类错误和风险

假设有一批数量很大的成品，其质量状况不清楚，现在随机抽取其中的一个样本，通过检测，研究此样本的质量状况，以此来推测判断整批成品的质量好坏，然后作出接收或是拒收决定。上述做法可能发生以下4种情况：

（1）假定这批成品的质量是好的。通过详细研究其中的一个样本，发现此样本的质量是好的，于是就推断这批成品质量好，决定将其接收。

（2）假定这批成品的质量是好的。通过详细研究其中的一个样本，发现此样本的质量是坏的，于是就推断这批成品质量坏，决定将其拒收。

（3）假定这批成品的质量是坏的。通过详细研究其中的一个样本，发现此样本的质量是坏的，于是就推断这批成品质量坏，决定将其拒收。

（4）假定这批成品的质量是坏的。通过详细研究其中的一个样本，发现此样本的质量是好的，于是就推断这批成品质量好，决定将其接收。

上述 4 种情况，(1)、(3) 两种情况的推断是正确的，因为它符合客观实际情况；而(2)、(4) 两种情况的推断是错误的，因为它不符合客观实际情况。

对于第(2)种情况，我们犯了把质量好的一批成品当作质量坏的一批成品去看待、处理的错误，这类错误在统计方法中叫第Ⅰ类错误，称为"弃真"错误。犯这类错误的概率值一般以符号 α 表示。犯判断错误就要承担风险、承担经济损失，所以 α 又叫作第Ⅰ类错误的风险率。

对于第(4)种情况，我们犯了把质量坏的一批成品当作质量好的一批成品去看待、处理的错误，这类错误在统计方法中叫第Ⅱ类错误，称为"取伪"错误。犯这类错误的概率值一般以符号 β 表示。同样，犯这类错误也要承担风险、承担经济损失，所以 β 又叫作第Ⅱ类错误的风险率。

在一定的条件下，风险率 α 和风险率 β 是一对矛盾，即此长彼消或此消彼长。但是，运用统计方法可以把这两者的总风险率和总损失控制在期望的范围内。

第七章　调查表、分层法、头脑风暴法、亲和图与排列图

第一节　调查表

调查表(Data-collection Form)又叫检查表、核对表、统计分析表。它是用来系统地收集资料和积累数据,确认事实并对数据进行粗略整理和分析的统计图表,它能够促使我们按统一的方式收集资料,便于分析;一般在质量管理活动中,特别是在QC小组活动、质量分析和质量改进的活动中得到了广泛的应用。

应用调查表的步骤:

(1)明确收集资料的目的。

(2)确定为达到目的所需收集的资料(这里强调问题)。

(3)确定对资料的分析方法(如运用哪种统计方法)和负责人。

(4)根据不同目的,设计用于记录资料的调查表格式,其内容应包括:调查者、调查的时间、地点和方式等栏目。

(5)对收集和记录的部分资料进行预先检查,目的是审查表格设计的合理性。

(6)如有必要,应评审和修改该调查表格式。调查表的样式多种多样,可根据需要调查的项目灵活设计。下面介绍几种常用的调查表格式。

一、不合格品项目调查表

不合格品项目调查表主要用来调查生产现场不合格品项目频数和不合格品率,以便随后用于排列图等分析研究。表7-1是某卷烟厂某月成品抽样检验中卷烟车间对外观不合格品项目的检验记

录。检查了250批共2500箱卷烟，批平均不合格品率为0.8%。从外观不合格品项目的各项频次可以看出空松、贴口、切口的质量问题较为突出。

表7－1　成品抽样检验及外观不合格品项目调查表

批次	产品型号	成品量（箱）	抽样数（支）	不合格品数（支）	批不合格品率（%）	外观不合格项目								
						切口	贴口	空松	短烟	过紧	钢印	油点	软腰	表面
1	烤烟型	10	500	3	0.6	1	1							1
2	烤烟型	10	500	8	1.6	1	1	2	2			2		
3	烤烟型	10	500	4	0.8		1	2					1	
4	烤烟型	10	500	3	0.6		2			1				
5	烤烟型	10	500	5	1.0	1		1		1			1	1
⋮	⋮	⋮	⋮	⋮	⋮									
250	烤烟型	10	500	6	1.2	1	1		2			1	1	
合计		2 500	125 000	990	0.8	80	297	458	35	28	10	15	12	55

调查者：王××　　　　　　日期____年____月____日

地点：卷烟车间

表7－2显示的是某QC小组对中继线插头焊接缺陷的调查表。根据此表还可进一步画出排列图。

表7－2　插头焊接缺陷调查表　　　N＝4 870

序号	项目	频数	累计	累计（%）
A	插头槽径大	3 367	3 367	69.14
B	插头假焊	521	3 888	79.84
C	插头焊化	382	4 270	87.69
D	插头内有焊锡	201	4 471	91.82
E	绝缘不良	156	4 627	95.02
F	芯线未露	120	4 747	97.48
G	其他	123	4 870	100.00

调查者：吴××

地点：×公司插头焊接小组　　　____年____月____日

二、缺陷位置调查表

许多产品或零件常存在气孔、疵点、碰伤、脏污等外观质量缺陷。缺陷位置调查表可用来记录、统计、分析不同类型的外观质量缺陷所发生的部位和密集程度，进而从中找出规律性，为进一步调查或找出解决问题的办法提供事实依据。图 7－1 是反映汽车车身喷漆质量的缺陷位置调查表。从图中可以看到，“色斑”特别是车门处容易发生色斑缺陷是很明显的，因此工厂应首先从这里采取措施提高喷漆质量。

车型		检查处	车身
工序		检查者	
调查目的	喷漆缺陷	调查数	2 139 辆

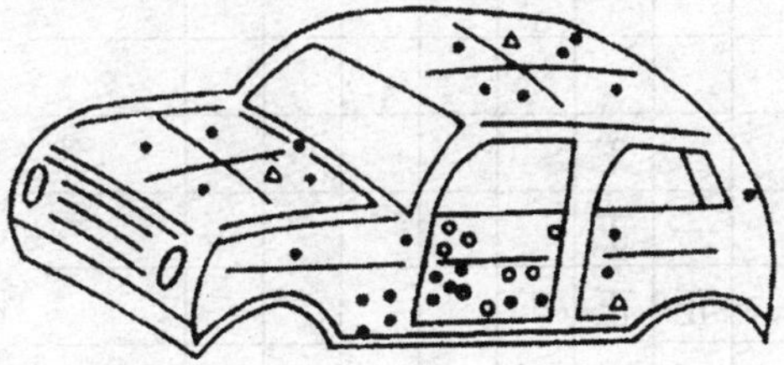

●色斑

○流漆

△尘粒

年　月　日

图 7–1　汽车车身喷漆质量的缺陷位置调查图表

这种调查分析的做法是画出产品示意图或展开图，并规定不同外观质量缺陷的表示符号。然后逐一检查样本，把发现的缺陷，按规定的符号在同一张示意图中的相应位置上表示出来。这样，这张缺陷位置调查表就记录了这一阶段（这一批）样本的所有缺陷的分布位置、数量和集中部位，便于进一步发现问题、分析原因、采取改进措施。

三、质量分布调查表

质量分布调查表是对计量数据进行现场调查的有效工具。它是根据以往的资料，将某一质量特性项目的数据分布范围分成若干区间而制成的表格，用以记录和统计每一质量特性数据落在某一区间的频数。表 7－3 就是一张某零件重量实测值分布调查表。从表格的形式看，质量分布调查表与直方图的频数分布表相似。所不同的是，质量分布调查表的区间范围是根据以往资料，首先划分区间范围，然后制成表格，以供现场调查记录数据；而频数分布表则是首先收集数据，再适当划分区间，然后制成图表，以供分析现场质量分布状况之用。

表 7－3　零件实测值分布调查表

调查人：李××　　　　调查日期：××××年××月××日

调查数(N)：121 件　　　调查方式：根据原始凭证统计

频数	1	3	6	14	26	32	23	10	4	2		
40												
35												
30						丁						
25					一	正						
20					正	正	下					
15					正	正	正					
10				止	正	正	正					
5			一	正	正	正	正	正				
0	一	下	正	正	正	正	正	正	止	丁		

0.5　5.5　10.5　15.5　20.5　25.5　30.5　35.5　40.5　45.5　50.5(g)

四、矩阵调查表

矩阵调查表是一种多因素调查表，它要求把产生问题的对应因素分别排列成行和列，在其交叉点上标出调查到的各种缺陷、问题和数量。表 7－4 是某厂两台注塑机生产的塑料制品外观质量调查表。

表 7-4　塑料制品外观质量调查表

缺陷符号:○气孔　　△成型　　●疵点　　×变形　　□其他

机号	2月5日		2月6日		2月7日		2月8日		2月9日		2月10日	
	上午	下午	上午	下午	上午	下午	上午	下午	上午	下午	上午	下午
1	○● ×○	●□	○○	×□ ×	△○ △×	○	○○○ ○●△ ○○	○○● △○○ ○△	□○	○△	○×	×× ●
2	○● △	○○ ○● ×	○× ×× ●	●● △△ ×	○● ●△ △	○○ ×× ×	○○○ ●△○ ○○○	○○○ ●△× ○○○ ○	×● ○○	×○ △□	○○ ×	○□

调查者:李×× 时间:××××年××月××日 地点:××厂××车间 调查方式:实地观测	备注

从表中可以看出:2#机发生的外观质量缺陷较多。进一步分析原因是由于注塑机2#的维护保养差所致。2月8日两台注塑机所生产的产品的外观质量缺陷都比较多,而且气孔缺陷尤为严重。经调查分析是当天的原材料湿度较大所致。

调查表在应用中常见的错误,主要是调查表设计不当和记录数据上的差错。这是由于设计调查表时未能正确地分层或分层项目的概念混淆,使分类数据混杂,而无法进行归纳分析。

第二节　分层法

由于引起质量波动的原因是多种多样的,因此收集到的质量数据往往带有综合性。为了能真实地反映产品质量波动的原因和变化规律,就必须对质量数据进行适当归类和整理。

分层(Stratification)法又叫分类法、分组法。它是按照一定的标志，把收集到的大量有关某一特定主题的统计数据加以归类、整理和汇总的一种方法。分层的目的在于把杂乱无章和错综复杂的数据加以归类汇总，使之能确切地反映客观事实。

分层法常用于归纳整理所收集到的统计数据。分层法常与其他统计方法结合起来应用，如分层直方图法、分层排列图法、分层控制图法、分层散布图法和分层因果图法等。

分层的原则是使同一层次内的数据波动幅度尽可能小，而层与层之间的差别尽可能大，否则就起不到归类、汇总的作用。分层的目的不同，分层的标志也不一样。一般来说，分层可采用以下标志：

(1)人员。可按年龄、工级和性别等分层。

(2)机器。可按设备类型、新旧程度、不同的生产线和工夹具类型等分层。

(3)材料。可按产地、批号、制造厂、规格、成分等分层。

(4)方法。可按不同的工艺要求、操作参数、操作方法、生产速度等分层。

(5)测量。可按测量设备、测量方法、测量人员、测量取样方法和环境条件等分层。

(6)时间。可按不同的班次、日期等分层。

(7)环境。可按照明度、清洁度、温度、湿度等分层。

(8)其他。可按地区、使用条件、缺陷部位、缺陷内容等分层。分层方法很多，可根据具体情况灵活运用。也可以在质量管理活动中不断创新，创造出新的分层标志。

应用分层法的步骤：

(1)收集数据。

(2)将采集到的数据根据不同目的选择分层标志。

(3)分层。

(4)按层归类。

(5)画分层归类图表。

例1　某装配厂的气缸体与气缸盖之间经常漏油。经过对50

套产品进行调查后发现两种情况:(1)三个操作者在涂黏结剂时,操作方法不同;(2)所使用的气缸垫是由两个制造厂提供的。于是对漏油原因进行分层分析:(1)按操作者分层,如表 7-5 所示;(2)按气缸垫生产厂家分层,如表7-6 所示。

表 7-5　按操作者分层

操作者	漏油	不漏油	漏油率(%)
王师傅	6	13	32
李师傅	3	9	25
张师傅	10	9	53
共计	19	31	38

表 7-6　按生产厂家分层

供应厂	漏油	不漏油	漏油率(%)
A 厂	9	14	39
B 厂	10	17	37
共计	19	31	38

表 7-7　按两种因素交叉分层

		漏油情况	气缸垫		合计
			A 厂	B 厂	
操作者	王	漏　油	6	0	6
		不漏油	2	11	13
	李	漏　油	0	3	3
		不漏油	5	4	9
	张	漏　油	3	7	10
		不漏油	7	2	9
合计		漏　油	9	10	19
		不漏油	14	17	31
共计			23	27	50

由表 7-5 和表 7-6 容易得出:为降低漏油率,应采用李师傅的操作方法并选用 B 厂的气缸垫。然而,事实并不是这样的,由表 7-7 可以看出,李师傅用 B 厂气缸垫时,漏油率为 $\frac{3}{7}=43\%$。因此,这样简单的处理是有问题的。正确的方法应当是:(1)当采用 A 厂生产的气缸垫时,应推广采用李师傅的操作方法;(2)当采用 B 厂生产的气缸垫时,应推广采用王师傅的操作方法。这时它们的漏油率都是0%(见表 7-7)。

可见,运用分层法时,不宜简单地按单一因素分层,必须考虑各个因素的综合影响效果。

例2　某厂生产橡胶垫的外径尺寸,规范 $\phi 26.1\pm0.2$mm,最近发现外径尺寸超差,具体见直方图(见图 7-2)。

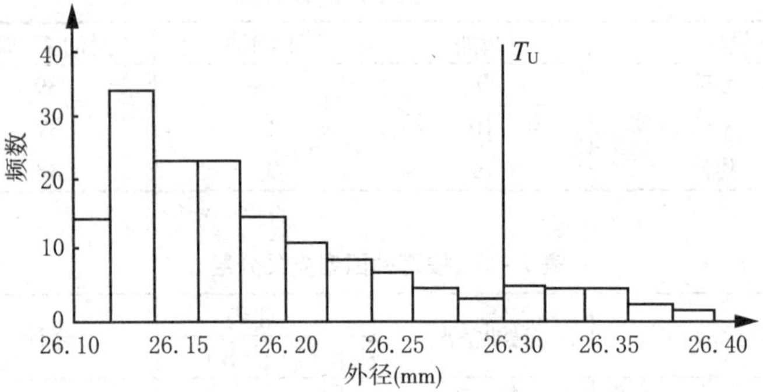

图 7-2　橡胶垫外径直方图

实现产品成型是由甲、乙、丙 3 个工人完成的,为分析是否由人的因素引起的超差,故对 3 个工人进行分层画直方图(见图 7-3)。

从图可知,工人乙分散最小,而工人甲和丙分散较大。这种分散的大小与工人的操作熟练程度是否有关,还需进一步分析。经过对 3 个工人的作业方法进行比较,发现主要是产品涂出模药剂的方法不同,工人甲涂在模型两面,工人乙涂在模型下面,工人丙涂在模型上面。经进一步分析查明,工人乙的操作,产品出模时变形最小。最后将工人乙的操作方法纳入工艺,从而减少了产品外径尺寸超差。

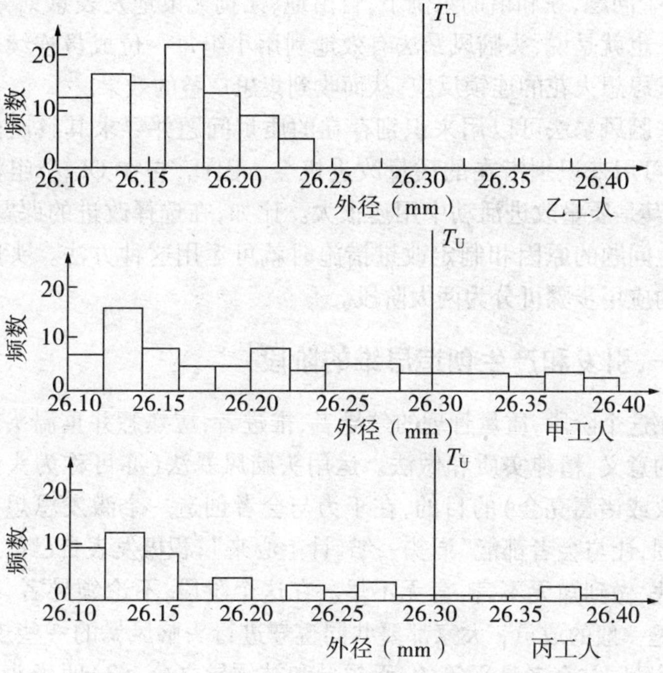

图 7－3　按工人分层的橡胶垫外径直方图

第三节　头脑风暴法

头脑风暴(Brain Storming,BS)法又曾被译为脑力激荡法。它是采用会议的方式,引导参加会议的每个人围绕着某中心议题(如质量问题等)广开言路,激发灵感,在自己头脑中掀起思想风暴的一种集体创造思维的方法。这种方法倡导每个人都能毫无顾忌、畅所欲言地发表独立见解。

头脑风暴法是 1941 年美国的 BBDO(Batten Barton Darstine Osbom)广告公司的副经理 A. F. 奥斯本为提出广告的新设想而创立的

一种会议方式。简要地说,这种方法就是召集几个人,就“广告新设想”这个问题,在和谐的氛围下,自由地、无拘无束地发表意见,进行讨论。也就是说,头脑风暴法有效地利用小组每一位成员连续不断地激发思想火花的连锁反应,从而收到集思广益的效果。

头脑风暴法可以用来识别存在的质量问题并寻求其解决的办法,还可用来识别潜在的质量改进机会。因此,它在 QC 小组活动中,尤其是质量改进活动中用途很大。比如,在选择改进的课题、分析产生问题的原因和制定改进措施时就可运用这种方法。头脑风暴法的应用步骤可分为两大阶段。

一、引发和产生创造思维的阶段

在这个阶段,质量管理的领导者、推进者,应熟悉并重温头脑风暴法的意义、精神实质和做法。运用头脑风暴法(亦可称为头脑风暴会议或诸葛亮会)的目的,在于为与会者创造一个激发思想火花的氛围,让与会者都能“眉头一皱,计上心来”,积极发表自己的意见和看法,做到知无不言,言无不尽。在这个阶段,不论领导者、推进者还是一般的成员,大家都要共同遵守进行头脑风暴的一些规则:(1)领导同与会者是平等的,无领导和被领导之分;(2)明确头脑风暴会议的目的;(3)与会的每位成员依次发表一条意见、一个观点;(4)成员可以互相补充各自的观点但不能评论、更不能批驳别人的观点;(5)当面把每个成员的观点毫无遗漏地记录下来;(6)会议持续到无人发表意见为止;(7)将每个人的所有观点重述一遍。

二、整理阶段

将每个人的所有观点重述一遍,以使每个成员都知道全部观点的内容;去掉重复的、无关的观点;对各种见解进行评价、论证。最后集思广益,按问题进行归纳。

日本的川喜田二郎根据头脑风暴法创造出了 KJ 法。亲和图就是 KJ 法的主要类型。

第四节　亲和图

亲和图(Affnity Diagram)又叫A型图解(见图7－4),是KJ法的一种类型。它是把收集到的大量有关某一特定主题的意见、观点、想法和问题,按它们之间相互亲近程度加以归类、汇总的一种图。

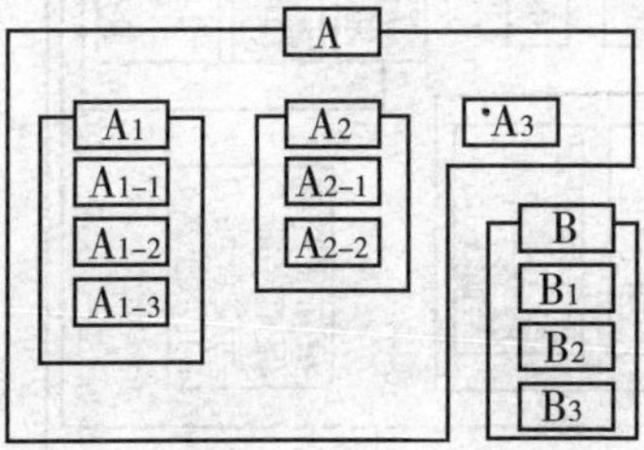

图7－4　A型图

亲和图常用于归纳、整理由“头脑风暴”法所产生的各种意见、观点和想法等语言资料,在QC小组活动中可以经常用到。

应用亲和图的步骤如下:

(1)确定小组的讨论主题。小组成员最多不应超过10人。小组的组织者应用通俗语言(非专业术语)讲解清楚将要讨论研究的质量问题。

(2)制作语言资料卡片。尽量做到每张卡片只记录一条意见、一个观点或一种想法。这样便可以形成许多卡片。

(3)汇总、整理卡片。

①把卡片集中起来随机地放在一起;

②把有关联的卡片归在一组;

③找出或另写出一张能代表该组内容的主卡片;

④把主卡片放在最上面。

(4)按类(组)将卡片中的信息加以登记、汇总。

(5)画出亲和图。图7－4为亲和图的基本形式。

(6)写出书面报告。根据绘制的亲和图,写出分析报告,指明结论。

应用实例

某QC小组围绕“今后如何开展质量保证活动”召开了头脑风暴会议。最后,根据收集到的意见,运用亲和图法整理出部分成果如

图 7－5 所示。

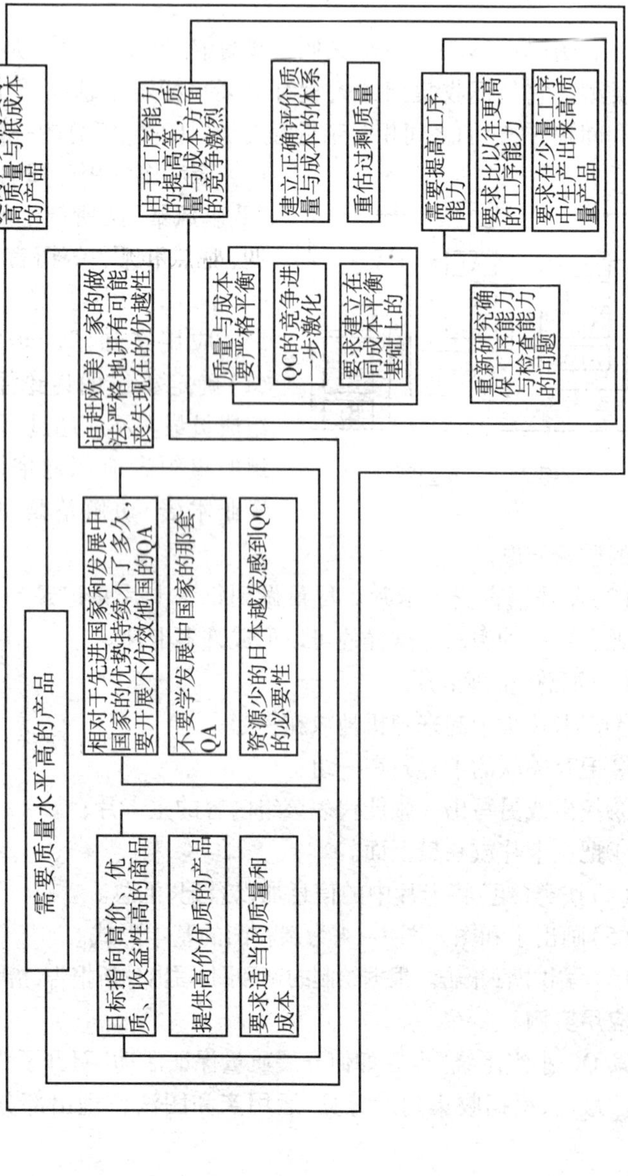
由于工序能力的提高，人们要求高质量与低成本的产品
由于工序能力的提高，质量与成本方面的竞争激烈
建立正确评价质量与成本的体系
重估过剩质量
需要提高工序能力
要求比以往更高的工序能力
要求在少量工序中生产出来高质量产品
质量与成本要严格平衡
QC的竞争进一步激化
要求建立在同成本平衡基础上的
重新研究确保工序能力与检查能力的问题
追赶欧美厂家的做法严格地讲有可能丧失现在的优越性
需要质量水平高的产品
相对于先进国家和发展中国家的优势持续不了多久，要开展不仿效他国的QA
不要学发展中国家的那套QA
资源少的日本越发感到QC的必要性
目标指向高价、优质、收益性高的商品
提供高价优质的产品
要求适当的质量和成本

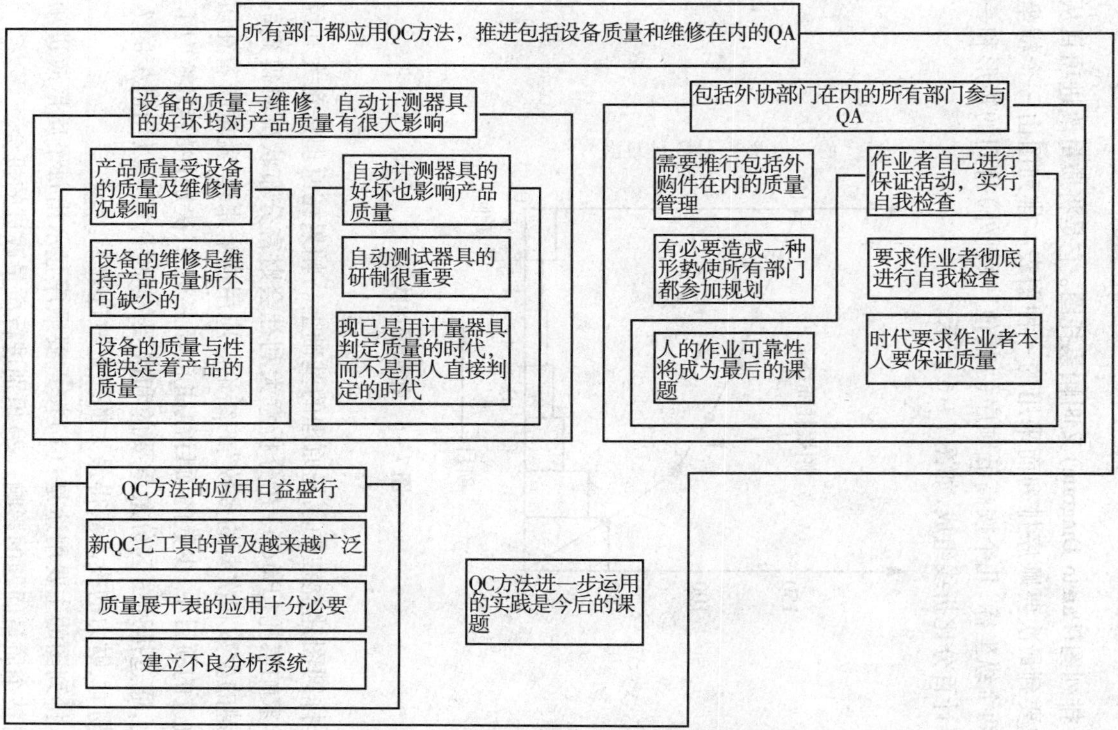

图7–5 “今后如何开展质量保证活动”的部分成果

第五节　排列图

排列图(Pareto Diagram)又叫帕累托图。它是将质量改进项目从最重要到最次要顺序排列而采用的一种图表。排列图由一个横坐标、两个纵坐标、几个按高低顺序(“其他”项例外)排列的矩形和一条累计百分比折线组成,如图 7 - 6 所示。

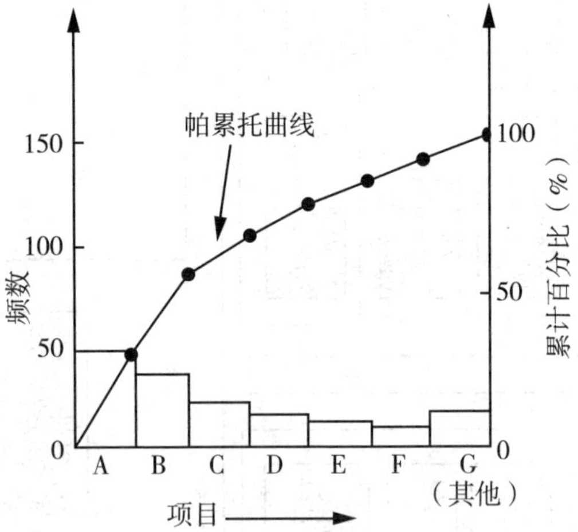

图 7 - 6　排列图格式

排列图建立在帕累托原理的基础上。帕累托原理是意大利经济学家帕累托(Pareto)在分析意大利社会财富分布状况时得到的“关键的少数和次要的多数”的结论。应用这个原理,就意味着在质量改进的项目中,少数的项目往往起着主要的、决定性的影响作用。因此,通过排列图区分最重要的和次要的项目,就可以用最少的人力、物力、财力的投入获得最大的质量改进效果。

排列图的主要用途是:(1)按重要顺序显示出每个质量改进项目对整个质量问题的影响;(2)识别进行质量改进的机会。

一、应用排列图的步骤

(1)选择要进行质量分析的项目;

(2)选择用来进行质量分析的度量单位,如出现的次数(频数、件数)、成本、金额或其他;

(3)选择进行质量分析的数据的时间间隔;

(4)画横坐标。按度量单位量值递减的顺序自左至右在横坐标上列出项目,将量值最小的一个项目或几个项目归并成"其他"项,放在最右端;

(5)画纵坐标。在横坐标的两端画两个纵坐标,左边的纵坐标按度量单位标定,其高度必须与所有项目的量值和相等。右边的纵坐标应与左边的纵坐标等高,并从0到100%进行标定;

(6)在每个项目上画长方形,它的高度表示该项目度量单位的量值,显示出每个项目的影响大小;

(7)由左到右累加每个项目的量值(以%表示),并画出累计频率曲线(帕累托曲线),用来表示各个项目的累计影响;

(8)利用排列图确定对质量改进最为重要的项目(关键的少数项目)。

二、画排列图的注意事项

(1)一般来说,关键的少数项目应是本QC小组有能力解决的最突出的一个,否则就失去找主要矛盾的意义,要考虑重新进行项目的分类。

(2)纵坐标可以用"件数"或"金额"等来表示,原则是以更好地找到"主要项目"为准。

(3)不太重要的项目很多时,横轴会变得很长,通常都把这些列入"其他"栏内,因此"其他"栏总在最后。

(4)确定了主要因素,采取了相应的措施后,为了检查"措施效果",还要重新画出排列图。

三、应用实例

某工业有限公司 QC 小组在 1993 年对其电子产品的用户反馈单进行统计，经整理后得到的资料如表 7－8 所示。

表 7－8 用户对本公司产品质量的反馈统计

序号	项目	频数	累计	累计(%)
A	插头焊接缺陷	4 871	4 871	46.01
B	网线外露	2 123	6 994	66.07
C	内毛边	1 521	8 515	80.44
D	成型不足	998	9 513	89.86
E	成型部缩水	981	10 494	99.13
F	绝缘缺陷	51	10 545	99.61
G	导通缺陷	41	10 586	100.00

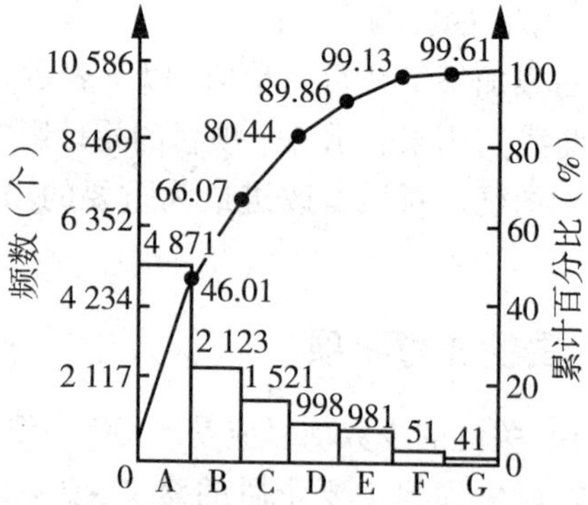

图 7－7 用户反馈的产品质量项目排列图

根据上述排列图的应用步骤对表 7－8 内的统计资料加工整理成排列图，如图 7－7 所示。

由图 7－7 可以看出，该公司产品的“插头焊接缺陷”应作为“质量改进”的主要对象，并对它作进一步的调查研究与分析。该公司通过进一步调查，紧紧抓住了这个机会，因此取得质量改进的效果。

第八章　因果图、树图与关联图

第一节　因果图

因果图(Cause-and-effect Diagram)又叫石川图、特性要因图、鱼刺图等。它是表示质量特性波动与其潜在(隐含)原因的关系,即表达和分析因果关系的一种图表。运用因果图有利于找到问题的症结的原因,然后对症下药,解决质量问题。因果图在质量管理活动中,尤其是在QC小组质量分析和质量改进活动中有着广泛的用途。

应用因果图的步骤如下:

(1)简明扼要地规定结果,即规定需要解决的质量问题。如主轴颈出刀痕、烟支空松、中继线插头槽径大、青霉素瓶消毒后胶塞水分高,等等。

(2)规定可能发生的原因的主要类别。这时可以考虑下列因素作为因素的主要类别:数据和信息系统、人员、机器设备、材料、方法、测量和环境等。

(3)开始画图。把"结果"画在右边的矩形框中,然后把各类主要原因放在它的左边,作为"结果"框的输入,如图8-1所示。

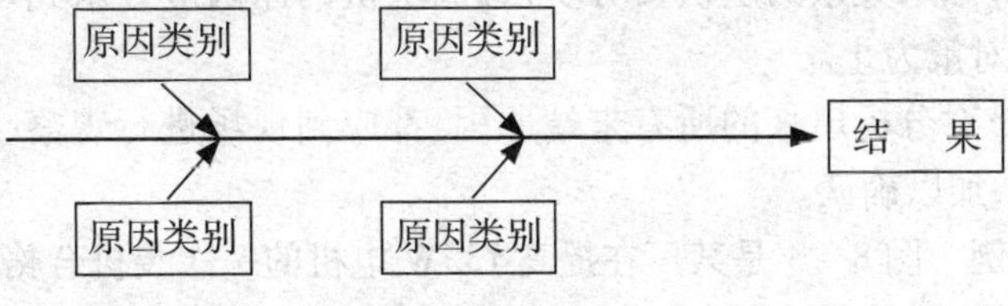

图8-1　因果图框架

(4)寻找所有下一个层次的原因并画在相应的枝上;继续一层

层地展开下去，如图8－2所示。一张完整的因果图展开的层次至少应有二层，一些情况下还可以有三层以上。

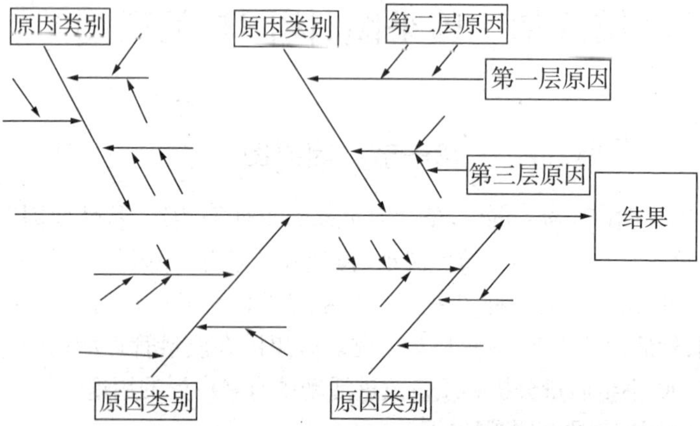

图8－2　因果层次展开示意图

画因果图应注意以下事项：

(1)画因果图时必须开“诸葛亮会”，充分发扬民主，各抒己见，集思广益，把每个人的意见都一一记录在图上。

(2)确定要分析的主要质量问题(特性)不能笼统，一个主要质量问题只能画一张因果图；多个主要质量问题则应画多张因果图。因果图只能用于单一目标的分析。

(3)因果关系的层次要分明，最高层次的原因应寻求到可以直接采取对策为止。

(4)对分析出来的所有末端原因，都应到现场进行观察、测量、试验等，加以确认。

实例　图8－3是某厂在提高135W电机的一次装机合格率时，运用因果图对“噪声超标”进行原因分析的初步结果。

因果图常同排列图、对策表联合起来应用，因而在许多工厂中将它们统称为“两图一表”。

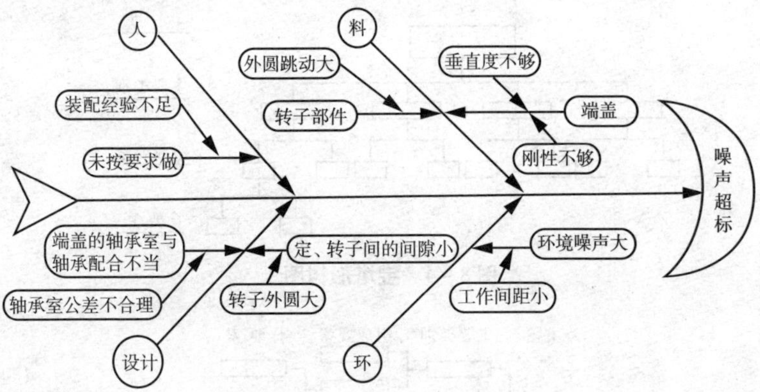

图 8－3 “噪声超标”因果图

第二节 树图

树图(Tree Diagram)又叫系统图。树图是表示某个质量问题与其组成要素之间的关系，从而明确问题的重点，寻求达到目的所应采取的最适当的手段和措施的一种树枝状图。树图可以系统地把某个质量问题分解成许多组成要素，以显示出问题与要素、要素与要素之间的逻辑关系和顺序关系。比如，可以把头脑风暴法产生的意见、观点，按其内在的联系整理成树图，以便更清晰地显示出诸要素之间、要素同主题之间的逻辑关系、顺序关系或因果关系。树图常用于单目标展开。一般均自上而下（或自左至右）展开作图（见图 8－4、图 8－5）。

树图在质量管理活动中，尤其是在 QC 小组的质量改进活动中有着广泛的用途。具体地说，其主要用途有：

(1)企业方针目标实施项目的展开；

(2)在新产品开发中进行质量设计展开；

(3)为确保质量保证活动而进行的保证质量要素(事项)的展开；

(4)对为解决企业内质量、成本、产量等问题所采取的措施加以

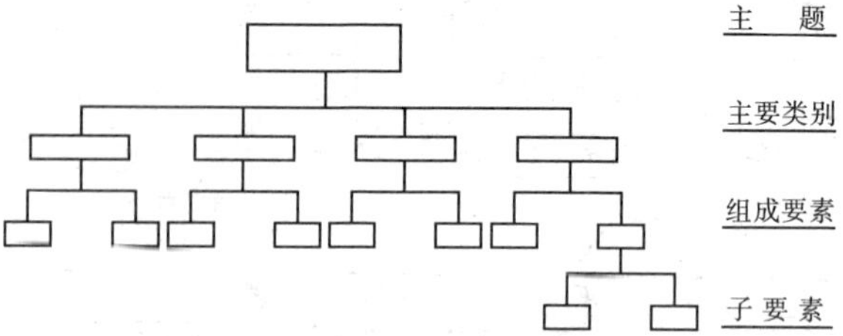

图 8-4　宝塔形树图

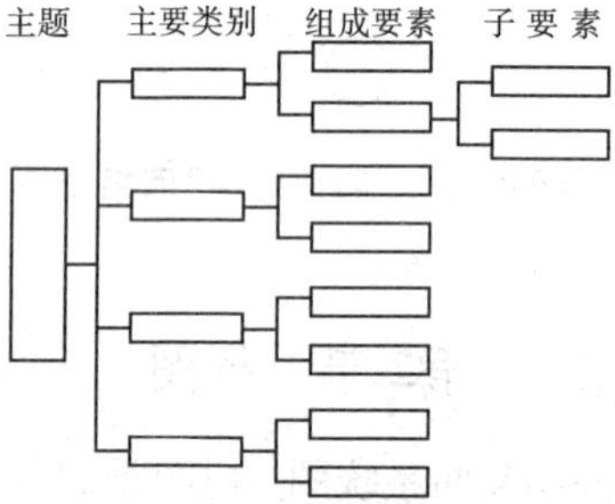

图 8-5　侧向型树图

展开；

(5)企业承包责任制项目的展开；

(6)工序分析中对质量特性进行主导因素的展开；

(7)探求明确部门职能、管理职能和提高效率的方法；

(8)可以用于因果分析。

应用树图的步骤如下：

(1)简明扼要地讲述清楚要研究的主题(如质量问题)；

(2)确定该主题的主要类别，即主要的层次(见图 8-5)。这时可以利用亲和图中的主卡片，也可以利用头脑风暴法确定的主要层次来确定；

(3)构造树图。把主题放在左框内，把主要类别放在右边的方框内(见图 8-5)；

(4)针对这个主要类别确定其组成要素和子要素；

(5)把针对每个主要类别的组成要素及其子要素放在主要类别右边相应的方框内(见图8－5)；

(6)评审画出的树图,确保无论在顺序上或逻辑上都没有差错和空当。

画树图时应注意以下一些事项：

(1)用于因果分析的树图一般是单目标的,即一个质量问题用一张树图；

(2)树图中的主要类别一般可以不先从5M1E出发,而是根据具体的质量问题或逻辑关系去选取。

实例　某厂聚氯乙烯塑料试片麻坑厚度超差龟裂的因果分析树图,如图8－6所示。图中"试片麻坑厚度超差龟裂"是树图中的"主题"；"人员""设备""工艺"等是树图中的"主要类别"；"操作不熟练""执行工艺不严"……"卫生条件差"是树图中的"组成要素"；而"没定机、定人""新调入人员经验少"……"工作台不洁"就构成树图中的"子要素"。

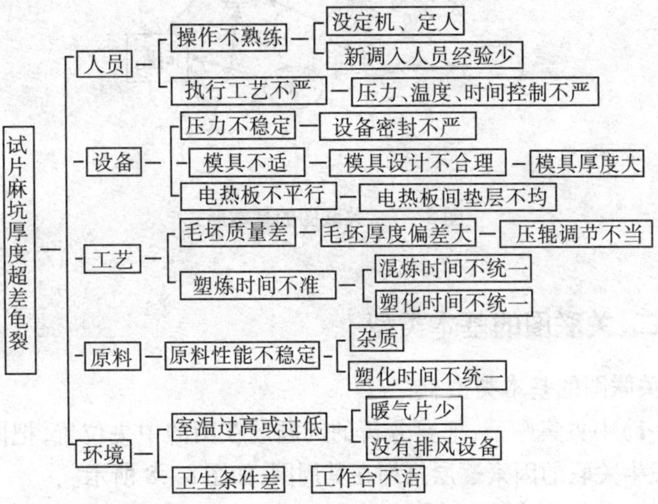

图8－6　某厂塑料试片麻坑厚度超差龟裂因果分析树图

第三节　关联图

一、概述

在企业的质量管理活动中，一个质量问题的影响因素多种多样、错综复杂。要解决这样复杂的质量问题，若再像过去那样，以一名管理者为中心逐个因素加以解决，那进程将是非常缓慢的。当今，已进入由多方管理者和有关人员密切配合并在广阔的范围内进行卓有成效的合作时代。关联图也因此应运而生。

什么是关联图？关联图（Relation Diagram）又叫关系图。它是解决复杂关系、因素之间又相互关联的原因与结果或目的与手段等的单一或多个问题的图示技术，是根据逻辑关系厘清复杂问题、整理语言文字资料的一种方法。其格式如图 8－7 所示。

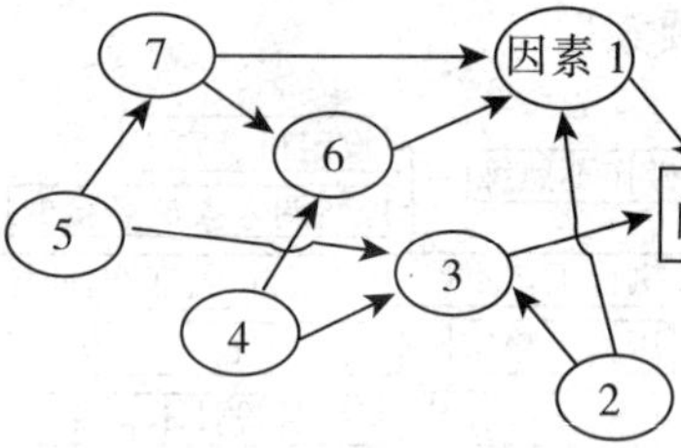

图 8－7　关联图的基本形式

二、关联图的基本类型

关联图的基本类型有：

（1）中央集中型：把要分析的问题放在图的中央位置，把同“问题”发生关联的因素逐层排列在其周围，如图 8－8 所示。

（2）单侧汇集型：把要分析的问题放在右（或左）侧，与其发生关联的因素从右（左）向左（右）逐层排列，如图 8－9 所示。

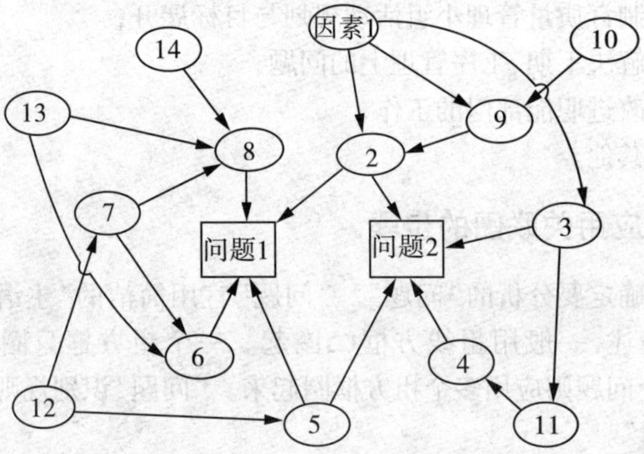

图 8－8　中央集中型关联图

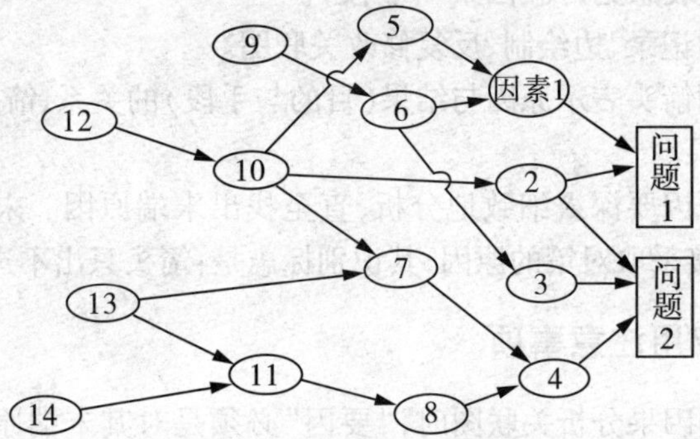

图 8－9　单侧汇集型关联图

三、关联图的用途

关联图可用于：

(1)制订全面质量管理计划；

(2)制定质量方针；

(3)制定生产过程的质量改进措施；

(4)推进外购、外协件的质量管理工作；

(5)制订质量管理小组活动规划与目标展开；

(6)解决工期、工序管理上的问题；

(7)改进职能部门的工作；

(8)其他。

四、应用关联图的步骤

(1)确定要分析的“问题”。“问题”宜用简洁的“主语+谓语”的短语表述，一般用粗线方框**□**圈起。一个粗方框只圈一个“问题”，多个问题则应用多个粗方框圈起来。“问题”识别规则是“箭头只进不出”。

(2)召开诸葛亮会。与会者应用“头脑风暴法”就分析的“问题”充分发表意见，找“因素”(手段)。

(3)边记录、边绘制、反复修改关联图。

(4)用箭头表示原因与结果(目的与手段)的关系；箭头指向是：原因→结果。

(5)原因要深入细致地分析，直至找出末端原因。末端原因应是可以直接采取对策的原因，其识别标志是：箭头只出不进。

五、应用注意事项

(1)用因果分析关联图时，“要因”必须是对其末端原因逐一经现场验证并作出“标识”；

(2)图中一定有若干相互关联的因素。

实例　图8－10是某公司对产品的焊缝质量不良的两个问题——外观质量差和气孔进行原因分析的关联图。

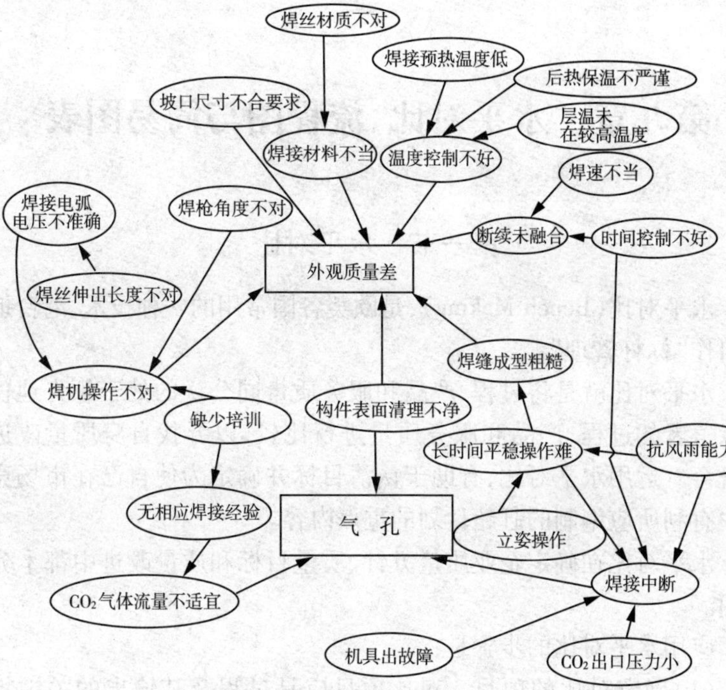

图 8－10　焊缝质量不良原因分析关联图

第九章　水平对比、流程图与简易图表

第一节　水平对比

水平对比(Bench Making),是欧美各国常用的一种技术,港台地区叫作“标杆管理”。

水平对比就是将过程、产品和服务质量同公认的处于领先地位的竞争者的过程、产品和服务质量进行比较,以寻找自身质量改进的机会。运用水平对比,有助于认清目标并确定为使自己在市场竞争中有利所应编制的赶超计划的重点内容。

水平对比在确定企业质量方针、质量目标和质量改进中都十分有用。

应用水平对比的步骤是:

(1)确定对比的项目。对比项目应是过程及其输出的关键特征,如性能、可靠性、成本、价格、油耗量等。过程输出的对比应直接同顾客的需要联系起来。

(2)确定对比的对象。对比的对象可以是直接的竞争对手,也可以不是竞争对手,但其有关项目、指标却是公认的领先水平的组织。

(3)收集资料。可以通过直接接触、考察、访问(包括访问顾客)、人员或专家相互交往、广告和报纸杂志等方式,得到有关的信息、资料。

(4)归纳、整理和分析资料。分析的目的是针对有关项目确立最好的奋斗目标。

(5)进行对比。根据顾客需要,确定对比对象的有关质量指标,以及自己应做质量改进的内容,并制订实施计划。在对比时应注意以下几种情况:

①经分析,如果竞争对手的对比项目的质量水平已超过了顾客的需要,则对比时至少应把它作为一个最好的直接奋斗目标;

②经分析,如果竞争对手的对比项目的质量水平没有满足顾客的需要,而非竞争对手的有关项目的质量水平却满足了顾客的需要,则对比应以顾客的需要为准。

这种方法类似于我们常说的"找差距"或"比先进、学先进、赶先进、超先进"的活动。

第二节　流程图

流程图(Flow Chart)就是将一个过程(如工艺过程、检验过程、质量改进过程等)的步骤用图的形式表示出来。通过对一个过程中各步骤之间关系的研究,一般能发现故障的潜在原因,知道哪些环节需要进行质量改进。

流程图可以用于从材料流向产品销售和售后服务的全过程的所有方面。流程图可以用来描述现有的过程,亦可用来设计一个新的过程。流程图在 QC 小组活动中和质量改进活动中都有着广泛的用途。

流程图由一系列容易识别的标志构成。一般使用的标志如图 9－1 所示。

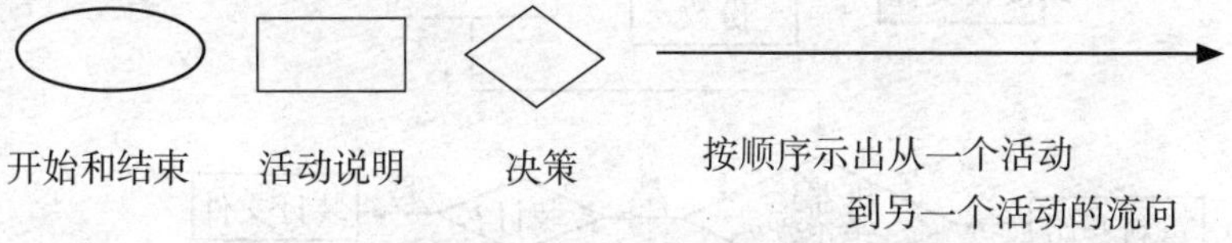

图 9－1　流程图标志

描述和分析现有过程的流程图的步骤如下:

(1)判别过程的开始和结束;

(2)观察从开始到结束的整个过程;

(3)规定在该过程中的程序(输入、活动、判断、决定、输出);

(4)画出表示该过程的流程草图；

(5)与该过程中所涉及的有关人员共同评审该草图；

(6)根据评审结果改进流程草图；

(7)与实际过程比较，验证改进后的流程图；

(8)注明正式流程图的形成日期，以备将来使用和参考(它可用作过程实际运行的记录，亦可用于判别质量改进的时机)。

设计新过程的流程图的步骤如下：

(1)判别该过程的开始和结束；

(2)使这个新过程中将要形成的程序(输入、活动、判断、决定、输出)形象化；

(3)确定该过程中的程序(输入、活动、判断、决定、输出)；

(4)画出表示该过程的流程草图；

(5)与预计该过程将要涉及的有关人员一起评审该流程草图；

(6)根据评审结果改进流程草图；

(7)注明形成正式流程图的日期，以备将来使用和参考(它可用作设计该过程的运作记录，亦可用于判别质量改进的时机)。

应用实例　现将复印文件的流程图表示出来，如图 9－2 所示。

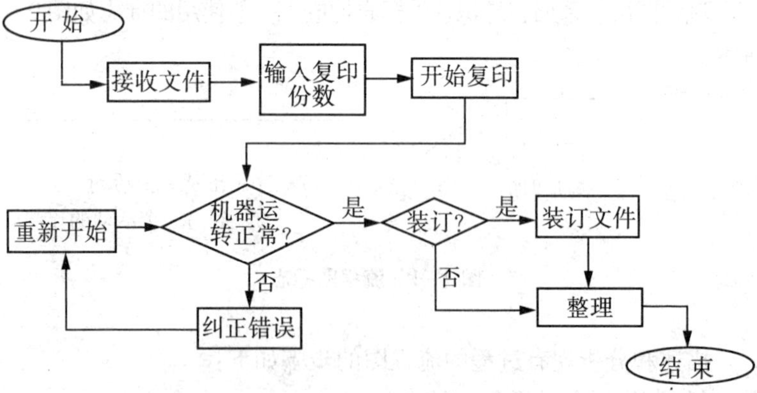

图 9－2　复印文件的流程图

第三节　简易图表

一、折线图

折线图也叫波动图。它常用来表示质量特性数据随着时间推移而波动的状况。如商店销售额在一年内各个月的变化情况的折线图(见图 9 -3),产品质量波动图(见图 9 -4)。

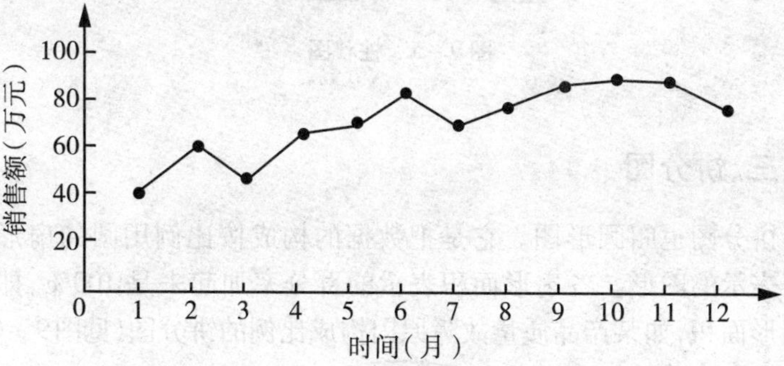

图 9 -3　年度销售额折线图

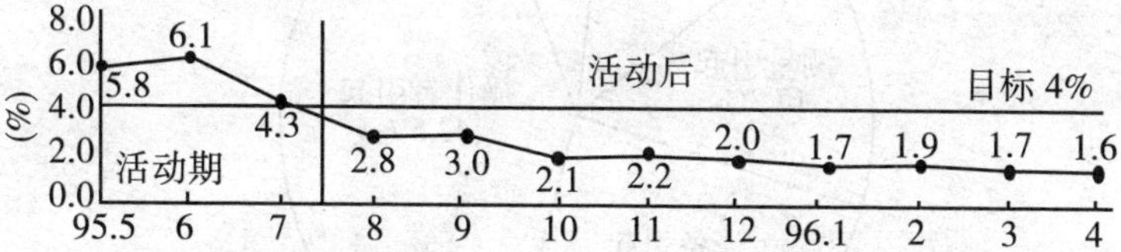

图 9 -4　D4 变速箱废品率波动图

二、柱状图

柱状图是用长方形的高低来表示数据大小,并对数据进行比较分析。如 QC 小组活动前后效果对比柱状图(见图 9 -5)。

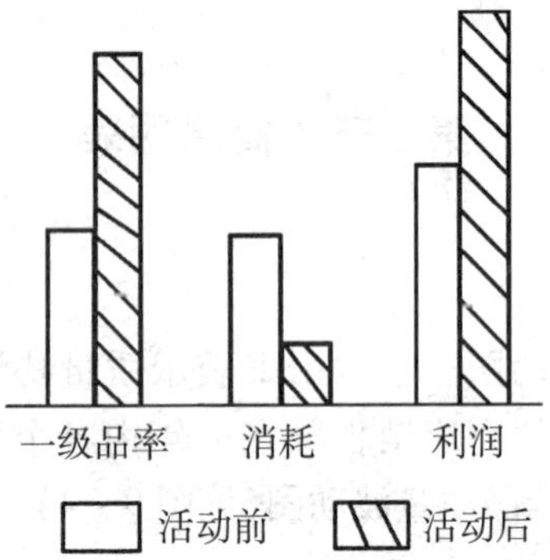

图 9－5　柱状图

三、饼分图

饼分图也叫圆形图。它是把数据的构成按比例用圆的扇形面积来表示的图形。各扇形面积表示的百分率加起来是 100%，即整个圆形面积，如某产品质量故障原因构成比例的饼分图(见图9－6)。

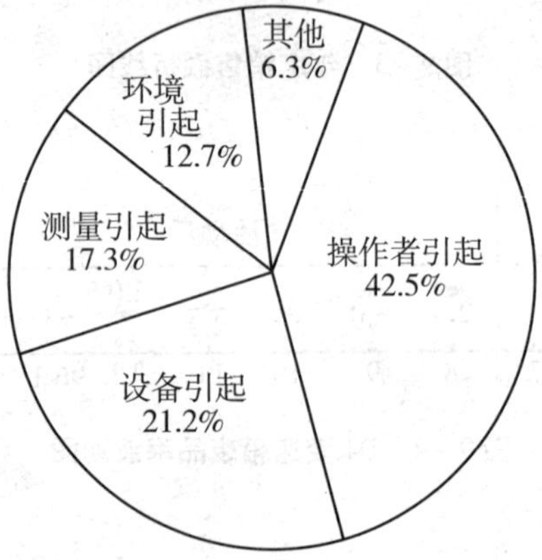

图 9－6　某产品质量故障原因构成饼分图

四、雷达图

雷达图是模仿电子雷达机图像形状的一种图形。它常用来检查(包括自我检查和他人检查)工作成效。

下面介绍对多项目综合工作成效进行检查的雷达图简要画法。

一般可用极坐标纸(见图 9-7),根据要检查的若干项目数,从坐标原点(圆心)引出若干条射线,同时确定三条圆弧线分别表示被检查项目的理想水平、平均水平和不理想水平。以三条圆弧中相邻

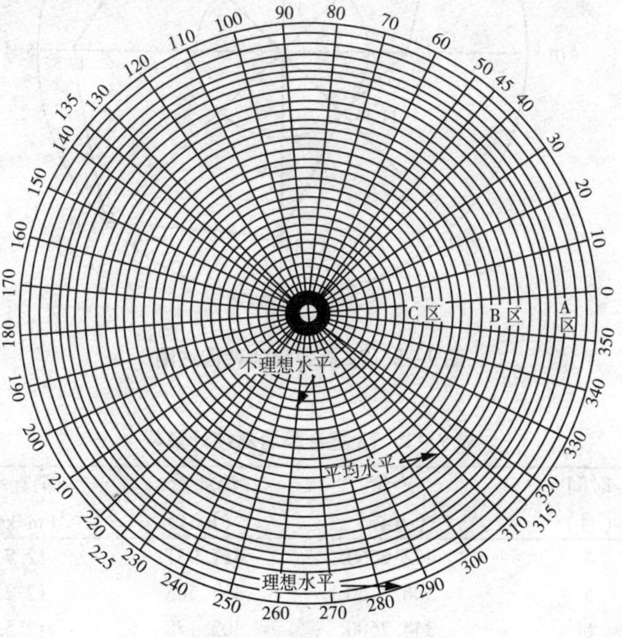

图 9-7　雷达图的图形

的两条中线为界,把圆内分出 A、B、C 三个区域。在圆心引出的射线上标明指标名称,把实际情况(检查结果)根据比例在图中坐标点上点出相应的点子,连接各点形成一个闭环的折线。闭环折线的形状

反映出被检查项目的总状况和特点。

图9-8 所示的是某工厂7g复合膜消耗雷达图。这张图是根据表9-1中的资料绘制而成的。

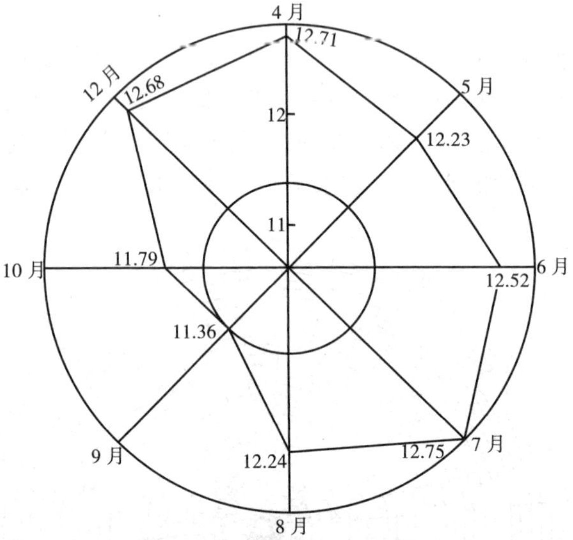

图9-8 7g复合膜消耗雷达图

表9-1 7g复合膜消耗统计资料

时间（月）	产量（万袋）	消耗量（km）	消耗率（m/kg）
4	462.6360	411.931	12.71
5	506.3760	433.508	12.23
6	344.7600	302.178	12.52
7	50.3400	44.928	12.75
8	303.9900	260.459	12.24
9	110.5740	87.928	11.36
10	86.7900	71.628	11.79
12	18.6000	16.509	12.68
合计	1884.0060	1629.069	12.35

第十章　直方图与散布图

第一节　直方图

一、概念

直方图(Histogram)是频数直方图的简称。它是用一系列宽度相等、高度不等的长方形表示数据的图。长方形的宽度表示数据范围的间隔,长方形的高度表示在给定间隔内的数据数。图 10－1 中示出常见的几种数据波动形态。

直方图的作用是:(1)显示质量波动的状态;(2)较直观地传递有关过程质量状况的信息;(3)当人们研究了图 10－1 所示的质量数据波动状况之后,就能掌握过程的状况,从而确定在什么地方集中力量进行质量改进工作。

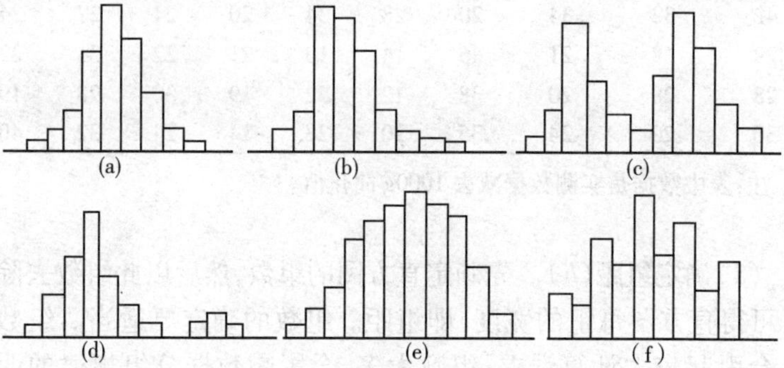

图 10－1　常见的直方图形态

(a)正常型;(b)偏向型;(c)双峰形;(d)孤岛形;(e)平顶形;(f)锯齿形

二、应用直方图的步骤

现在以某厂生产的产品重量为例,对应用直方图的步骤加以说明。该产品的重量规范要求为 $1000^{+0.50}_{+0}$(g)。

(1)收集数据。作直方图数据一般应大于 50 个。本例在生产过程中收集了 100 个数据,列于表 10-1 中。

(2)确定数据的极差(R)。用数据的最大值减去最小值求得。本例最大值 $X_{max}=48$(cg),最小值 $X_{min}=1$(cg),所以极差 $R=48-1=47$(cg)。

表 10-1 数据表

测量单位(cg)									
43	28	27	26	33	29	18	24	32	14
34	22	30	29	22	24	22	28	48	1
24	29	35	36	30	34	14	42	38	6
28	32	22	25	36	39	24	18	28	16
38	36	21	20	26	20	18	8	12	37
40	28	28	12	30	31	30	26	28	47
42	32	34	20	28	34	20	24	27	24
29	18	21	46	14	10	21	22	34	22
28	28	20	38	12	32	19	30	28	19
30	20	24	35	20	28	24	24	32	40

注:表中数据是实测数据减去 1000g 简化值。

(3)确定组距(h)。先确定直方图的组数,然后以此组数去除极差,可得直方图每组的宽度,即组距。组数的确定要适当。组数太少,会引起较大计算误差;组数太多,会影响数据分组规律的明显性,且计算工作量加大。组数(k)的确定可参考组数(k)选用表(见表 10-2)。

表 10－2　组数 k 选用表

数据数目	组数 k	常用组数 k
50～100	5～10	
100～250	7～12	10
250 以上	10～20	

本例取 $k=10$，将数据分为 10 组。于是组距 (h) 为 $\frac{R}{k}=\frac{47}{10}=4.7(\mathrm{cg})\approx 5(\mathrm{cg})$。组距一般取测量单位的整数倍，这样便于分组。

(4)确定各组的界限值。为避免出现数据值与组的界限值重合而造成频数计算困难，组的界限值单位应取最小测量单位的 1/2。本例最小测量单位是个位，其界限值应取 0.5。分组时应把数据表中最大值和最小值包括在内。

第一组下限值为：最小值 -0.5，即 $1-0.5=0.5$；

第一组上限值为：第一组下限值加组距，即 $0.5+5=5.5$；

第二组下限值就是第一组的上限值，即 5.5；

第二组上限值就是第二组的下限值加组距，即 $5.5+5=10.5$；

第三组以后，依次类推定出各组的界限值。

(5)编制频数分布表。把各组的上下界限值分别填入频数分布表内，并把数据表中的各个数据"对号入座"地列入相应的组，统计各组频数(f)（见表 10－3）。

(6)按数据值比例画横坐标。本例见图 10－2。

(7)按频数值比例画纵坐标。以观测值数目或百分数表示，见图 10－2。

(8)画直方图。按纵坐标画出每个长方形的高度，它代表了落在此长方形中的数据数。（注意：每个长方形的宽度都是相等的。）在直方图上应标注出公差范围(T)、样本大小(n)、样本平均值$(\bar{X})$、样本标准偏差值(s)和 $\bar{X}$、M 的位置等（见图 10－2）。

表 10－3　频数分布表

数据记录 No ________		频数分布表		____年____月____日
组号①	组界② 小→大	组中值③	频数④统计	f_i ⑤
1	0.5～5.5	3	/	1
2	5.5～10.5	8	///	3
3	10.5～15.5	13	//////	6
4	15.5～20.5	18	//////////////	14
5	20.5～25.5	23	///////////////////	19
6	25.5～30.5	28	///////////////////////////	27
7	30.5～35.5	33	//////////////	14
8	35.5～40.5	38	//////////	10
9	40.5～45.5	43	///	3
10	45.5～50.5	48	///	3
11				
12				
13				
14				
合计				100

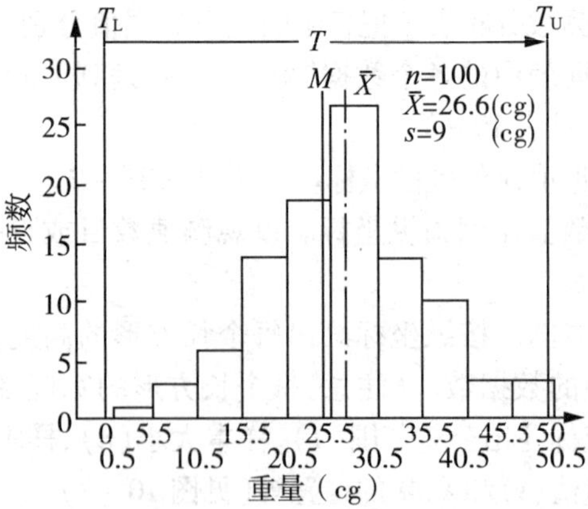

图 10－2　成品重量直方图

三、直方图的观察分析

对直方图的观察分析可从以下两方面入手。

(一)形状分析与判断

观察分析直方图应着眼于整个图形的形状。常见的直方图形状如图 10－1 所示。

正常型直方图。中部有一顶峰,左右两边逐渐降低,近似对称。这时,可判定工序运行正常,处于稳定状态,见图 10－1(a)。

偏向型直方图。偏向型又分左偏型和右偏型。一些有形位公差要求的特性值分布往往呈偏向型;孔加工习惯造成的特性值分布常呈左偏型,而轴加工习惯造成的特性值分布常呈右偏型。图 10－1(b)示出的是左偏型直方图。

双峰形直方图。直方图出现两个顶峰,这是由于数据来自不同的总体,比如,把来自两个工人或两批原材料或两台设备生产的产品混在一起造成,见图 10－1(c)。

孤岛形直方图。这是由于测量工具有误差或是原材料一时的变化、刀具严重磨损、短时间内有不熟练工人替岗、操作疏忽、混入规范不同的产品等造成,见图 10－1(d)。

此外,还有平顶形直方图[图 10－1(e)]和锯齿形直方图[图 10－1(f)]等。平顶形直方图往往因生产过程有缓慢因素作用引起,如刀具缓慢磨损、操作者疲劳等。锯齿形直方图是由于直方图分组过多或是测量数据不准等原因造成。

(二)与规范界限的比较分析

当直方图的形状呈正常型时,即工序在此时刻处于稳定状态时,还需要进一步将直方图同规范界限(即公差)进行比较,以分析判断工序满足公差要求的程度。常见的典型状况如图 10－3 所示。

图例	调整要点
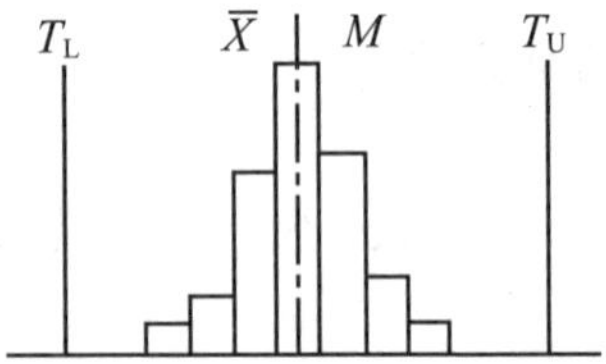 (1)理想型	图形对称分布,且两边有一定余量,是理想状态,此时,应采取控制和监督办法
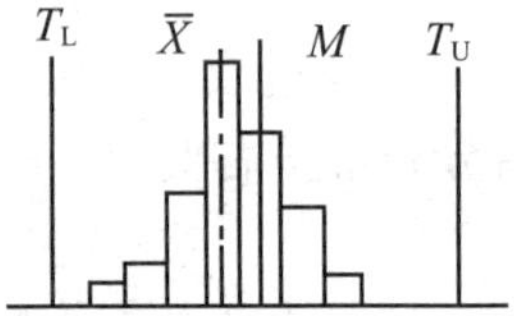 (2)偏心型	调整分布中心 $\bar{X}$,使分布中 $\bar{X}$ 与公差中心 M 重合
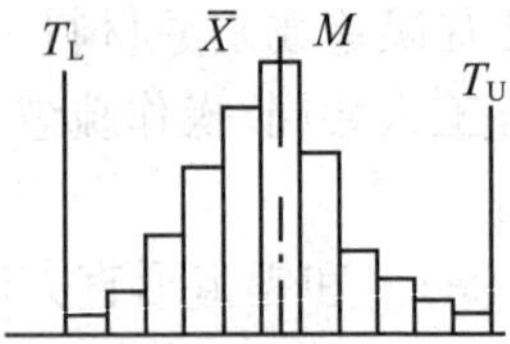 (3)无富余型	采取措拖,减少标准偏差 s
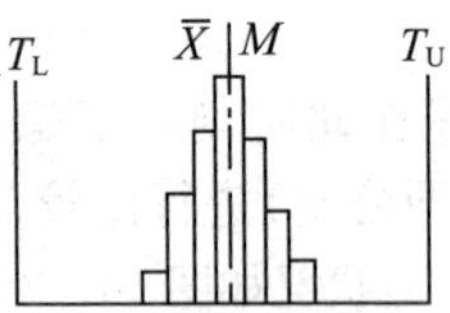 (4)能力富余型	工序能力出现过剩,经济性差。可考虑改变工艺,放宽加工精度或减少检验频次,以降低成本

图例	调整要点
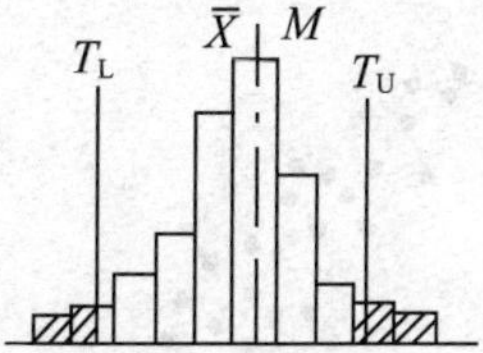 (5)能力不足型	已出现不合格品,应多方面采取措施,减少标准偏差 s 或放宽过严的公差范围

图 10-3　与规范界限比较的几种典型状况

第二节　散布图

一、概念

散布图(Scatter Diagram)是研究成对出现的两组相关数据之间相关关系的简单图示技术。如(X,Y),每对为一个点子。在散布图中,成对的数据形成点子云,研究点子云的分布状态便可推断成对数据之间的相关程度。图 10-4 示出 6 种常见的点子云状态。在散布图中,当 X 值增加,相应地 Y 值也增加,我们就说 X 和 Y 是正相关;当 X 值增加,相应地 Y 值却减少,我们就说 X 和 Y 之间是负相关。

散布图可以用来发现、显示和确认两组相关数据之间的相关程度,并确定其预期关系,常在 QC 小组的质量改进活动中得到应用。

二、应用散布图的步骤

应用散布图的步骤如下:

(1)收集成对数据(X,Y)。从将要对它的关系进行研究的相关数据中,收集成对数据(X,Y)至少不得少于 30 对。

(2)标明 X 轴和 Y 轴。

(3)找出 X 和 Y 的最大值和最小值,并用这两个值标定横轴 X

和纵轴 Y。两个轴的长度应大致相等。

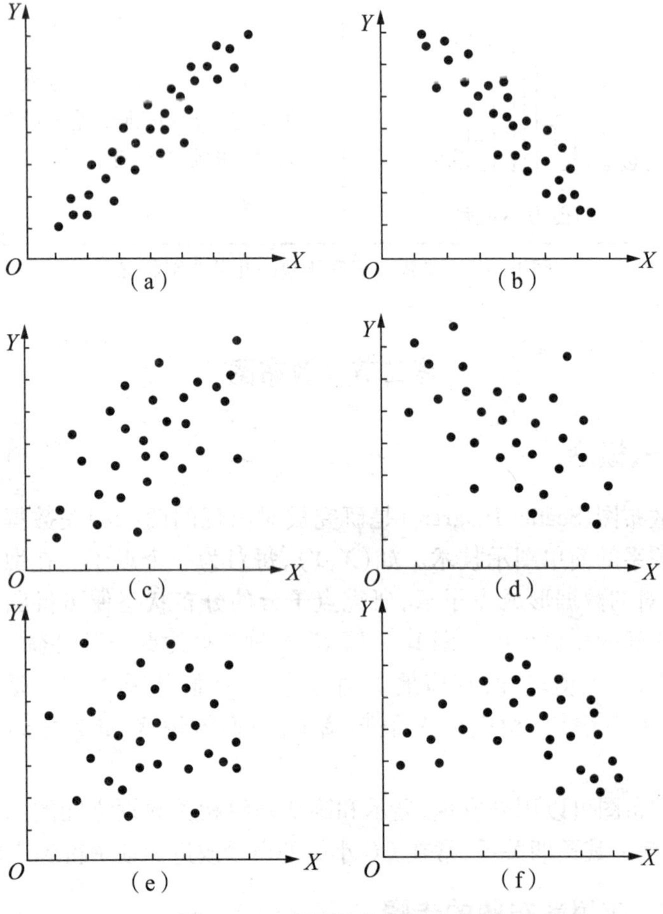

图 10－4　典型的点子云形状图

(a)强正相关　(b)强负相关　(c)弱正相关

(d)弱负相关　(e)不相关　(f)非直线相关

(4)描点。当两组数据值相等,即数据点重合时,可围绕数据点画同心圆表示。

(5)判断。分析研究画出来的点子云的分布状况,确定相关关系的类型。

三、散布图的相关性判断

散布图中数据点的相关性分析判断方法有:(1)对照典型图例判断法;(2)象限判断法;(3)相关系数判断法等。下面以同一实例对这三种方法作简略介绍。

实例　某厂测得钢的淬火温度与硬度之间的成对数据如表 10－4 所示。现用散布图对这 30 对相关数据的相关程度进行分析研究。

表 10－4　淬火温度与硬度数据

序号	淬火温度(℃) X	硬度(HRC) Y	序号	淬火温度(℃) X	硬度(HRC) Y
1	810	47	16	820	48
2	890	56	17	860	55
3	850	48	18	870	55
4	840	45	19	830	49
5	850	54	20	820	44
6	890	59	21	810	44
7	870	50	22	850	53
8	860	51	23	880	54
9	810	42	24	880	57
10	820	53	25	840	50
11	840	52	26	880	54
12	870	53	27	830	46
13	830	51	28	860	52
14	830	45	29	860	50
15	820	46	30	840	49

(一)对照典型图例判断法

根据上述散布图使用步骤,最后得到这 30 对数据的散布图如图

10－5 所示。将图 10－5 与图 10－4 进行对照比较，发现它与图 10－4 中的(a)接近，于是判断钢的淬火温度与硬度之间存在着强正相关关系。

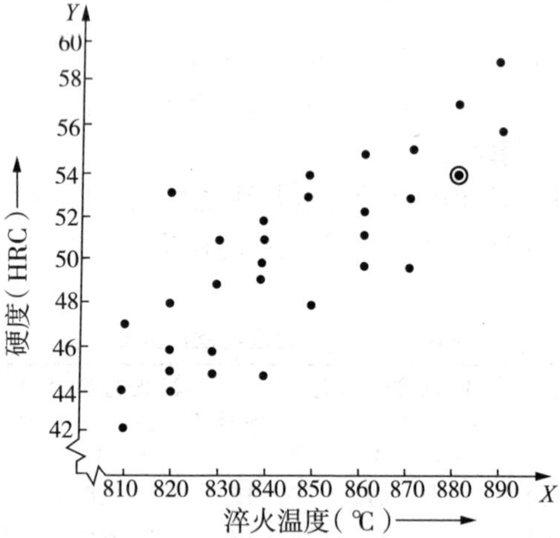

图 10－5　钢的淬火温度与硬度的散布图

(二) 象限判断法

象限判断法又叫中值判断法、符号检定判断法。使用此法的步骤如下：

(1)在散布图上画一条与 Y 轴平行的中值线 f，使 f 线的左、右两边的点子数大致相等，如图 10－6 所示。

(2)在散布图上画一条与 X 轴平行的中值线 g，使 g 线的上、下两边的点子数大致相等，如图 10－6 所示。

(3) f、g 两条线把散布图分成 4 个象限区域 Ⅰ、Ⅱ、Ⅲ、Ⅳ。分别统计落入各象限区域内的点子数(线上的点子可略去不计)。本例，$n_{\text{I}}=12, n_{\text{II}}=3, n_{\text{III}}=12, n_{\text{IV}}=3$。

(4)分别计算对角象限区内的点子数。

本例，$n_{\text{I}}+n_{\text{III}}=24; n_{\text{II}}+n_{\text{IV}}=6$。

(5)判断规则。

若$n_{\mathrm{I}}+n_{\mathrm{III}}>n_{\mathrm{II}}+n_{\mathrm{IV}}$,则判为正相关;

若$n_{\mathrm{I}}+n_{\mathrm{III}}<n_{\mathrm{II}}+n_{\mathrm{IV}}$,则判为负相关。

本例,$n_{\mathrm{I}}+n_{\mathrm{III}}=24>n_{\mathrm{II}}+n_{\mathrm{IV}}=6$,所以淬火温度和硬度存在着正相关关系。

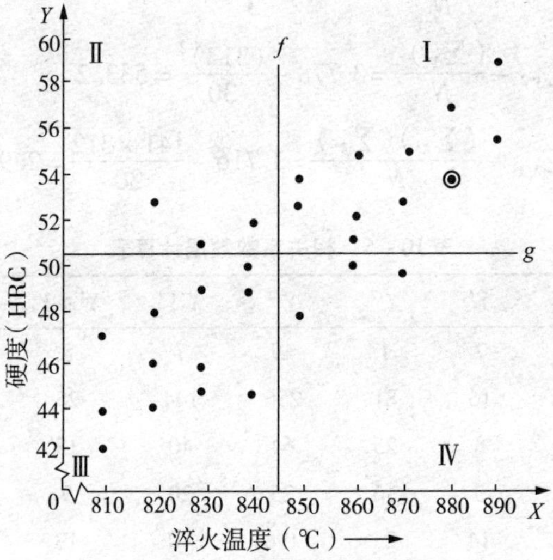

图10-6 象限判断法散布图

(三)相关系数判断法

前面两种判断法较简便、直观,但显得粗糙,是简易近似判断法。现在介绍的相关系数判断法较精确,但必须进行大量的计算。现将此法的应用步骤介绍如下:

(1)简化X、Y数据。

这一步只在X、Y数据较大时存在。本例因淬火温度数据较大,故将其简化;硬度数据虽不大,但也一起加以简化。简化后的数据表如表10-5所示。

(2)计算X'^2、Y'^2、$X'Y'$、$(X'+Y')$和$(X'+Y')^2$。计算值显示于表10-5。

(3)计算$\sum_{X'}$、$\sum_{Y'}$、$\sum_{X'Y'}$、$\sum_{X'^2}$、$\sum_{Y'^2}$、$\sum_{(X'+Y')}$和$\sum_{(X'+Y')^2}$，见表10－5。

(4)计算$L_{X'X'}$、$L_{Y'Y'}$、$L_{X'Y'}$。

计算公式是：

$$L_{X'X'}=\sum_{X'^2}-\frac{(\sum_{X'})^2}{N}=839-\frac{(141)^2}{3}=176.3$$

$$L_{Y'Y'}=\sum_{Y'^2}-\frac{(\sum_{Y'})^2}{N}=3\ 778-\frac{(312)^2}{30}=533.2$$

$$L_{X'Y'}=\sum_{X'Y'}-\frac{(\sum_{X'})(\sum_{Y'})}{N}=1\ 716-\frac{141\times312}{30}=249.6$$

表10－5　相关系数数据计算表

No	X'	Y'	X'^2	Y'^2	$X'Y'$	$X'+Y'$	$(X'+Y')^2$
1	1	7	1	49	7	8	64
2	9	16	81	256	144	25	625
3	5	8	25	64	40	13	169
4	4	5	16	25	20	9	81
5	5	14	25	196	70	19	361
6	9	19	81	361	171	28	784
7	7	10	49	100	70	17	289
8	6	11	36	121	66	17	289
9	1	2	1	4	2	3	9
10	2	13	4	169	26	15	225
11	4	12	16	144	48	16	256
12	7	13	49	169	91	20	400
13	3	11	9	121	33	14	196
14	3	5	9	25	15	8	64
15	2	6	4	36	12	8	64
16	2	8	4	64	16	10	100

No	X'	Y'	X'^2	Y'^2	$X'Y'$	$X'+Y'$	$(X'+Y')^2$
17	6	15	36	225	90	21	441
18	7	15	49	225	105	22	484
19	3	9	9	81	27	12	144
20	2	4	4	16	8	6	36
21	1	4	1	16	4	5	25
22	5	13	25	169	65	18	324
23	8	14	64	196	112	22	484
24	8	17	64	289	136	25	625
25	4	10	16	100	10	14	196
26	8	14	64	196	112	22	484
27	3	6	9	36	18	9	81
28	6	12	36	144	72	18	324
29	6	10	36	100	60	16	256
30	4	9	16	81	36	13	169
合计	141	312	839	3778	1716	453	8049

注：①表中 X' 值是表中 $(X-800)\frac{1}{10}$ 的简化值；Y' 值是表中 $(Y-40)\times 1$ 的简化值。

②表中 $X'+Y'$、$(X'+Y')^2$ 栏是校对栏，以免 X'、Y'、X'^2、Y'^2、$X'Y'$ 各栏计算错误时，导致相关性的结论错误。校核公式是 $\sum(X'+Y')=\sum X'+\sum Y'$ 与 $\sum(X'+Y')^2=\sum X'^2+2\sum(X'\cdot Y')+\sum Y'^2$。

(5)计算相关系数(r)

$$r=\frac{L_{X'Y'}}{\sqrt{L_{X'X'}}\sqrt{L_{Y'Y'}}}=\frac{249.6}{\sqrt{176.3}\sqrt{533.2}}=0.814$$

(6)查出临界相关系数(r_α)

r_α 可根据 $N-2$ 和显著性水平 α 查表 10－6 得到。

本例，$N-2=28$，α 取 0.05（亦可取 0.01），于是查表 10－6，得

$r_\alpha = r_{0.05} = 0.361$。

表 10－6　相关系数检验表

α / N－2	0.05	0.01	α / N－2	0.05	0.01
1	0.997	1.000	21	0.413	0.526
2	0.950	0.990	22	0.404	0.515
3	0.878	0.959	23	0.396	0.505
4	0.811	0.917	24	0.388	0.496
5	0.754	0.874	25	0.381	0.487
6	0.707	0.834	26	0.374	0.478
7	0.666	0.798	27	0.367	0.470
8	0.632	0.765	28	0.361	0.463
9	0.602	0.735	29	0.355	0.456
10	0.576	0.708	30	0.349	0.449
11	0.553	0.684	35	0.325	0.418
12	0.532	0.661	40	0.304	0.393
13	0.514	0.641	45	0.288	0.372
14	0.497	0.623	50	0.273	0.354
15	0.482	0.606	60	0.250	0.325
16	0.468	0.590	70	0.232	0.302
17	0.456	0.575	80	0.217	0.283
18	0.444	0.561	90	0.205	0.267
19	0.433	0.549	100	0.195	0.254
20	0.423	0.537	200	0.138	0.181

(7)判断。判断规则:若$|r| > r_\alpha$,则 X 与 Y 相关;若$|r| < r_\alpha$,则 X 与 Y 不相关。

本例,$|r| = 0.814 > r_\alpha = r_{0.05} = 0.361$,所以钢的淬火温度($X$)与硬度($Y$)是强正相关。

可见,用三种判断方法对同一实例进行分析判断的结论是一致的。

第十一章　控制图与过程能力

第一节　控制图

一、概述

控制图(Control Chart)又叫管理图。它是用来区分由异常原因引起的波动或是由过程固有的随机原因引起的偶然波动的一种工具。偶然波动一般在预计的界限内随机重复,是一种正常波动;而异常波动则表明需要对其影响因素加以判别、调查,并使之处于受控状态。

控制图建立在数理统计学的基础上,它利用有效数据建立控制界限,一般分上控制界限(UCL)和下控制界限(LCL)(见图 11 - 1)。如果该过程不受异常原因影响,那么,进一步得到的观测数据将不会超出控制界限。

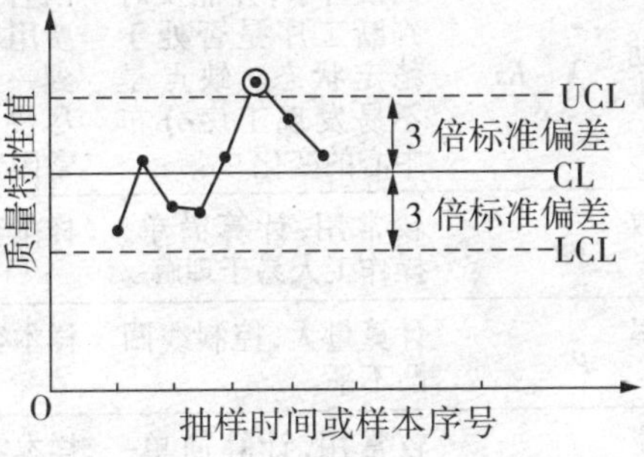

图 11 - 1　控制图的基本形式

控制图的种类很多,一般常按数据的性质分成计量值控制图和计数值控制图两大类。这两大类中常用的各种控制图的特点与适用场合如表 11－1 所示，其中最常用的是平均值－极差（$\bar{X}-R$）控制图。后面将以它作为应用实例加以表述。

控制图的作用：（1）在质量诊断方面，可以用来度量过程的稳定性，即过程是否处于统计控制状态；（2）在质量控制方面，可以用来确定什么时候需要对过程加以调整，而什么时候则需使过程保持相应的稳定状态；（3）在质量改进方面，可以用来确认某过程是否得到了改进。

表 11－1　控制图种类及适用场合

类别	名称	控制图符号	特点	适用场合
计量值控制图	平均值与极差控制图	$\bar{X}-R$	最常用，判断工序是否正常的效果好，但计算工作量大	适用于产品批量较大的工序
	平均值与标准偏差控制图	$\bar{X}-s$	判断工序是否正常的效果好，计算工作量大	适用于样本容量 $n>10$ 时，产品批量大的工序
	中位数与极差控制图	$\tilde{X}-R$	计算简便，但效果较差	适用于产品批量较大的工序
	单值与移动极差控制图	$X-Rs$	简便省事，并能及时判断工序是否处于稳定状态。缺点是不易发现工序分布中心的变化	因各种原因（时间、费用等）每次只能得到一个数据或希望尽快发现并消除异常因素
计数值控制图	不合格品数控制图	np	较常用，计算简单，操作工人易于理解	样本容量相等
	不合格品率控制图	p	计算量大，控制线凹凸不平	样本容量不等
	不合格数控制图	c	较常用，计算简单，操作工人易于理解	样本容量相等
	单位产品不合格数控制图	u	计算量大，控制线凹凸不平	样本容量不等

二、应用控制图的步骤

应用步骤如下：

(1)选取控制图拟控制的质量特性，如重量、不合格品数等。

(2)选用合适的控制图种类。

(3)确定样本容量和抽样间隔。在样本内，假定波动只由偶然原因所引起。

(4)收集并记录至少20~25个样本的数据，或使用以前所记录的数据。

(5)计算各个样本的统计量，如样本平均值、样本极差和样本标准差等。

(6)计算各统计量的控制界限。

(7)画控制图并标出各样本的统计量。

(8)研究在控制界限以外的点子和在控制界限内排列有缺陷的点子以及标明异常(特殊)原因的状态。

(9)决定下一步行动。

三、应用实例

某公司新安装一台产品装填机。该机器每次可将5000g的产品装入固定容器。规范要求为5000^{+50}_{+0}(g)。

使用控制图的步骤如下：

(1)将多装量(g)看成应当加以研究并由控制图加以控制的重要质量特性。

(2)由于要控制的装入量是计量特性值，因此选用了$\bar{X}-R$控制图。

(3)以5个连续装填的容器为一个样本，于是样本容量$n=5$。每1h抽取一个样本。

(4)收集25个样本数据，即样本个数k为25，并按观测顺序将其记录于表11-2中。

表 11－2　多装量(g)和样本统计量

样本号	X_1	X_2	X_3	X_4	X_5	$\sum X$	$\bar{X}$	R
1	47	32	44	35	20	178	35.6	27
2	19	37	31	25	34	146	29.2	18
3	19	11	16	11	44	101	20.2	33
4	29	29	42	59	38	197	39.4	30
5	28	12	45	36	25	146	29.2	33
6	40	35	11	38	33	157	31.4	29
7	15	30	12	33	26	116	23.2	21
8	35	44	32	11	38	160	32.0	33
9	27	37	26	20	35	145	29.0	17
10	23	45	26	37	32	163	32.6	22
11	28	44	40	31	18	161	32.2	26
12	31	25	24	32	22	134	26.8	10
13	22	37	19	47	14	139	27.8	33
14	37	32	12	38	30	149	29.9	26
15	25	40	24	50	19	158	31.6	31
16	7	31	23	18	32	111	22.2	25
17	38	0	41	40	37	156	31.2	41
18	35	12	29	48	20	144	28.8	36
19	31	20	35	24	47	157	31.4	27
20	12	27	38	40	31	148	29.6	28
21	52	42	52	24	25	195	39.0	28
22	20	31	15	3	28	97	19.4	28
23	29	47	41	32	22	171	34.2	25
24	28	27	22	32	54	163	32.6	32
25	42	34	15	29	21	141	23.2	27
					累计		746.6	686
					平均		$\bar{\bar{X}}=29.86$	$\bar{R}=27.44$

(5)计算每个样本的统计量 $\bar{X}$(5 个观测值的平均值)和 R(5 个观测值的极差)。

如，第一号样本：$\bar{X}_1 = \dfrac{47+32+44+35+20}{5} = 35.6(g)$

$$R_1 = 47 - 20 = 27(g)$$

其余类推。

(6)计算各统计量的控制界限。由表11－3可查出计算统计量$\bar{X}$和R的控制界限计算公式。

表11－3　控制图控制界限的计算公式表

图别		中心线(CL)	上控制界限(UCL)	下控制界限(LCL)
$\bar{X}-R$	$\bar{X}$	$\bar{\bar{X}}$	$\bar{\bar{X}}+A_2\bar{R}$	$\bar{\bar{X}}-A_2\bar{R}$
	R	$\bar{R}$	$D_4\bar{R}$	$D_3\bar{R}$
$\bar{X}-s$	$\bar{X}$	$\bar{\bar{X}}$	$\bar{\bar{X}}+A_3\bar{s}$	$\bar{\bar{X}}-A_3\bar{s}$
	s	$\bar{s}$	$B_4\bar{s}$	$B_3\bar{s}$
$\tilde{X}-R$	$\tilde{X}$	$\bar{\tilde{X}}$	$\bar{\tilde{X}}+m_3A_2\bar{R}$	$\bar{\tilde{X}}-m_3A_2\bar{R}$
	R	$\bar{R}$	$D_4\bar{R}$	$D_3\bar{R}$
$X-Rs$	X	$\bar{X}$	$\bar{X}+2.659\bar{R}s$	$\bar{X}-2.659\bar{R}s$
	Rs	$\bar{R}s$	$3.267\bar{R}s$	不考虑
p		$\bar{p}$	$\bar{p}+3\sqrt{\dfrac{\bar{p}(1-\bar{p})}{n}}$	$\bar{p}-3\sqrt{\dfrac{\bar{p}(1-\bar{p})}{n}}$
np		$n\bar{p}$	$n\bar{p}+3\sqrt{n\bar{p}(1-\bar{p})}$	$n\bar{p}-3\sqrt{n\bar{p}(1-\bar{p})}$
u		$\bar{u}$	$\bar{u}+3\sqrt{\dfrac{\bar{u}}{n}}$	$\bar{u}-3\sqrt{\dfrac{\bar{u}}{n}}$
c		$\bar{c}$	$\bar{c}+3\sqrt{\bar{c}}$	$\bar{c}-3\sqrt{\bar{c}}$

①计算各样本平均值的平均值($\bar{\bar{X}}$)和各样本极差的平均值($\bar{R}$)

$$\bar{\bar{X}} = \frac{\sum \bar{X}}{k} = \frac{746.6}{25} = 29.86(\text{g})$$

$$\bar{R} = \frac{\sum R}{k} = \frac{686}{25} = 27.44(\text{g})$$

②计算控制图的中心线和控制界限。

$\bar{X}$ 图：

中心线 $CL = \bar{\bar{X}} = 29.86(\text{g})$

$UCL = \bar{\bar{X}} + A_2\bar{R}$，$A_2$ 为随着样本容量 n 变化而变化的系数，可由表 11－4 选取。本例，$n=5$，查表得 $A_2=0.577$。

$UCL = 29.86 + 0.577 \times 27.44 \approx 45.69(\text{g})$

$LCL = 29.86 - 0.577 \times 27.44 \approx 14.03(\text{g})$

R 图：

$CL = \bar{R} = 27.44(\text{g})$

$UCL = D_4\bar{R} = 2.115 \times 27.44 \approx 58.04(\text{g})$

$LCL = D_3\bar{R}$，由于 $n=5$ 时，D_3 为负值，所以 LCL 取 0。

表 11－4　控制图系数选用表

n	2	3	4	5	6	7	8	9	10	11	12	13
A_2	1.880	1.023	0.729	0.577	0.483	0.419	0.373	0.337	0.308	0.285	0.266	0.249
A_3	2.659	1.954	1.628	1.427	1.287	1.182	1.099	1.032	0.975	0.927	0.886	0.850
D_4	3.267	2.575	2.282	2.115	2.004	1.924	1.864	1.816	1.777	1.744	1.717	1.693
B_4	3.267	2.568	2.266	2.089	1.970	1.882	1.815	1.761	1.716	1.679	1.646	1.618
E_2	2.660	1.772	1.457	1.290	1.134	1.109	1.054	1.010	0.975			
m_3A_2	1.880	1.187	0.796	0.691	0.549	0.509	0.43	0.41	0.36			
D_3	—	—	—	—	—	0.076	0.136	0.184	0.223	0.256	0.283	0.307
B_3	—	—	—	—	0.030	0.118	0.185	0.239	0.284	0.321	0.354	0.382
d_2	1.128	1.693	2.059	2.326	2.534	2.704	2.847	2.970	3.078	3.173	3.258	3.336

“—”表示不考虑。

(7)画控制图。用坐标纸或控制图专用纸来画。一般在上方位置安排 $\bar{X}$ 图，对应的下方位置安排 R 图，横轴表示样本号，纵轴表示质量特性值和极差。中心线用实线，上下控制线用虚线绘制，并在各条线的右端，分别标出对应的 UCL、CL、LCL 符号和数值，在 $\bar{X}$ 图上控制线的左上方标记 n 的数值。本例见图 11－2。

把各样本的平均值 $\bar{X}$ 和极差 R，在已经画有控制界限的控制图上打点，一般在 $\bar{X}$ 和 R 图上分别用"·"和"◦"表示，并连接各点。当确认生产过程处于稳定状态时，就可以将此图用于控制工序质量的变化。如果发现点子排列有缺陷，则用大圈把异常部分圈起来以便观察分析，借此进行工序过程的动态质量控制。

(8)控制图没有出现越出控制界限的点子，也未出现点子排列缺陷（即非随机的迹象或异常原因），可以认为该过程是按预计的要求进行，即处于统计控制状态（受控状态）。

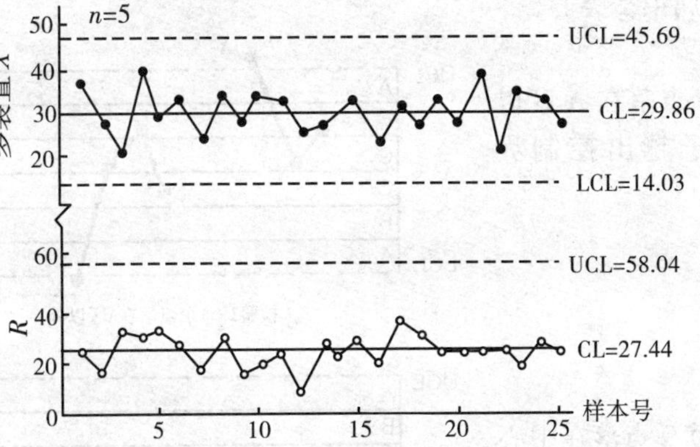

图 11－2　多装量的 $\bar{X}-R$ 图

(9)在不对该过程做任何调整的同时，继续用同样的方法对多装量抽样、观测和打点。如果在继续观测时，控制图显示出存在异常原因，则应进一步分析具体原因，并采取措施对过程进行调整。

四、控制图的分析与判断

应用控制图的目的,就是要及时发现过程中出现的异常,判断异常的原则就是出现了“小概率事件”。为此,判断的准则有两类:
第一类:点子越出控制界限。

在稳定状态下,点子越出界限的概率为0.27%。
第二类:点子虽在控制界限内,但排列的形状有缺陷。

由于控制界限为$\mu \pm 3\sigma$,犯第一种错误的概率α就很小了,仅为0.27%,但犯第二种错误的概率β就要增大,也就是说过程已经产生了变化,但所抽取样本的点子仍在控制界限内。为了减少这种错误,即使点子都在控制界限内,也要注意其排列有无缺陷。如果有缺陷(不是随机分布),就要判作异常,看作过程已经发生了变化。

GB/T4091－2001《常规控制图》,对控制图判为异常,提供了8个检验模式,也就是8个判断准则。其中:准则1属第一类;准则2~8均属第二类。

准则1:

1个点落在A区以外(点子越出控制界限)。

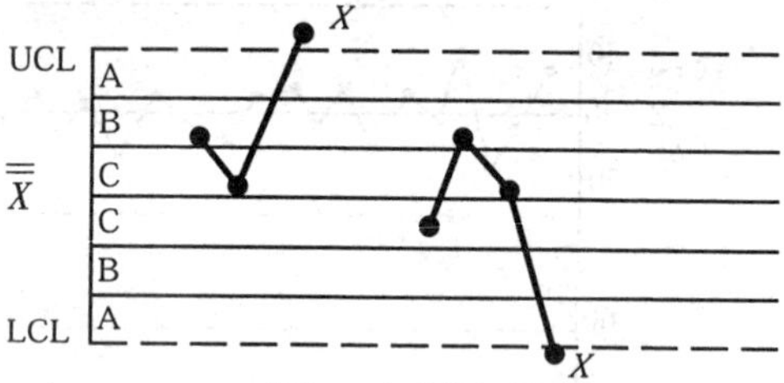

检验1:1个点落在A区以外

准则2:

连续9点落在中心线同一侧。

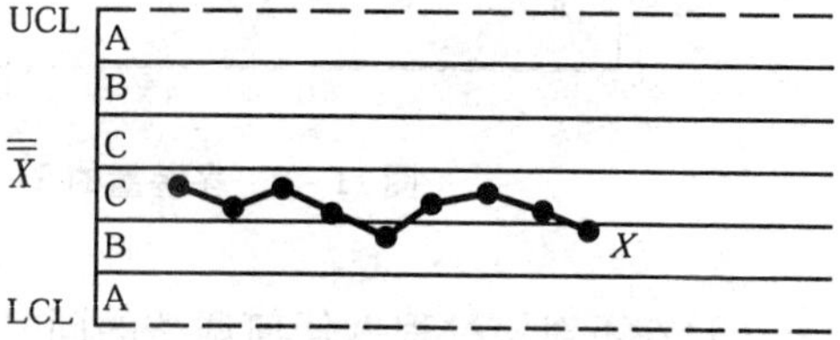

检验2:连续9点落在中心线同一侧

准则 3：

连续 6 点递增或递减。

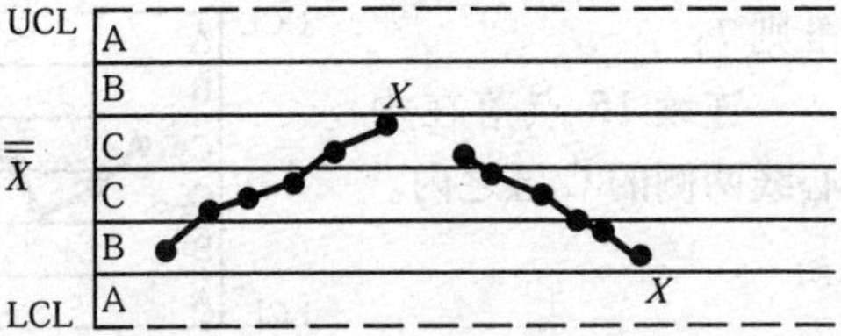

检验3：连续6点递增或递减

准则 4：

连续 14 点中相邻点子总是上下交替。

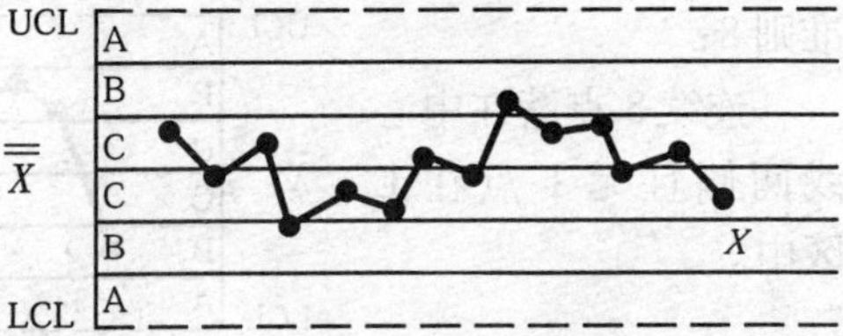

检验4：连续14点中相邻点交替上下

准则 5：

连续 3 点中有 2 点落在中心线同一侧的 B 区以外。

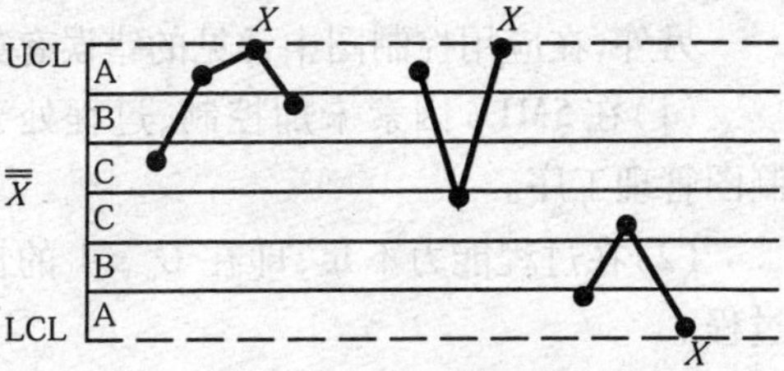

检验5：连续3点中有2点落在中心线同一侧的B区以外

准则 6：

连续 5 点中有 4 点落在中心线同一侧的 C 区以外。

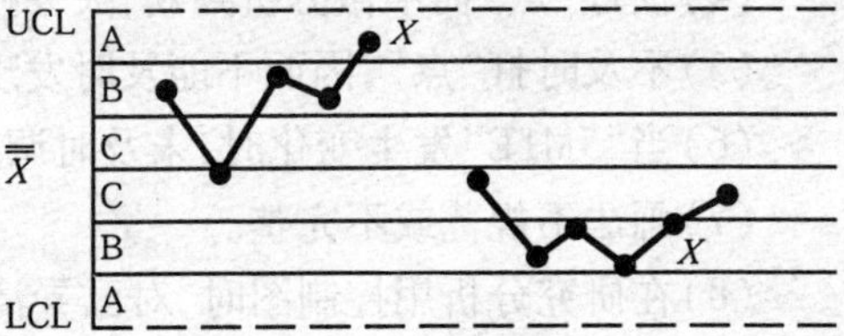

检验6：连续5点中有4点落在中心线同一侧的C区以外

准则 7：

连续 15 点落在中心线两侧的 C 区之内。

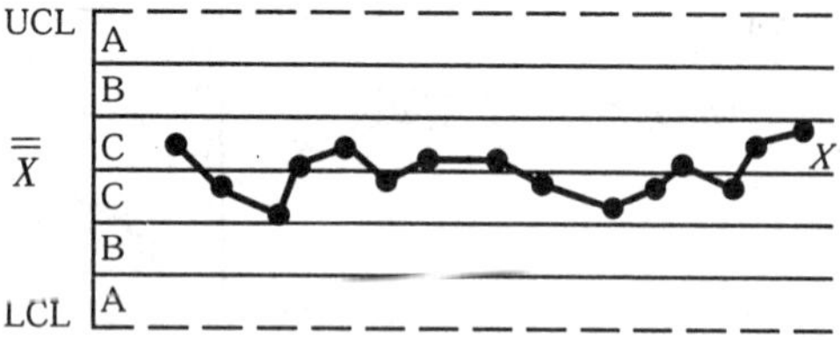

检验7：连续15点落在中心线两侧的C区内

准则 8：

连续 8 点落在中心线两侧且无 1 点在 C 区中。

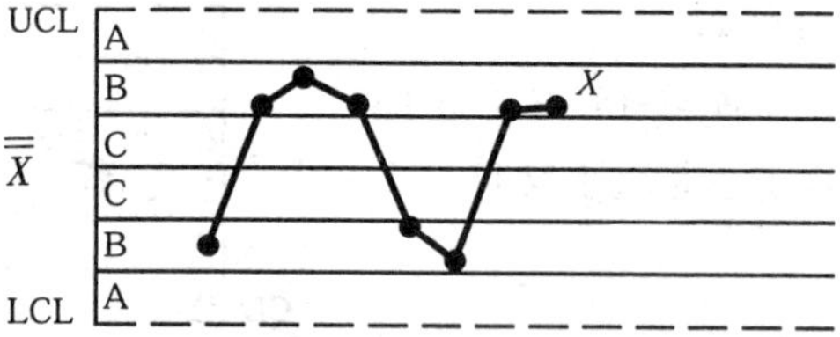

检验8：连续8点落在中心线两侧且无1点在C区中

另外，在应用控制图中常见的错误有如下几种情况：

（1）在 5M1E 因素未加控制、过程处于不稳定状态时就使用控制图管理工序。

（2）在过程能力不足，即在 $C_p<1$ 的情况下就使用控制图管理过程。

（3）用公差线代替控制线，或用压缩的公差线代替控制线。

（4）仅打“点”而不做分析判断，失去控制图的报警作用。

（5）不及时打“点”，因而不能及时发现过程异常。

（6）当“5M1E”发生变化时，未及时调整控制线。

（7）画法不规范或不完整。

（8）在研究分析用控制图时，对已弄清有异常原因的异常点，在原因消除后，未剔除异常点数据。

在实际工作中，对于以上各种情况应注意加以避免。

五、通用控制图简介

世界各国的控制图大多采用 3 倍标准偏差的方式。在应用控制图时，需要计算控制图界限并根据实测数据计算出所控制的统计量，在控制图中描点，需要一定的工作量。尤其是 np 图（不合格品数控制图）与 p 图（不合格品率控制图）、u 图（单位产品不合格数控制图）与 c 图（不合格数控制图），由于控制界限计算公式含有样本大小 n，控制界限随着 n 的变化而呈凹凸状，作图不便，也难于判断。1981 年，我国张公绪教授与阎育苏教授提出的通用控制图解决了上述问题。在通用控制图上，控制界限是直线，而且判断异常的结果也是精确的。

通用控制图主要包括两个内容：标准变换和直接打（描）点法。通过对数据的标准变换，把大量的计算工作提前到控制图的设计阶段，由工程技术人员完成，现场应用的工人或检验员，不需进行任何计算，只需查表（或图），应用极为方便。

标准的变换是对 3σ（3 倍标准偏差）控制界限的一般公式。由图 11－1 可以看出

$$\mathrm{UCL}=\mu+3\sigma$$
$$\mathrm{CL}=\mu$$
$$\mathrm{LCL}=\mu-3\sigma$$

通过标准变换，得到

$$\mathrm{UCL_T}=\frac{(\mathrm{UCL}-\mu)}{\sigma}=3$$

$$\mathrm{CL_T}=\frac{(\mathrm{CL}-\mu)}{\sigma}=0$$

$$\mathrm{LCL_T}=\frac{(\mathrm{LCL}-\mu)}{\sigma}=-3$$

这样，任何 3σ 控制图统一变换成上式的控制图，其控制界限统一成 3、0、－3，称为通用控制图。因篇幅所限，具体使用这里就不详细介绍，可参照相关资料。

第二节　过程能力

一、过程能力

过程能力是指生产过程在一定时间内处于统计控制状态下制造产品的质量特性值的经济波动幅度。它又叫加工精度。

对于任何生产过程,产品质量特性值总是分散的。如果过程能力越高,产品质量特性值的分散就越小;反之,如果过程能力越低,产品质量特性值的分散就越大。那么应当用一个什么样的量来描述制造过程造成的质量特性值的总分散呢?一般都用质量特性值分布的6倍标准差,即用6σ来描述。

当生产过程处于控制状态时,在$\mu \pm 3\sigma$范围内产品占了整个产品的99.73%,即几乎包括了所有的产品,因此用6σ来描述是比较全面的。当然范围取得更大一些,比如,取$\mu \pm 4\sigma$,在此范围内可包括整个产品的99.994%;取$\mu \pm 5\sigma$,在此范围内可包括整个产品的99.9994%。这样会更全面些,但从6σ到8σ(或10σ),分散范围增加了2σ所付出的代价是大的,而所包括的产品比例却增加不多,这从经济效果来看是不好的。因此,一般取:

$$B = 6\sigma \qquad \text{(式11-1)}$$

这里B为过程能力(或加工精度)。这样就能兼顾全面性和经济性两个方面。

二、过程能力指数

过程能力是描述加工过程客观存在着分散的一个参数。此外还要引进另一个参数来反映过程能力满足产品质量标准(规范、公差等)的程度。这个参数就叫作过程能力指数,一般记为C_p。它是技术要求和过程能力的比值,即

$$C_p = \frac{\text{技术要求}}{\text{过程能力}}$$

下面分别按不同情况来叙述过程能力指数计算的原理和方法。

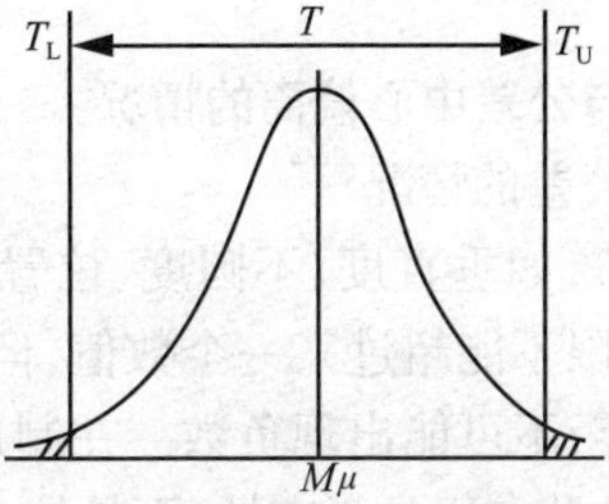

图 11－3

(一)分布中心与公差中心重合的情况

这是一种比较理想的情况(如图 11－3 所示)。这时都用下面的公式来计算过程能力指数:

$$C_p = \frac{T}{6\sigma} = \frac{T_U - T_L}{6\sigma} \qquad (式 11－2)$$

式中:T——公差范围;

T_U——上偏差(公差上限);

T_L——下偏差(公差下限)。

例 车床加工某小轴,小轴的尺寸公差为 $\phi 40^{+0.050}_{+0}$。今从小轴的加工过程中随机抽样求得 s 为 0.007,问:该工序的 C_p 值等于多少?

解

$$C_p = \frac{T}{6s} = \frac{0.050 - 0}{6 \times 0.007} \approx 1.19$$

随着生产力的不断发展,自动机床在生产过程中被广泛采用,有时即使费尽了心机,还是无法使分布中心同公差中心重合,也就是说,在现代化的生产中,分布中心与公差中心经常发生偏离。这时,如果还用公式(11－2)来计算过程能力指数,就会发现:尽管 C_p 值很大,比如 $C_p = 1.33$,而工人也严格地按比较合理的操作规程进行作业,但是不合格品却大大超过 $C_p = 1.33$ 时的预测数,于是提出了分布中心同公差中心不重合时应该如何计算过程能力指数的问题。

（二）分布中心与公差中心偏离的情况

1. 只能有单侧公差的情况

对于某些特性值，如垂直度、不圆度、位置度等，它的公差只能是单侧的，即规定上限不能超过某一个数值，但不规定下限值，因为它的最小值只能为零，不可能出现负数。在制造过程中总是控制得越小越好，为此，它的分布不是正态性，而是偏态分布，如图 11 - 4 所示。此时，过程能力指数可按下式进行计算：

$$C_{pU} = \frac{T_U - \mu}{3\sigma} \qquad (式11 - 3)$$

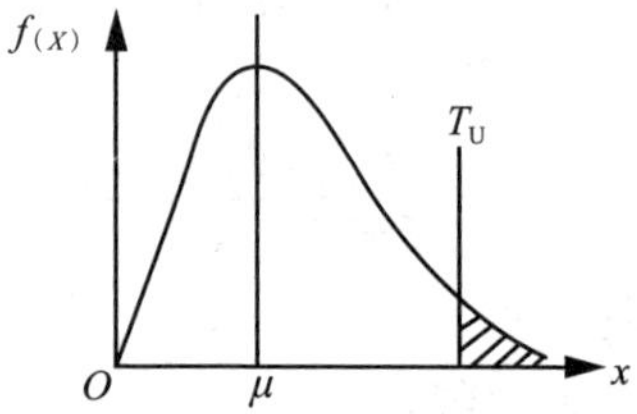

图 11 - 4

式中：C_{pU}——只给出 T_U 的过程能力指数；

μ——总体的平均值；

T_U、σ——同前。

当 $\mu \geq T_U$ 时，则认为 $C_{pU} = 0$，就是说完全没有过程能力。

$C_{pU} = 0$ 时，过程可能出现的不合格品率为 50% ~ 100%。

如图 11 - 5 所示，当只规定公差下限时，过程能力指数可按下式计算：

$$C_{pL} = \frac{\mu - T_L}{3\sigma} \qquad (式11 - 4)$$

式中：C_{pL}——只给出 T_L 时的过程能力指数；

μ、T_L、σ——同前。

当 $\mu \leq T_L$，则认为 $C_{pL} = 0$，而过程可能出现的不合格品率为

50% ~100%。

例 某绝缘材料厂生产的 TJ1731 聚酯扁线漆，规定其击穿电压下限标准为 1000V。今从该生产工序抽取 n=71 份样本进行研究，测得样本平均值 $\overline{X}=7.2\text{kV}$，样本标准差 $s=1.5\text{kV}$。求该过程的过程能力指数为多少？

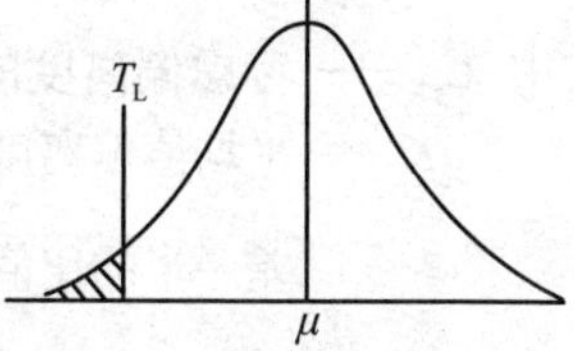

图 11－5

解

$$C_{pL}=\frac{\overline{X}-T_L}{3s}=\frac{7.2-1.0}{3\times1.5}\approx1.37$$

该厂原生产的 TJ1730 聚酯扁线漆，其 C_{pL} 值只有 0.20 左右，可见，这种新牌号 TJ1731 聚酯扁线漆的质量有显著提高。

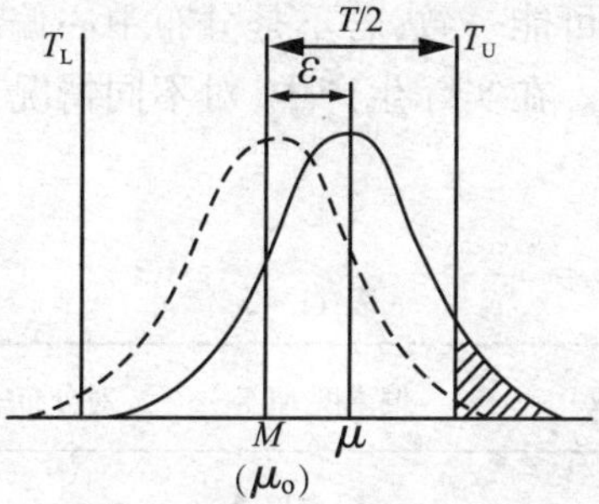

图 11－6

2. 给出双侧公差的情况

如图 11－6 所示，当分布中心 μ 与公差中心 M 偏离一段距离 ε 后，显然用公式(11－2)算出来的过程能力指数 C_p，已不能反映这时的过程能力实际情况。为了真实反映这道工序的加工能力，必须用一个考虑了偏离量 ε 的新的过程能力指数 C_{pK} 来评价过程能力。即

$$C_{pK} = (1 - K) C_p = \frac{T - 2\varepsilon}{6\sigma} \qquad (式11-5)$$

式中：C_{pK}——考虑偏离度的过程能力指数；

K——平均值偏离度（简称偏离度），它是平均值偏离量 ε 与公差一半的比值，即 $K = \frac{\varepsilon}{T/2}$。当 $K \geqslant 1$ 时，认为 $C_{pK} = 0$；

ε——平均值的偏离量（简称偏离量）。

当考虑偏离度的过程能力指数 $C_{pK} \geqslant 1$ 时，意味着中心稍有偏离，不调整过程也不会生产出太多的不合格品。这对某些自动机床有一定的意义，一般这种机床精度较高，但调整不易，因此可允许中心有一定范围的偏离。

当 $C_{pK} < 1$ 时，一般来说，会出现较多的不合格品。此时，应分析原因。若是由于分布中心偏离造成的，则应调整工序的分布中心，使之与公差中心尽可能一致；若不是分布中心偏离造成的，则说明需要提高加工精度。在实际生产中，对不同情况，其处理方法大致如表 11－5 所示。

表 11－5

过程能力指数	偏离度 K（%）	对分布中心是否采取措施
$1.33 \leqslant C_p$	$\lvert K\rvert \leqslant 12.5$	不必要
$1.00 \leqslant C_p < 1.33$	$12.5 < \lvert K\rvert \leqslant 25$	注意观察其变化，必要时采取措施
$0.67 \leqslant C_p < 1.00$	$25 < \lvert K\rvert \leqslant 50$	要采取
$C_p < 0.67$	$50 < \lvert K\rvert$	要采取纠正措施，或停止作业

表 11－6 给出了上述四种情况的过程能力指数计算实例。

表 11－6　过程能力指数的计算

	图例	计算公式	例题
双侧公差	(1)$\bar{X}$与 M 重合时 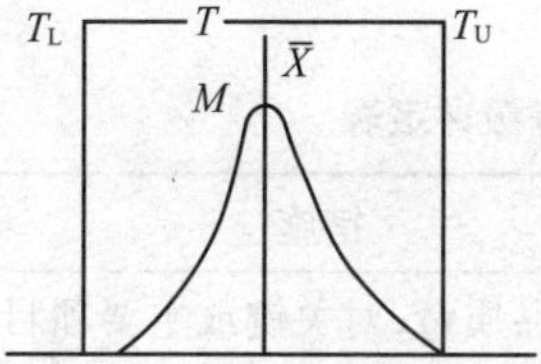	$C_p=\frac{T}{6s}$ $=\frac{T_U-T_L}{6s}$	某零件质量要求为 20 ±0.15，抽样 100 件，测得： $\bar{X}=20.00\text{mm};s=0.05\text{mm}$ $C_p=\frac{T_U-T_L}{6s}$ $=\frac{20.15-19.85}{6\times0.05}=1$
	(2)$\bar{X}$与 M 不重合时 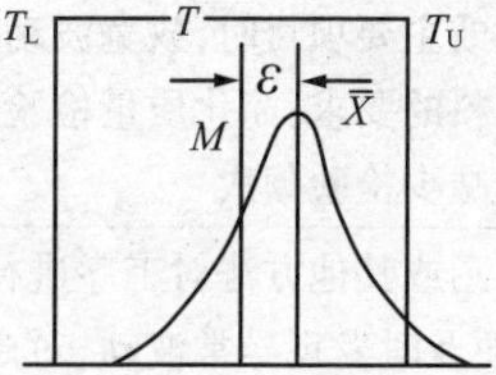	$C_{pK}=$ $\frac{T-2\varepsilon}{6s}$ $\varepsilon=\lvert M-\bar{X}\rvert$	某零件质量要求为 20 ±0.15，抽样 100 件，测得： $\bar{X}=20.05\text{mm};s=0.05\text{mm}$ 则 $M=20.00$ $\varepsilon=\lvert M-\bar{X}\rvert=0.05$ $C_{pK}=\frac{T-2\varepsilon}{6s}$ $=\frac{0.3-2\times0.05}{6\times0.05}$ $=\frac{0.3-0.1}{6\times0.05}\approx0.67$
单侧公差	(3)给定公差上限时 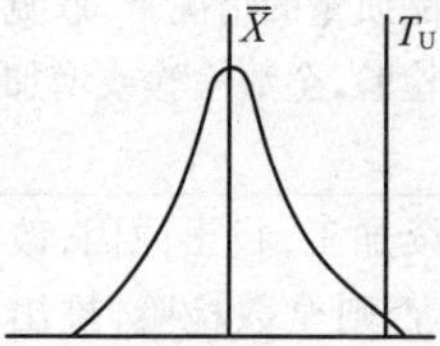	$C_{pU}=\frac{T_U-\bar{X}}{3\sigma}$	某部件清洁度的要求不大于 96mg，抽样结果得： $\bar{X}=48\text{mg};s=12\text{mg}$ $C_{pU}=\frac{T_U-\bar{X}}{3s}$ $=\frac{96-48}{3\times12}\approx1.33$
	(4)给定公差下限时 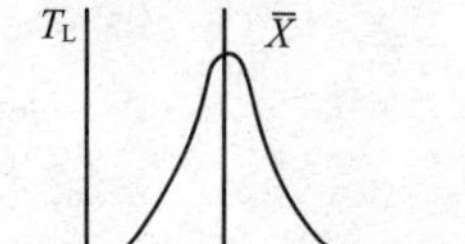	$C_{pL}=\frac{\bar{X}-T_L}{3\sigma}$	某金属材料抗拉强度的要求不得少于 32kg/cm^2，抽样后测得： $\bar{X}=38\text{kg/cm}^2$； $s=1.8\text{kg/cm}^2$ $C_{pL}=\frac{\bar{X}-T_L}{3s}$ $=\frac{38-32}{3\times1.8}\approx1.11$

三、过程能力指数的评定

一般以过程能力指数评定工序等级，以便有重点、有主次地采取不同措施加以管理和控制。表 11－7 表示过程能力指数不同值时的不同情况。

表 11－7　过程能力等级评定表

范围	等级	判断	措施
$C_p \geqslant 1.67$	特级	过程能力过剩	为提高产品质量，对关键或主要项目再次缩小公差范围，或为提高效率、降低成本而放宽波动幅度，降低设备精度等级
$1.67 > C_p \geqslant 1.33$	1 级	过程能力充分	当不是关键或主要项目时，放宽波动幅度；降低对原材料的要求；简化质量检验，采用抽样检验或减少检验频次
$1.33 > C_p \geqslant 1$	2 级	过程能力尚可	必须用控制图或其他方法对工序进行控制和监督，以便及时发现异常波动，对产品按正常规定进行检验
$1 > C_p \geqslant 0.67$	3 级	过程能力不足	分析分散程度大的原因，制订措施加以改进，在不影响产品质量的情况下，放宽公差范围，加强质量检验，全数检验或增加检验频次
$0.67 > C_p$	4 级	过程能力严重不足	一般应停止继续加工，找出原因，改进工艺，提高 C_p 值，否则全数检验，挑出不合格品

四、提高过程能力指数的途径

由过程能力指数的计算公式 $C_{pK} = \dfrac{T - 2\varepsilon}{6\sigma}$ 可见，影响过程能力指数有 3 个变量，即产品质量规范（公差范围 T）；过程加工的分布中心

μ与公差中心 M 的偏移量 ε；过程加工的质量特性值的分散程度，即标准偏差 s，因此，提高过程能力指数的途径有 3 个，即减少中心偏移量 ε；减少标准偏差 s；或增大公差范围 T。

（一）调整过程加工的分布中心，减少中心偏移量 ε

减少过程加工的中心偏移量有如下措施：

（1）通过收集数据，进行统计分析，找出大量连续生产过程中由于工具磨损、加工条件随时间逐渐变化而产生偏移的规律，及时进行中心调整，或采取设备自动补偿偏移或刀具自动调整和补偿等。

（2）根据中心偏移量，通过首件检验，可调整设备、刀具等的加工定位装置。

（3）改变操作者的孔加工偏向下差及轴加工偏向上差等的倾向性加工习惯，以公差中心值为加工依据。

（4）配置更为精确的量具，由量规检验改为量值检验，或采用高一等级的量具检测。

（二）提高过程能力，减少分散程度

过程加工的分散程度，即过程加工的标准偏差 s。由于材料的不均匀、设备精度等级低和可靠性差、工装模具精度低、工序安排不合理和工艺方法不正确等，对工序能力指数的影响是十分显著的。提高过程能力、减少分散程度的措施极为广泛，一般有：（1）修订工序，改进工艺方法，修订操作规程，优化工艺参数，补充增添中间工序，推广应用新材料、新工艺、新技术；（2）检修、改造或更新设备，改造、增添与公差要求相适应的精度较高的设备；（3）增添工具工装，提高工具工装的精度；（4）改变材料的进货周期，尽可能减少由于材料进货批次的不同而造成的质量波动；（5）改造现有的现场环境条件，以满足产品对现场环境的特殊要求；（6）对关键工序、特种工艺的操作者进行技术培训；（7）加强现场的质量控制，设置过程质量控制点或推行控制图管理，开展 QC 小组活动，加强质检工作。

（三）修订公差范围

修订公差范围，其前提条件是必须保证放宽公差范围不会影响产品质量。在这个前提条件下，可以对不切实际的过高的公差要求进行修订，以提高过程能力指数。

实践证明，在工序加工分析时，减少中心偏移量的防误措施，在技术上、操作上比较容易实现，同时也不必为此花费太多的人力、物力和财力，因此把它作为提高过程能力指数的首要措施。只有当中心偏移量 $\varepsilon=0$，而 C_p 值仍然小于 1 时，才考虑提高过程能力，减少过程加工的分散程度或考虑是否有可能放宽公差范围。放宽公差范围必须不影响产品质量，不影响用户使用效果。提高过程能力往往需要对现场的生产进行工艺上的改进和改造，技术上难度较大，需要花费较多的时间和费用，但提高过程能力却可以提高制造质量水平，对于企业是很必要的。

五、过程能力调查

(一)过程能力调查的意义

过程能力是保证与提高产品质量的重要因素。过程能力指数综合地、定量地反映了过程质量因素的状态。因此，进行过程质量控制，就必须了解和掌握过程能力的状况，测算过程能力指数。通常将了解和掌握过程能力的这种活动称为过程能力调查。

过程能力调查的作用，主要是通过工序标准化，消除工序中的异常因素，发现和解决质量问题，经济合理地选择和确定工艺标准和操作标准。正确计算和确定过程能力，不仅是对工序能否保证质量的一种评定，而且也是经济合理地进行产品设计和工艺验证的有力措施。近几年来，我国很多企业在推行全面质量管理工作中，从过程能力普查开始，积累了不少经验，收到了显著的效果。

(二)过程能力调查的方法

调查过程能力的方法很多，不论哪种方法，其核心都是在过程处于稳定状态下，科学地计算过程质量分布参数 μ 和 σ 常用的方法有控制图法和直方图法。

直方图法，不但可以从观察直方图的形状，大致看出生产过程的状态,可以通过直方图的分散范围同公差范围比较,简便而又直观地判断过程能力能否满足质量要求;还可以根据直方图上算得的平均值 $\bar{X}$ 和标准偏差 s 值,简便地计算出过程能力指数 C_{pK},为分析过程中系统因素的影响提供依据。但是,直方图法不能看出质量特性值随时间变化的情况,即不能反映生产过程的稳定性,有时因为在样本中包含了特性值特大或特小的样品,使 s 值较大,过程能力指数偏低。

控制图法是过程能力调查中较为精确的一种方法。因为控制图绘制过程中反映了较长时间内过程处于稳定状态的质量波动状况,排除了系统因素的影响,因而其分布的标准偏差 σ 值较小,算得的过程能力较符合客观实际,从过程能力的定义来说,控制图法比较准确可靠。

上述两种方法,当生产过程处于稳定状态时,数值差别不大。但由于控制图法需要的时间较长,因而在实践中多用直方图法进行过程能力调查,并辅以控制图法,以补充直方图法的不足。取样时,应注意"5M1E"的标准化工作,尽可能排除系统因素的影响。

(三)过程能力调查的程序

(1)明确调查的目的。刚开始调查过程能力时,调查的目的都是为了摸清某道工序保证质量的能力大小。

(2)选择调查对象。根据调查目的来选择被调查的工序和项目。

(3)确定调查方法。包括决定调查范围、分层方法、调查期限、抽样方法、样本容量等内容。

(4)工序的标准化。就是对被调查工序的操作者、机器设备、使用的原材料、操作测量方法及工作地布置等制定出各项标准。

(5)严格按照各项标准进行作业。

(6)收集数据。

(7)画直方图或分析用的控制图。

(8)判断过程是否处于控制状态。

(9)计算过程能力指数。

(10)处理。

图 11 -7 给出过程能力调查的一般程序,供参考。

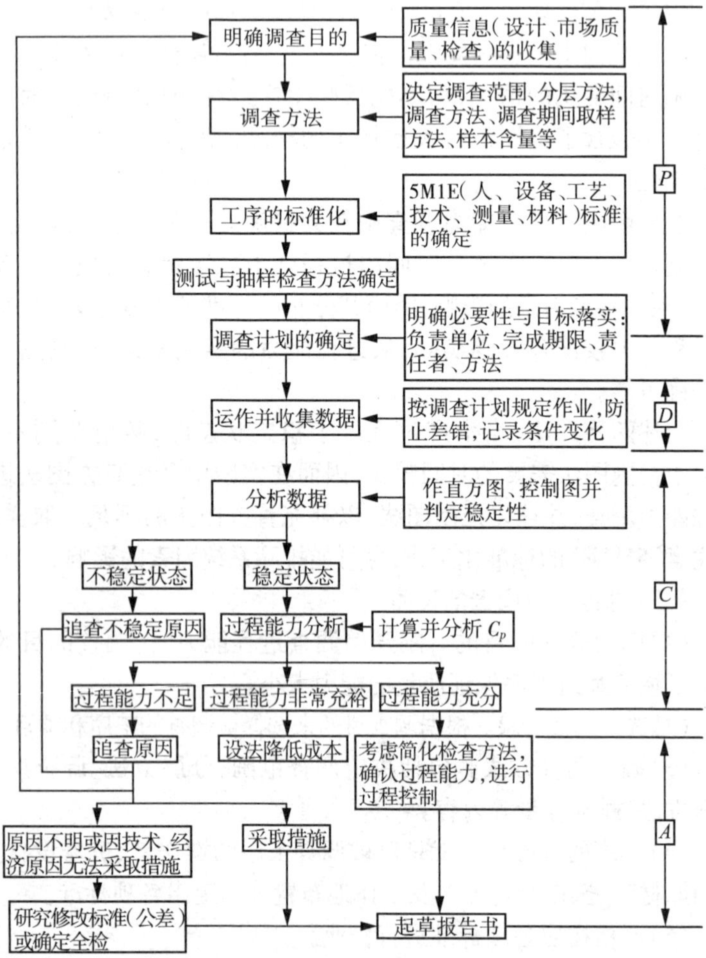

图 11 -7　调查过程能力的一般步骤

第十二章　正交试验设计法与价值工程简介

第一节　正交试验设计法

一、概述

什么是正交试验设计法？正交试验设计法(简称正交试验法)就是利用正交表来合理安排试验的一种方法。

安排任何一项试验，首先要明确试验的目的是什么？用什么指标来衡量考核试验的结果？对试验指标可能有影响的因素是什么？为了搞清楚影响的因素，应当把因素选择在哪些水平上？

指标　指标就是试验要考察的效果。能够用数量来表示的试验指标称为定量指标，如重量、尺寸、时间、温度等。不能用数量来表示的试验指标称为定性指标，如颜色、外观、味道等。在正交试验中，主要涉及可测量的定量指标。常用 X、Y、Z 来表示。

因素　因素是指对试验指标可能产生影响的原因。因素是在试验中应加以考察的重点内容。一般用大写拉丁字母 A、B、C……来表示。在试验中，能够人为地加以控制和调节的一类因素称为可控因素，如时间、温度、重量等。由于试验条件受到限制，暂时还不能人为加以控制和调节的因素称为不可控因素。如机器轻微振动、自然环境的变化、颜色变化等。在正交试验中，只选取可控因素参加试验。

水平　水平是指因素在试验中所处的状态或条件。对于定量因素，每一个选定值即为一个水平。水平又叫位级。日本型正交试验法中习惯称“水平”，而中国型正交试验法中习惯称位级。以后在叙述时仍沿用这一习惯，不予更改。在正交试验中，常用阿拉伯数字1、2、3……来表示。在试验中需考察某因素的几种状态时，则称该因素为几种水平（位级）的因素。

二、正交表

设计安排正交试验时需要用到一类已经制作好的标准化的表格，这类表格称为正交表。它是正交试验法的基本工具。最简单的正交表是 $L_4(2^3)$，其格式如表 12－1 所示。

表 12－1　$L_4(2^3)$ 正交表

行（试验）号	列号		
	1	2	3
1	1	1	1
2	2	1	2
3	1	2	2
4	2	2	1

正交表记号 $L_4(2^3)$ 的含义如下：

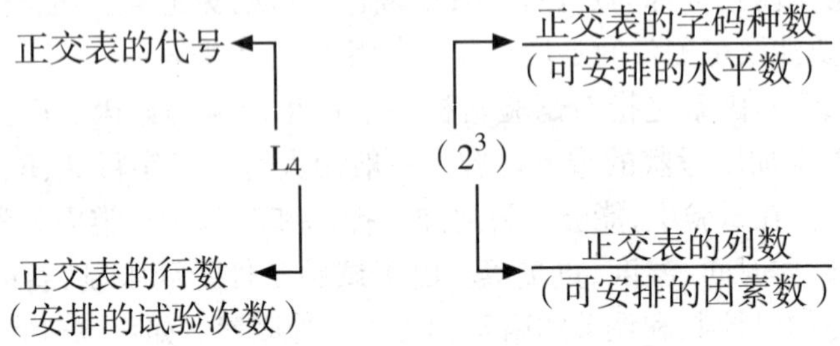

可见，$L_4(2^3)$ 是由 4 行、3 列、“1”和“2”两种字码组成的一张正交表。

正交表有两种性质：

（1）均衡分散性。由于每一列中各种字码出现相同的次数，这就保证了试验条件均衡地分散在配合完全的水平（位级）组合之中，因而代表性强，容易出现好条件。

(2)整齐可比性。由于任意两列中全部有序数字对出现相同的次数，即对于每列因素，在各个水平(位级)的结果之和中，其他因素各个水平(位级)的出现次数都是相同的。这就保证了在各个水平(位级)的效果之中，最大限度地排除了其他因素的干扰，因而能最有效地进行比较，作出展望。

正交试验效率高、效果好的主要原因正是由它的这两种性质所决定的。

三、常用正交试验设计与分析

常用正交试验设计与分析的步骤如下：

(1)明确试验的目的。(2)确定考察的指标。(3)挑因素，选水平(位级)。(4)设计试验方案。利用常用正交表(见附表1)设计试验方案，原则是因素顺序上列，水平(位级)对号入座，尽量多排因素，事先不考察诸因素间的交互作用。因此可使正交表选得小一些，即在同样的参加试验的因素前提下可以把试验规模降下来。(5)实施试验方案。(6)试验结果分析：一般用目测法、极差分析法、画趋势图等。看一看，可靠又方便；算一算，有效又简单。(7)反复调优试验以逼近最优方案。(8)验证试验并通过生产验证确认较优方案。(9)结论与建议。

例1 2,4——二硝基苯肼的工艺改革。

(一)明确试验目的

2,4——二硝基苯肼是××化工厂生产的一种试剂产品。过去的工艺过程长、工作量大，且产品经常不合格。今采用2,4——二硝基氯代苯(以下简称氯代苯)与水合肼在乙醇作溶剂下合成的新工艺，小试已初步成功，但产率只有45%，希望通过正交试验，找出好的生产条件，达到优质增产的目的。

(二)确定考察的指标

要考察的指标：产率(%)；外观(颜色)。

（三）挑因素，选水平（位级），制定因素水平（位级）表

影响试验结果的因素是多种多样的。通过分析矛盾，决定本试验需考察乙醇用量、水合肼用量、反应温度、反应时间、水合肼品种和搅拌速度六种因素。对于这六个要考察的因素，现分别按具体情况选出要考察、比较的条件（正交法中称之为位级）。

因素 A——乙醇用量

第一位级 $A_1=200$ml，第二位级 $A_2=0$ ml（即不用乙醇，挑选这个因素与相应的位级，是为了考察一下能否省下乙醇，砍掉中途加乙醇这道工序）。

因素 B——水合肼用量

第一位级 B_1 等于理论量的 2 倍；第二位级 B_2 等于理论量的 1.2 倍。

水合肼的用量应超过理论量，但应超过多少？心中无数。经过讨论，选了 2 倍和 1.2 倍两个位级来试一试。

因素 C——反应温度

第一位级 C_1 = 回流温度；第二位级 $C_2=60$℃（回流温度容易掌握，便于操作，但对反应是否有利呢？现另选一个 60 ℃跟它比较）。

因素 D——反应时间

第一位级 $D_1=4$h；第二位级 $D_2=2$h。

因素 E——水合肼纯度

第一位级 E_1 等于精品（浓度为 50%）；第二位级 E_2 等于粗品（浓度为 20%）。

（考察本因素是为了看看能否用粗品取代精品，以降低成本与保障原料的供应。）

因素 F——搅拌速度

第一位级等于中速；第二位级等于快速。

（考察本因素及反应时间 D，是为了看看不同的操作方法对于产率和质量的影响。）

现把以上的讨论综合成一张因素位级表，如表 12－2 所示。

表 12-2 因素位级表

因素	乙醇用量 A (ml)	水合肼用量 B	温度 C (℃)	时间 D (h)	水合肼纯度 E	搅拌速度 F
位级 1	200	理论量的 2 倍	回流	4	精品	中速
位级 2	0	理论量的 1.2 倍	60	2	粗品	快速

(四)设计试验方案

表 $L_8(2^7)$ 最多能安排 7 个 2 位级的因素。本例有 6 个因素，可用该表来安排。具体过程如下。

1. 因素顺序上列

按照因素位级表中固定下来的六种因素的次序，把 A(乙醇用量)、B(水合肼用量)、C(反应温度)、D(反应时间)、E(水合肼纯度)和 F(搅拌速度)，顺序地放到 $L_8(2^7)$ 前面的六个纵列上，每列上放一种。第 7 列没有放因素，那么，它在安排试验条件上不起作用，可略去。

2. 位级对号入座

六种因素分别在各列上安置好以后，再来把相应的位级，按因素位级表所确定的关系，对号入座。具体来说：

第 1 列由 A(乙醇用量)所占有，那么，在第 1 列的四个数码"1"的后面，都写上(200ml)，即因素位级表中因素 A 的位级 1 所对应的具体用量 A_1；在第 1 列的四个数码"2"的后面都写上(0 ml)，即 A_2。

第 2 列由 B(水合肼用量)所占有，那么，在第 2 列的四个数码"1"的后面都写上(2 倍)，即因素 B 的位级 1 对应的实际用量 B_1 等于理论量的 2 倍；在第 2 列四个数码"2"的后面都写上(1.2 倍)，即因素 B 的位级 2 对应的实际用量 B_2 等于理论量的 1.2 倍。

第 3、4、5 和 6 列的填法也一样。这样就填得下面的表 12-3。

表 12 - 3

试验号	因素					
	乙醇用量 A	水合肼用量 B	温度 C	时间 D	水合肼纯度 E	搅拌速度 F
	列号					
	1	2	3	4	5	6
1	1(200 ml)	1(2 倍)	1(回流)	2(2h)	2(粗品)	1(中速)
2	2(0 ml)	1(2 倍)	2(60℃)	2(2h)	1(精品)	1(中速)
3	1(200 ml)	2(1.2 倍)	2(60℃)	2(2h)	2(粗品)	2(快)
4	2(0 ml)	2(1.2 倍)	1(回流)	2(2h)	1(精品)	2(快)
5	1(200 ml)	1(2 倍)	2(60℃)	1(4h)	1(精品)	2(快)
6	2(0 ml)	1(2 倍)	1(回流)	1(4h)	2(粗品)	2(快)
7	1(200 ml)	2(1.2 倍)	1(回流)	1(4 h)	1(精品)	1(中速)
8	2(0 ml)	2(1.2 倍)	2(60℃)	1(4h)	2(粗品)	1(中速)

3. 列出试验条件

表 12 - 3 是一张列好的试验方案表。表的每一横行代表要试验的一种条件。每种条件试验一次，该表共 8 个横行，因此要做 8 次试验。8 次试验的具体条件如下：

第 1 号试验：$A_1B_1C_1D_2E_2F_1$，具体内容是：

乙醇用量：200 ml；

水合肼用量：理论量的 2 倍；

反应温度：回流温度；

反应时间：2h；

水合肼纯度：粗品；

搅拌速度：中速。

第 3 号试验：$A_1B_2C_2D_2E_2F_2$，具体内容是：

乙醇用量：200 ml；

水合肼用量：理论量的 1.2 倍；

反应温度：60℃；

反应时间：2h；

水合肼纯度：粗品；

搅拌速度：快速。

至于第2、4、5、6、7、8号试验的具体条件，读者可作为练习，自行排出。

到这里，完成了试验方案的制订工作。随后的任务是，按照方案中规定的每号条件严格操作，并记录下每号条件的试验结果。至于8个试验的顺序，并无硬性规定，可以根据方便而定。对于没有参加正交表的因素，最好让它们保持良好的固定状态；如果试验前已知其中某些因素的影响较小，也可以让它们停留在容易操作的自然状态。

（五）实施实验方案

本例的考察指标是产品的产率和颜色。通过试验，八个试验的结果填在表12－4的右方，得表12－4。

表12－4

	试验计划						试验结果	
因素	乙醇用量	水合肼用量	温度	时间	水合肼纯度	搅拌速度	产率	颜
列号	*A*	*B*	*C*	*D*	*E*	*F*	(%)	色
试验号	1	2	3	4	5	6		
1	1(200ml)	1(2倍)	1(回流)	2(2h)	2(粗品)	1(中速)	56	合格
2	2(0 ml)	1	2(60℃)	2	1(精品)	1	65	紫色
3	1	2(1.2倍)	2	2	2	2(快)	54	合格
4	2	2	1	2	1	2	43	合格
5	1	1	2	1(4h)	1	2	63	合格
6	2	1	1	1	2	2	60	合格
7	1	2	1	1	1	1	42	紫色
8	2	2	2	1	2	1	42	合格
Ⅰ=位级1四次产率之和	215	244	201	207	213	205	Ⅰ+Ⅱ=425	
Ⅱ=位级2四次产率之和	210	181	224	218	212	220	=总和	
极差 *R*=Ⅰ、Ⅱ中，大数－小数	5	63	23	11	1	15		

怎样充分利用这八个试验的结果呢?

(六)试验结果的分析

1. 直接看,可靠又方便

直接比较八个试验的产率,容易看出:第 2 号试验的产率为 65%,最高;其次是第 5 号试验,为 63%。这些好效果,是通过试验的实践直接得到的,比较可靠。

对于另一项指标——外观,第 2 号和第 7 号是紫色,颜色不合格;而第 2 号的产率还是最高。为弄清出现紫色的原因,对这两号条件又各重复做一次试验。结果是,产率依旧;奇怪的是,其颜色却得到橘黄色的合格品。这表明,对于产率,试验是比较准确的;对于颜色,还有重要因素没有列入要考察的项目,而又没有固定在某个状态。试验人员对这两号试验的前后两种情况进行具体分析后推测,影响颜色的重要因素可能是加料速度,决定在下批试验中进一步考察。

2. 算一算,有效又简单

对于正交试验的数量结果,通过简单的计算,往往能由此找出更好的条件,也能粗略地估计一下哪些因素比较重要,以及各因素的好位级在什么地方。

在表 12-4 每一列的下方,分别列出了Ⅰ、Ⅱ与极差 R,它们的算法如下:

如第 1 列的因素是乙醇用量 A。它的Ⅰ=215,是由这一列四个位级 1(A_1)的产率加在一起得出的。第 1 列的数码"1"所相应的试验号是第 1、3、5 和 7 号,所以

(产率和数)Ⅰ=①+③+⑤+⑦=56+54+63+42=215,同样,Ⅱ=210,是由第 1 列中四个位级 2(A_2)的产率加在一起得出的,即:

(产率和数)Ⅱ=②+④+⑥+⑧=65+43+60+42=210

其他五列计算Ⅰ、Ⅱ的方法,跟第 1 列相同。

为了检查计算是否正确,对每列算得的Ⅰ和Ⅱ进行验证:

Ⅰ + Ⅱ = 425（即 8 次试验产率的总和）？
倘若不等，要找出差错，把它改正。

至于各列的极差 R，由各列 Ⅰ 、Ⅱ 两数中，用大数减去小数即得。如：

第 1 列乙醇用量的 $R = 215 - 210 = 5$

第 2 列水合肼用量的 $R = 244 - 181 = 63$

怎样看待这些计算所得的结果呢？

首先，对于各列，比较其产率和数 Ⅰ 与 Ⅱ 的大小。如 Ⅰ 比 Ⅱ 大，则占有该列的因素的位级 1，在产率上通常比位级 2 好；如 Ⅱ 比 Ⅰ 大，则占有该列的因素的位级 2 比位级 1 好。比如第 4 列的 Ⅱ = 218，它比 Ⅰ = 207 大，这大致表明了时间因素以位级 2 为好，即反应时间 2h 优于 4h。

极差 R 的大小用来衡量试验中相应因素作用的大小。极差大的因素，意味着它的两个位级对于产率所造成的差别比较大，通常是重要因素。而极差小的因素往往是不重要的因素。在本例中，第 2 列（水合肼用量 B 所占有）的 $R = 63$，比其他各列的极差大。它表明对产率来说，水合肼用量是重要因素，理论量的 2 倍比 1.2 倍明显地提高产率。要想再提高产率，可对水合肼用量详加考察，决定在第二批试验中进行。第 3、6 和 4 列的 R 分别是 23、15 和 11，相对来说居中，表明反应温度、搅拌速度和反应时间是二等重要的因素，生产中可采用它们的好位级。第 1 列的 $R = 5$，第 5 列的 $R = 1$，极差值都很小，说明两个位级的产率差不多，因而这两个因素是次要因素，本着减少工序、节约原料、降低成本和保障供应的要求，选用了不加乙醇（砍掉这道工序）A_2 和用粗品水合肼 E_2 这两个位级。对于次要因素，选用哪个位级都可以，应根据节约方便的原则来选用。

现在按照 R 的大小，把因素的大致主次顺序，以及选用的位级排在下面，帮助大家看得更清楚：

因素从主到次					
水合肼用量	反应温度	搅拌速度	反应时间	乙醇用量	水合肼纯度
B_1	C_2	F_2	D_2	A_2	E_2
理论量2倍	60℃	快速	2h	0ml （不用）	粗品

3. 直接看和算一算的关系

怎样看待“直接看”与“算一算”的好条件呢？在本例中，正交试验向我们提供了“直接看”的好条件 $A_2B_1C_2D_2E_1F_1$ 与“算一算”的好条件 $A_1B_1C_2D_2E_1F_2$。本例有六个两位级的因素，可产生 $2^6=64$ 个试验条件，由正交表选出的八个条件是其中的一部分。然而，借正交表的正交性，这8个条件均衡地分散在这64个条件中，它们的代表性很强。所以“直接看”的好条件 $A_2B_1C_2D_2E_1F_1$ 的产率65%在全体64个条件中会是相当高的。大量实践表明，这种好结果，在生产上常能起到很大的作用。

但8个条件毕竟只占全体的八分之一，即使不改进位级，也还有继续提高的可能。“算一算”的目的，就是为了展望一下更好的条件。对于大多数项目，“算一算”的好条件（当它不在已做过的8个条件中时），将会超过“直接看”的好条件。不过，对于少部分项目，“算一算”的好条件却比不上“直接看”的。由此可见，“算一算”的好条件（本例中为 $A_1B_1C_2D_2E_1F_2$），还只是一种可能的好配合。

如果生产上急需，通常应优先补充试验“算一算”的好条件。经过验证，如果效果真有提高，就可将它交付生产上使用。倘若验证后的效果比不上“直接看”的好条件，就说明该试验的现象比较复杂。还有一种情况是，由于试验的时间较长，等不到验证试验的结果。对于这两种情况，生产上可先使用“直接看”的好条件，也可结合具体情况作些修改；而与此同时，另行安排试验，寻找更好的条件。

（七）反复调优试验，逼近最优方案

在第一批试验的基础上，为弄清影响颜色的原因及如何进一步提高产率，决定再撒个小网，即做第二批正交试验。

1. 挑因素,选位级,制定因素位级表

根据上批试验的情况,以“算一算”的好条件为主,参考“直接看”的好条件以及对影响颜色的因素的分析猜测,决定挑出下面三个要考察的因素及相应的位级,安排第二批正交表,撒个小网。

因素 A——粗品水合肼的用量

第 1 位级 A_1 等于理论量的 1.7 倍;第 2 位级 A_2 等于理论量的 2.3 倍。

水合肼是上批试验中最重要的因素,应该详细考察。现决定在原好用量 2 倍的周围,再取 1.7 倍与 2.3 倍两个新用量继续试验。至于水合肼的品种,由上批试验的“算一算”,知道它的极差很小,这表明粗品和精品的差别很小;又由上批的“直接看”知道,用粗品的第 6 号试验效果是相当好的,且精品又贵又少,所以这批试验都用粗品。即水合肼纯度这个因素在这批试验中不再考察,而保持在良好的固定状态——粗品。

因素 B——反应时间

第 1 位级 $B_1=2h$,第 2 位级 $B_2=4h$。

因为其他因素与位级有了变化,又由于第一线人员对 2h 很有兴趣,为慎重起见,再比较一次 2h 和 4h 这两个位级。

因素 C——加料速度

C_1 为快,C_2 为慢。

在追查出现紫色原因的验证试验后,猜想加料速度可能是影响颜色的重要原因,因此在这批试验中要重点地考察这个猜想。

综上所述,得因素位级表,如表 12-5 所示。

表 12-5　因素位级表

因素	水合肼用量	时间	加料速度
位级 1	1.7 倍	2h	快
位级 2	2.3 倍	4h	慢

至于上批试验的其他因素,为了节约与方便,这一批决定砍掉中途“加乙醇”这道工序;用“快速搅拌”“反应温度 60℃”,虽然比回流好,但 60℃

难于控制，决定用60～70℃。另外，由于第一批试验效果很好，在第二批试验中，打算除去“精制主料氯代苯”这道危险工序，而一律采用工业氯代苯。

2. 利用正交表确定试验方案

$L_4(2^3)$是两位级的表，最多能安排3个两位级的因素，本批试验用它来安排是很合适的。

至于填表及确定试验方案的过程，即所谓“因素顺序上列”“位级对号入座”及列出试验条件的过程已经介绍过，不再细述。现将试验计划与试验结果列于表12－6。

表12－6

试验计划				试验结果	
因素 / 列号 / 试验号	水合肼用量A	时间B	加料速度C	产率(%)	颜色
	1	2	3		
1	1(1.7倍)	1(2h)	1(快)	62	不合格
2	2(2.3倍)	1	2(慢)	86	合格
3	1	2(4h)	2	70	合格
4	2	2	1	70	不合格
Ⅰ＝位级1二次产率之和	132	148	132		
Ⅱ＝位级2二次产率之和	156	140	156	Ⅰ＋Ⅱ＝288＝总和	
极差R＝Ⅰ、Ⅱ中，大数－小数	24	8	24		

3. 试验结果的分析

关于颜色：“快速加料”的第1、4号试验都出现紫色不合格品，而“慢速加料”的第2、3号试验都出现橘黄色的合格品。另外两个因素的各个位级，紫色和橘黄色各出现一次，这说明它们对于颜色不起决定性的影响。由此看出，加料速度是影响颜色的重要因素，应该慢速加料。

关于产率：

直接看：第2号的86%最高（比第一批的好产率65%又提高了

不少)，试验条件是：

水合肼用量为理论量的2.3倍；

反应时间为2h；

慢速加料。

算一算：

	因素从主到次		
	水合肼用量	加料速度	时间
好位级	2.3倍	慢	2h

"算一算"的好条件和"直接看"的好条件一致。

最后顺便提一下投产效果。通过正交试验法，决定用下列工艺投产：用工业2,4-二硝基氯代苯与粗品水合肼在乙醇溶剂中合成；水合肼用量为理论量的2.3倍，反应时间为2h，温度掌握在60～70℃，采用慢速加料与快速搅拌。效果是：平均产率超过80%，从未出现紫色外观，质量达到出口标准，砍掉了"精制主料氯代苯"的危险工序。总之，这是一个较优的方案，可以达到优质、高产、低消耗的目的。

运用正交试验法的注意事项：

(1)不应随便选取非正交表进行正交试验。

(2)当选用日本型正交表做试验时，则应按日本型正交试验的程序、方法进行试验设计与分析；当选用中国型正交表做试验时，则应按中国型正交试验的程序、方法进行试验设计与分析。二者不能混用。

(3)试验前要确定考察指标，对多项考察指标要分清主次，最好设法(如综合评分)使之变成单项考察指标。

(4)进行正交试验设计时应尽量多考察因素、水平(位级)。这样，才能避免漏掉重要因素和水平(位级)，造成人力、财力、物力等资源的更大浪费。

(5)在试验实施的过程中，因素水平(位级)要严格控制在规定的水平(位级)变化精度内。对非考察因素应实施标准化作业，最大可能地排除非考察因素的异常波动给试验结果带来的干扰。

(6)正交试验设计不是一次简单利用正交表就可以顺利取得成功的,而应多次反复利用正交表才能取得较佳效果,如在第一轮试验结束后,要根据“重要因素有苗头处加密”和“次要因素综合确定”的原则,结合展望条件安排第二轮试验,也就是调优试验。经过多轮反复试验,逐步逼近最优条件组合。

(7)试验结果的测试技术和手段的精度要有保证,计算应正确无误,避免发生分析失误。

读者如需更进一步地学习正交试验设计的知识,请参阅有关专著。

第二节　价值工程简介

价值工程(Value Engineering,简记为 VE)起源于 20 世纪 40 年代的美国,是一种先进的科学管理理论,也是一种新的技术经济分析方法,即新兴的成本效益分析方法。它研究怎样以最低的成本去实现产品合格的功能。它的应用对保证产品质量,降低成本和能耗,以及提高经济效益具有十分重要的作用。

一、基本概念

(一)价值

大家常说要提高产品质量,科学地讲应当是要提高产品的价值。

产品的价值就是功能和实现这个功能所耗费用(成本)的比值。它可用下式表达:

$$价值(V)=\frac{功能(F)}{成本(C)}$$

价值表达了从技术、经济两个方面对产品的最合理追求。价值工程的目的就是提高产品或服务的价值。

价值工程不是单纯追求降低成本,也不是片面追求提高功能,而是要求提高二者之间的比值,研究产品功能和成本的最佳匹配。

(二)产品功能

价值工程的核心是对产品进行功能分析。产品的功能,是指产

品所起的作用,所具有的使用价值,或者说是产品的效用。如手表具有显示时间和装饰等功能。产品的功能有很多种类型:

(1)按功能的重要性可分为基本功能和辅助功能。基本功能是实现产品用途必不可少的功能,产品失去了基本功能就失去了存在的意义和生产的必要性。辅助功能是为了更好地实现基本功能而附加的功能。如显示时间属于手表的基本功能,而防水、防震、防磁等则属于辅助功能。

(2)按功能本身的性质可分为使用功能和美学功能。使用功能是指产品的实际用途或使用价值;美学功能是指产品的外观功能或艺术功能。不同的产品对这两种功能的要求不一样,有的产品只有使用功能,如地下管道、煤炭等;而有的产品更注重美学功能,如装饰品等;大多数产品要求二者兼备,如手表、衣服等产品。对于某些产品,在某些时期美学功能占有很重要的地位,往往是产品竞争的一个重要手段。

(3)按功能与用户的关系可分为必要功能和过剩功能。凡是用户要求的功能均为必要功能,用户不需要的功能就是过剩功能。区分这两种功能的目的是要去除过剩功能。

(三)成本

价值工程中使用的成本概念指的是产品的寿命周期成本。它是从产品研制、生产到使用的整个寿命期间,为实现产品的功能所必需的一切支出。如图 12－1 所示。

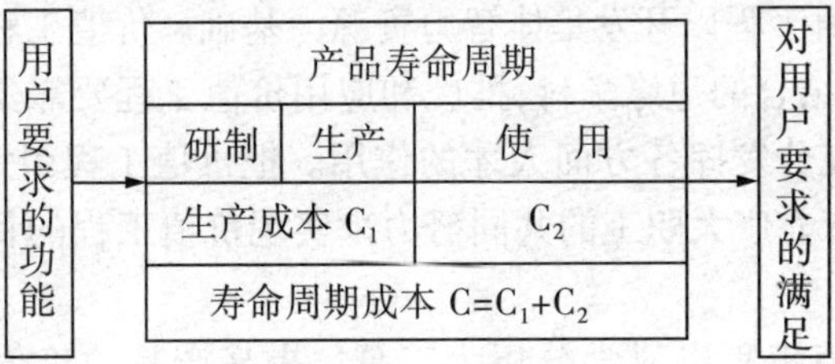

图12－1

产品的寿命周期成本(以下简称总成本)包括两个部分:

总成本 = 生产成本 + 使用成本

生产成本包括产品的市场调查和预测，产品的科研、试验、设计、试制、生产、运输、储存等费用。使用成本是发生在使用过程中的支出，如能源消耗费用、维修费用、人工费用、管理费用、报废处理费用等。

总成本的高低与产品功能水平具有内在的联系，一般来说，随着产品功能水平的提高，生产成本也将增加，而使用成本将减少，总成本呈马鞍形曲线变化，如图 12－2 所示。

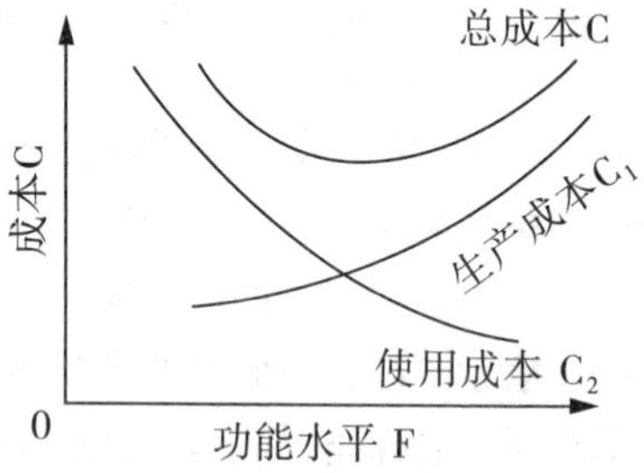

图 12－2

从图 12－2 中可以看出，总成本曲线上有一个最低点。开展价值工程的目的就是通过分析成本和功能之间的关系，实现适宜的产品功能，而使总成本最低。

二、价值工程的特点

（1）价值工程以提高产品的实用价值为目的。

（2）价值工程以功能分析为核心。要求既实现产品必须具备的功能，又达到降低成本的目的，即达到提高产品价值的目的。

（3）价值工程以开发集体智力资源为基础。价值工程是一门技术与经济相结合的边缘学科，推广和应用价值工程要靠集体的智慧和力量，要充分发挥各方面人才的作用。把价值工程引入 QC 小组活动中去，依靠广大职工的共同努力来实现价值工程的目标具有重要意义。

（4）价值工程以科学分析为工具。提高产品的价值不能凭经验，而要运用现代科学方法对产品进行质和量的分析，对方案进行最优化的选择。

三、价值工程的作用

(1)价值工程活动可以消除产品中零件的过剩质量和不必要的成本。

(2)价值工程活动可以延长产品的市场寿命周期。

(3)价值工程活动是降低产品成本的有效途径。

(4)价值工程活动可以更好地实现“生产者(企业)”和“消费者(顾客)”的统一,体现了“质量第一”和“顾客第一”的经营思想。

(5)价值工程活动可以弥补设计工作的不足。

四、提高价值的途径

根据价值的定义,提高价值的途径为降低成本和改善功能两个方面,详见表 12 -7。

表 12 -7　提高价值的途径

<table>
<tr><td>基本原理</td><td colspan="5">V = F/C</td></tr>
<tr><td>序号</td><td colspan="2">基本形式</td><td>序号</td><td colspan="2">演变形式</td></tr>
<tr><td rowspan="2">1</td><td rowspan="2">成本不变
功能提高</td><td rowspan="2">$\frac{F\uparrow}{C\rightarrow}=V\uparrow$</td><td>1</td><td colspan="2">$\frac{F\uparrow\uparrow}{C\rightarrow}=V\uparrow\uparrow$</td></tr>
<tr><td>2</td><td colspan="2">$\frac{F\uparrow}{C\rightarrow}=V\uparrow$</td></tr>
<tr><td rowspan="2">2</td><td rowspan="2">功能不变
成本下降</td><td rowspan="2">$\frac{F\rightarrow}{C\downarrow}=V\uparrow$</td><td>3</td><td colspan="2">$\frac{F\rightarrow}{C\downarrow}=V\uparrow$</td></tr>
<tr><td>4</td><td colspan="2">$\frac{F\rightarrow}{C\downarrow\downarrow}=V\uparrow\uparrow$</td></tr>
<tr><td>3</td><td>功能提高
成本下降</td><td>$\frac{F\uparrow}{C\downarrow}=V\uparrow$</td><td>5</td><td colspan="2">$\frac{F\uparrow\uparrow}{C\downarrow}=V\uparrow\uparrow$</td></tr>
<tr><td rowspan="2">4</td><td rowspan="2">功能大提高
成本略提高</td><td rowspan="2">$\frac{F\uparrow\uparrow}{C\uparrow}=V\uparrow$</td><td>6</td><td colspan="2">$\frac{F\uparrow\uparrow}{C\uparrow}=V\uparrow$</td></tr>
<tr><td>7</td><td colspan="2">$\frac{F\uparrow\uparrow}{C\downarrow\downarrow}=V\uparrow\uparrow$最大</td></tr>
<tr><td>5</td><td>功能略下降
成本大下降</td><td>$\frac{F\downarrow}{C\downarrow\downarrow}=V\uparrow$</td><td>8</td><td colspan="2">$\frac{F\downarrow}{C\downarrow\downarrow}=V\uparrow$</td></tr>
</table>

注:↓表示下降较小;↑表示提高较小;↓↓表示下降较大;↑↑表示提高较大;↑↑最大表示提高最大。

五、价值工程的应用范围

价值工程的应用范围很广，可以说一切有功能要求并发生成本的领域都可以应用。因而价值工程可以在各行各业、各个部门具体运用。它既适用于新产品设计，也适用于老产品改进；它既可用于简单产品的设计和生产，也可以用于复杂的产品和大型工程；它既可以用于产品的设计和工艺的改进，也可以用于原材料的采购供应和生产工序的安排。在设备改造、设备的大中型修理、技术服务、土建工程、企业机构的改革等方面都有应用价值。

关于价值工程的活动程序和具体方法，请参阅有关专著。

第十三章　其他方法简介

第一节　矩阵图

矩阵图(Matrix Chart)是以矩阵的形式分析问题与因素、因素与因素、现象与因素之间相互关系的图形。其基本格式如图 13－1 所示。一般常把问题、因素、现象放在图中的行或列的位置,而把它们之间的相互关系放在行和列的交点处,并用不同符号表示出它们的相关程度。常用的相关程度的符号有两种:◎表示有强相关(或密切关系);○表示有关系(或弱相关)。

		R							
		R_1	R_2	R_3	R_4	R_5	R_6	…	R_n
L	L_1								
	L_2								
	L_3								
	L_4								
	…								
	L_m								

图 13－1　矩阵图格式

一、矩阵图的主要用途

(1)确定系列产品的研制或改进的着眼点。

(2)寻找产品的不良现象与原材料、设备、工艺之间的关系。

(3)拟订与市场相关联的产品战略方案。

(4)明确产品质量特性与管理职能或负责部门的关系。

(5)明确用户质量要求与工序管理项目之间的关系等。

二、矩阵图的分类

矩阵图大体上有5类，其中最常见的是L形和T形矩阵图。

(1)L形矩阵图。它是最基本的形式，一般是将两个对应事项A与B的元素，分别按行和列排列而成。它用于分析若干个目的（或问题）和为实现这些目的（问题）的手段（原因），见图13-1。

(2)T形矩阵图。它是由两个L形矩阵图组合而成的矩阵图，见图13-2。

(3)Y形矩阵图。Y形矩阵图中有三个事项，其中两两相对应的事项分别构成三个L形矩阵图，所以Y形矩阵图是这三个L形矩阵图的组合，见图13-5。

(4)X形矩阵图。X形矩阵图是由4个L形矩阵图组合而成。X形矩阵图适用面受到一定限制，但如果使用得当仍会收到相应的效果。

(5)C形矩阵图。它有3个事项A、B、C，分别以A的元素、B的元素和C的元素为边画出长方体（或正方体），因此C形矩阵中元素的交点是三维空间点。

三、矩阵图的应用程序

现以T形矩阵图（见图13-2）为例。

(1)制作图形。在图上画出纵横的栏，分左上栏（如图中的“现象”栏）、左下栏（如图中的“工序”栏）和横栏（如图中的“原因”栏），每栏设定一个元素（如图中的“现象”“工序”“原因”）。

(2)分别整理各栏元素的内容，并将其填入各栏。填写时可按重要程度或发生频率大小等顺序填写。

(3)分析各元素间的关联关系。分别确定两栏间对应两项内容的关联关系，并根据关联的强弱程度，用符号相应地标记在交叉点上。

(4)确认关联关系。分别以每栏元素为基础,将其与其他项目的关联关系及符号加以确认。对所有强相关的元素均应采取措施改进。

题目□

现象 / 工序 \ 原因		原因1	原因2	原因3	原因4	原因5	原因6	原因7	原因8	原因9	原因10	原因11
□□□不合格		○								○		
□ □不合格			◎					○	○			
×××不合格								◎			○	
×××不合格			◎	◎	○		◎	◎	◎		○	
×××不合格					○	○				○		◎
工序Ⅰ	要素 A_1		◎	◎						○		
工序Ⅰ	要素 A_2	◎	◎									◎
工序Ⅰ	要素 A_3		○	◎			◎			○		
工序Ⅰ	要素 A_4			○		◎				○	○	○
工序Ⅰ	要素 A_5	○	○	○	○	◎	◎				○	
工序Ⅱ	要素 B_1		◎					○				
工序Ⅱ	要素 B_2		◎	○		◎		○				
工序Ⅱ	要素 B_3		◎					○				
工序Ⅲ	要素 C_1	○						◎				
工序Ⅲ	要素 C_2	○							○			
工序Ⅲ	要素 C_3	○			◎			◎				
工序Ⅲ	要素 C_4				◎							○

作图人:　　　年　月　日

图 13-2　T 形矩阵示意图

应用实例

例 1　某电扇厂 QC 小组对吊扇输入功率高、效率低的问题,使用了L形矩阵图(见图13-3)。通过分析,认为定子性能与功率、转速、启动性能有强相关关系。因此它们对影响定子性能的各元素采用正交试验,解决了问题。

原因＼性能	绝缘强度低	耐压击穿	功率大	转速低	启动性能差
绝缘漆浓度低	◎	○			
预烘时间短	◎	○			
定子性能差			◎	◎	◎
转子缺陷			◎	◎	○
风叶不配套			○	◎	○
风叶角度与电机不匹配			◎	○	
轴承不合格				○	
精加工精度差			◎	○	◎

图 13－3　性能原因分析矩阵图

例 2　某厂为了使产品质量全面赶超世界先进水平,以提高产品的性能为重点,从各工序原料入手,分析查找原因,通过作 T 形矩阵图(见图 13－4),对影响质量的工序和原料进行分析筛选,找出了影响质量的强相关工序和原料,并采取了有效措施,改进了质量。

影响因素		透光率	挥发分	灰分	水分	澄清度	外观	黑点
原料	1. 2,6 酚色泽深							
	2. 催化剂含量大	○						
	3. 甲酯酸值大	○						
影响工序＼质量特性								
生产工序	1. 烷化							
	2. 加成	○					○	
	3. 中和	○						
	4. 酯交换	◎				○	○	
后处理工序	5. 过滤	○		○		○	○	
	6. 结晶							
	7. 离心	○	○				○	
	8. 洗涤	○					○	
	9. 运料			○				○
	10. 干燥	○	○		○	○		○
	11. 包装			○				
检验工序	12. 取样代表性	○	○	○	○	○	○	○
	13. 仪器误差	○						
	14. 随机误差	○						

图 13－4　抗氧剂 1010 产品质量矩阵图

例 3　某铸造厂为了解决汽车缸体铸件产出率低的问题，针对涉及的设备与工装、工艺管理和质量现象三大元素群，选用了 Y 形矩阵图（见图 13－5）进行了分析。

X 形、C 形矩阵图因不太常用，这里不一一举例。

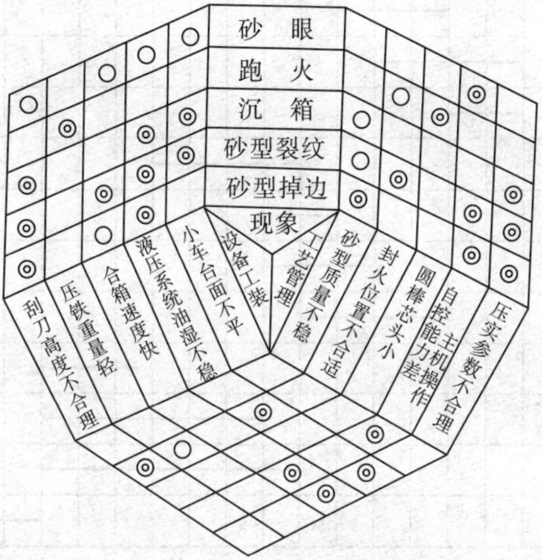

图 13－5　铸件质量、设备与工装、工艺管理关系分析矩阵图

第二节　箭条图

箭条图（Arrow Diagram）又称矢线图。它是用网络的形式来安排一项工程（产品）的日历进度，说明其作业之间的关系，以期高效率管理进度的一种方法。

在质量管理活动中，为在充分利用资源的前提下，尽快获得高质量的工程（产品），日历进度的管理就是非常重要的一项管理活动。

长期以来，在计划工作中都采用甘特图（线条图，见图 13－6）来计划和控制工作进度。甘特图具有形象、直观、简明、易懂、作图简便等优点,至今仍是行之有效的一种制订计划的方法。

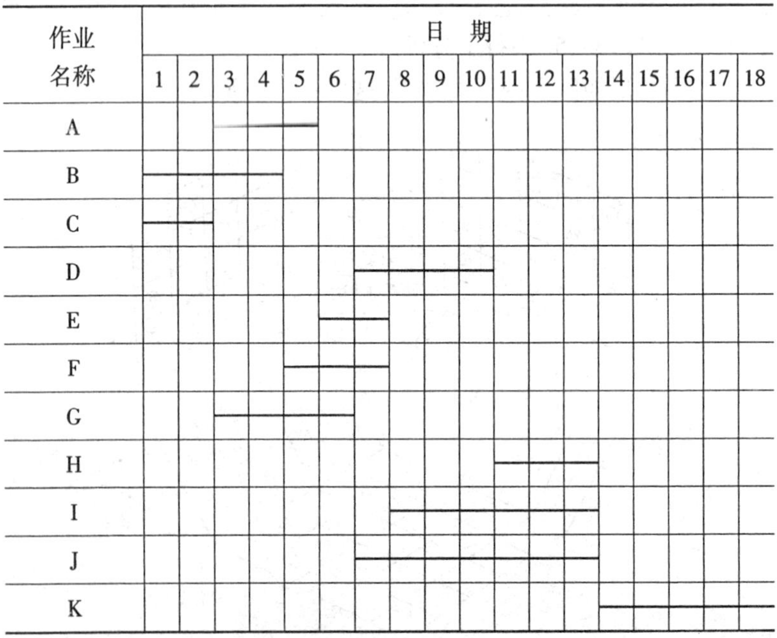

图 13-6　某工程项目的计划进度(甘特图)

但是,甘特图过于简单,某些方面不适应大规模生产、施工和工程计划工作的需要,以及管理现代化的要求。它存在以下不足之处:

(1)不能在图上清晰和严密地显示各项工作之间相互关联、互为条件、互为因果的依存关系,以及在时间上的先行和后续的衔接关系;

(2)不能从保证生产和工作的进度上、工期上,找出关键作业(工序)和路线;

(3)不易对工期的缩短和资源利用进行优化工作;

(4)不适应使用电子计算机编制、修改和控制计划。

箭条图正是在克服甘特图的上述缺点的情况下,创造出来的一种多功能的制订和管理计划的方法。

箭条图的形式如图 13－7 所示。它大致由下列内容组成：

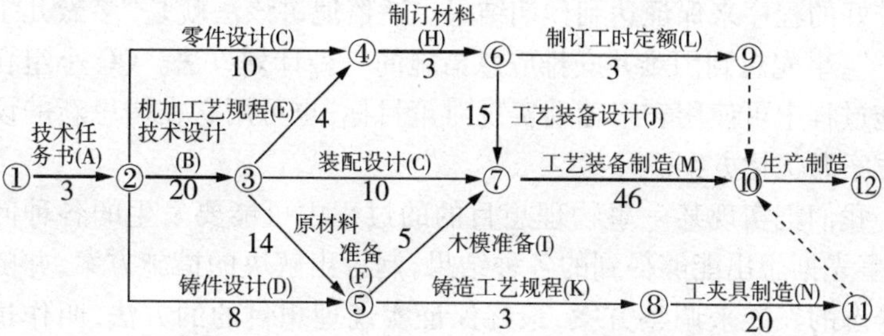

图 13－7　新产品生产技术准备箭条图

(1)作业名称或代号，一般标注在箭条的上面，如“技术设计”，代号 B。

(2)箭条线：箭尾表示作业开始，箭头表示作业完工。实箭条线表示确实存在的作业；虚箭条线表示实际不存在的虚拟。

(3)作业时间。一般标注在箭条的下面，如 B 作业要花费 20 天。

(4)粗实箭线，表示它要用去最多的时间，是整个工程(产品)的关键作业路线。

在箭条图中，还要计算作业的最早开工、最早完工时间，最晚开工、最晚完工时间，总时差和自由时差这 6 种时间，根据计算的这 6 种时间，确定关键路线，进行日历进度的优化。关于这部分的详细内容，请参阅有关专著。

第三节　过程决策程序图法

一、概述

过程决策程序图法亦称 PDPC 法。它的特征是使用预测科学和系统论的思想方法,对实现理想目的进行多方案设计。在动态实施过程中,随着事态发展所产生的各种结果及时调整方案,运用预先安排好的程序来保证达到预期结果。通俗地讲该法就是“多做几手准备”,事先想到困难并安排应急措施的一种计划方法。QC 小组在实施过程中可使用它来辅助实现对策目标;也可用它在构思新的设计方案时优化方案。

我们把实现某一事物理想目的的过程中可能要发生的各种问题,事先推想出能够得到的各种结果,制订出解决的措施方案,并随着事态的发展来调整方案,最终保证实现理想目的的方法,叫作过程决策程序图法。

过程决策程序图基本形式如图 13－8 所示。

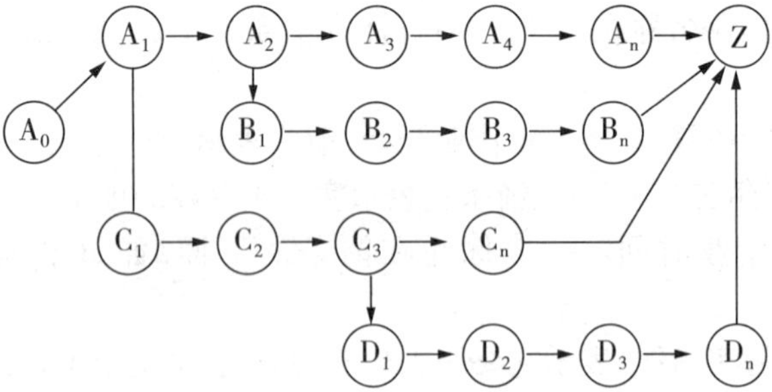

图 13－8　PDPC 基本形式

图中:A_0 表示初始状态;Z 表示理想目的;

→表示过程流向。

图形表示:从初始状态 A_0 实施 $A_1 \to A_2 \to A_3 \to A_4 \to \cdots \to A_n$ 来实现理想目的是最好的方案。预计 A_2 项目实施把握不大,如果不顺利时则改用 $B_1 \to B_2 \to B_3 \to \cdots \to B_n$ 这一方案(程序)来达到理想目的。假如工作刚开始 A_1 就受到严重阻碍,只有使用 $C_1 \to C_2 \to C_3 \to \cdots \to C_n$ 这一方案(程序)来实现理想目的,此方案虽不如前两个方案,但也还是能够达到目的。若一旦 C_3 受阻,则从 C_3 转入 $D_1 \to D_2 \to$

$D_3 \rightarrow \cdots \rightarrow D_n$ 程序,也还是能够实现理想目的的。

二、过程决策程序图法的用途

(1)用于制订方针目标的实施计划;

(2)用于制订新产品的研制计划;

(3)用于制订攻关课题的实施方案;

(4)用于组织均衡生产;

(5)用于组织材料供应;

(6)用于制订双边或多边谈判方案。

总之,这种方法使用广泛,从家庭乘车买菜,到国家发展计划的实施;从医生做手术到军事战术方案的制订,都可以采用这种方法做预先的准备。QC 小组在活动过程中必要时也可采取这种办法去实现小组目标。

三、应用程序

一般应用程序是:

(1)课题组长首先提出实现目标值的实施方案,抛砖引玉,作为课题组的议题。

(2)课题组成员用“否定法”的方式,对抛出的实施方案,逐步进行可行性分析,充分预测可能的后果,并提出各种新的可行性方案(程序)。

(3)综合考虑时间顺序、经济性、可靠性、难易程度和效果等方面,对各种方案进行优选、排队,按照基本图形的模式安排过程决策程序方案。

(4)制订方案实施保证措施,明确责任者、信息传递方式和资源配置。

(5)课题组长在方案实施过程中始终把握实施动态,及时按预定方案调整,直至实现小组目标。

四、注意事项

(1)过程决策程序图法是用“否定式”提问法完善和优化程序的。

(2)最终实现理想目的,只实施一个方案。

(3)必须以动态发展所产生的结果来调整动态管理的过程决策程序方案。

(4)使用过程决策程序方案进行动态管理时,应做好各种方案的资源准备,力争实现第一方案。

(5)课题组长应始终在指挥位置上组织方案的实施。

应用实例

例 某维修设备 QC 小组为保证减少设备停机影响均衡生产运用过程决策程序图来指导小组工作,如图 13-9 所示。

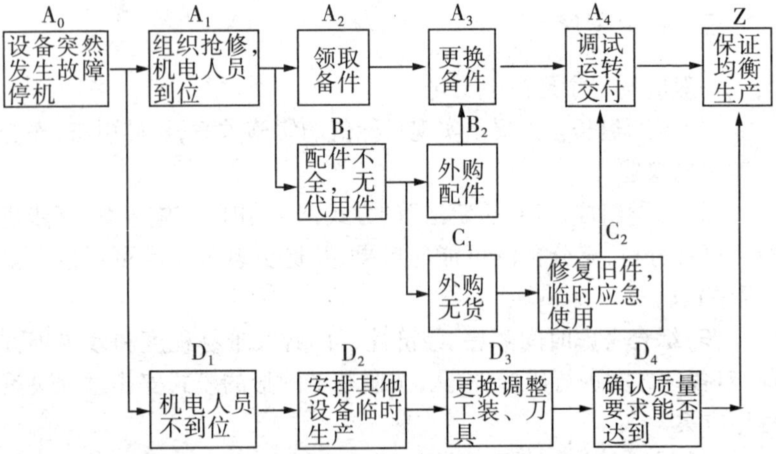

图 13-9 设备 QC 小组保证均衡生产的 PDPC 法

附　　录

附录一　常用正交表和正态分布函数表

附表1　常用正交表

1. $L_4(2^3)$

试验号＼列号	1	2	3
1	1	1	1
2	2	1	2
3	1	2	2
4	2	2	1

2. $L_8(2^7)$

试验号＼列号	1	2	3	4	5	6	7
1	1	1	1	2	2	1	2
2	2	1	2	2	1	1	1
3	1	2	2	2	2	2	1
4	2	2	1	2	1	2	2
5	1	1	2	1	1	2	2
6	2	1	1	1	2	2	1
7	1	2	1	1	1	1	1
8	2	2	2	1	2	1	2

3. $L_{16}(2^{15})$

试验号＼列号	1	2	3	4	5	6	7	8	9	10	11	12	13	14	15
1	1	1	1	2	2	1	2	1	2	2	1	1	1	2	2
2	2	1	2	2	1	1	1	1	1	2	2	1	2	2	1
3	1	2	2	2	2	2	1	1	2	1	2	1	1	1	1
4	2	2	1	2	1	2	2	1	1	1	1	1	2	1	2

续表

试验号 \ 列号	1	2	3	4	5	6	7	8	9	10	11	12	13	14	15
5	1	1	2	1	1	2	2	1	2	2	2	2	2	1	2
6	2	1	1	1	2	2	1	1	1	2	1	2	1	1	1
7	1	2	1	1	1	1	1	1	2	1	1	2	2	2	1
8	2	2	2	1	2	1	2	1	1	1	2	2	1	2	2
9	1	1	1	1	2	2	1	2	1	1	2	1	2	2	2
10	2	1	2	1	1	2	2	2	2	1	1	1	1	2	1
11	1	2	2	1	2	1	2	2	1	2	1	1	2	1	1
12	2	2	1	1	1	1	1	2	2	2	2	1	1	1	2
13	1	1	2	2	1	1	1	2	1	1	1	2	1	1	2
14	2	1	1	2	2	1	2	2	2	1	2	2	2	1	1
15	1	2	1	2	1	2	2	2	1	2	2	2	1	2	1
16	2	2	2	2	2	2	1	2	2	2	1	2	2	2	2

4. $L_{32}(2^{31})$

试验号 \ 列号	1	2	3	4	5	6	7	8	9	10	11	12	13	14	15	16	17	18	19	20	21	22	23	24	25	26	27	28	29	30	31
1	1	1	1	2	2	1	2	1	2	2	1	1	1	2	2	1	2	1	1	2	1	2	1	1	2	1	2	2	1	2	1
2	2	1	2	2	1	1	1	1	1	2	2	1	2	2	1	1	1	1	2	2	2	2	2	1	1	1	1	2	2	2	2
3	1	2	2	2	2	2	1	1	2	1	2	1	1	1	1	1	2	2	2	2	1	1	2	1	2	2	1	2	1	1	2
4	2	2	1	2	1	2	2	1	1	1	1	1	2	1	2	1	1	2	1	2	2	1	1	1	1	2	2	2	2	1	1
5	1	1	2	1	1	2	2	1	2	2	2	2	2	1	2	1	2	1	2	1	2	1	1	1	2	1	1	1	2	1	1
6	2	1	1	1	2	2	1	1	1	2	1	2	1	1	1	1	1	1	1	1	1	1	2	1	1	1	2	1	1	1	2
7	1	2	1	1	1	1	1	1	2	1	1	2	2	2	1	1	2	2	1	1	2	2	2	1	2	2	2	1	2	2	2
8	2	2	2	1	2	1	2	1	1	1	2	2	1	2	2	1	1	2	2	1	1	2	1	1	1	2	1	1	1	2	1
9	1	1	1	1	2	2	1	2	1	1	2	1	2	2	2	1	2	1	1	1	1	1	2	2	1	2	1	2	2	2	1
10	2	1	2	1	1	2	2	2	2	1	1	1	1	2	1	1	1	1	2	1	2	1	1	2	2	2	2	2	1	2	2
11	1	2	2	1	2	1	2	2	1	2	1	1	2	1	1	1	2	2	2	1	1	2	1	2	1	1	2	2	2	1	2
12	2	2	1	1	1	1	1	2	2	2	2	1	1	1	2	1	1	2	1	1	2	2	2	2	2	1	1	2	1	1	1
13	1	1	2	2	1	1	1	2	1	1	1	2	1	1	2	1	2	1	2	2	2	2	2	2	1	2	2	1	1	1	1
14	2	1	1	2	2	1	2	2	2	1	2	2	2	1	1	1	1	1	1	2	1	2	1	2	2	2	1	1	2	1	2
15	1	2	1	2	1	2	2	2	1	2	2	2	1	2	1	1	2	2	1	2	2	1	1	2	1	1	1	1	1	2	2
16	2	2	2	2	2	2	1	2	2	2	1	2	2	2	2	1	1	2	2	2	1	1	2	2	2	1	2	1	2	2	1
17	1	1	1	2	1	2	1	2	2	2	1	1	2	1	1	2	1	2	2	1	1	2	1	1	1	2	1	1	1	2	1
18	2	1	2	2	2	2	2	2	1	2	2	1	1	1	2	2	2	2	1	1	2	2	2	1	2	2	2	1	2	2	2
19	1	2	2	2	1	1	2	2	1	2	1	2	2	2		2	1	1	1	1	1	1	2	1	1	1	2	1	1	1	2
20	2	2	1	2	2	1	1	2	1	1	1	1	1	2	1	2	2	1	2	1	2	1	1	1	2	1	1	1	2	1	1

续表

试验号 \ 列号	1	2	3	4	5	6	7	8	9	10	11	12	13	14	15	16	17	18	19	20	21	22	23	24	25	26	27	28	29	30	31
21	1	1	2	1	2	1	1	2	2	2	2	2	1	2	1	2	1	2	1	2	2	1	1	1	1	2	2	2	2	1	1
22	2	1	1	1	1	1	2	2	1	2	1	2	2	2	2	2	2	2	2	2	1	1	2	1	2	2	1	2	1	1	2
23	1	2	1	1	2	2	2	2	2	1	1	2	1	1	2	2	1	1	2	2	2	2	2	1	1	1	1	2	2	2	2
24	2	2	2	1	1	2	1	2	1	1	2	2	2	1	1	2	2	1	1	2	1	2	1	1	2	1	2	2	1	2	1
25	1	1	1	1	1	1	2	1	1	1	2	1	1	1	1	2	1	2	2	2	1	1	2	2	2	1	2	1	2	2	1
26	2	1	2	1	2	1	1	1	2	1	1	1	2	1	2	2	2	2	1	2	2	1	1	2	1	1	1	1	1	2	2
27	1	2	2	1	1	2	1	1	1	2	1	1	1	2	2	2	1	1	1	2	1	2	1	2	2	2	1	1	2	1	2
28	2	2	1	1	2	2	2	1	2	2	2	1	2	2	1	2	2	1	2	2	2	2	2	2	1	2	2	1	1	1	1
29	1	1	2	2	2	2	2	1	1	1	1	2	2	2	1	2	1	2	1	1	2	2	2	2	2	1	1	2	1	1	1
30	2	1	1	2	1	2	1	1	2	1	2	2	1	2	2	2	2	2	2	1	1	2	1	2	1	1	2	2	2	1	2
31	1	2	1	2	2	1	1	1	1	2	2	2	2	1	2	2	1	1	2	1	2	1	1	2	2	2	2	2	1	2	2
32	2	2	2	2	1	1	2	1	2	2	1	2	1	1	1	2	2	1	1	1	1	1	2	2	1	2	1	2	2	2	1

5. $L_{12}(2^{11})$

试验号 \ 列号	1	2	3	4	5	6	7	8	9	10	11
1	1	1	1	2	2	1	2	1	2	2	1
2	2	1	2	1	2	1	1	2	2	2	2
3	1	2	2	2	2	2	1	2	2	1	1
4	2	2	1	1	2	2	2	2	1	2	1
5	1	1	2	2	1	2	2	2	1	2	2
6	2	2	1	1	2	2	2	1	2	1	1
7	1	2	1	1	1	1	2	2	2	1	2
8	2	2	1	2	1	2	1	1	2	2	2
9	1	1	1	1	2	2	1	1	1	1	2
10	2	1	1	2	1	1	1	2	1	1	1
11	1	2	2	1	1	1	1	1	1	2	1
12	2	2	2	2	2	1	2	1	1	1	2

6. $L_9(3^4)$

试 验 号 \ 列 号	1	2	3	4
1	1	1	3	2
2	2	1	1	1
3	3	1	2	3
4	1	2	2	1
5	2	2	3	3
6	3	2	1	2
7	1	3	1	3
8	2	3	2	2
9	3	3	3	1

7. $L_{27}(3^{13})$

列号 / 试验号	1	2	3	4	5	6	7	8	9	10	11	12	13
1	1	1	3	2	1	2	2	3	1	2	1	3	3
2	2	1	1	1	1	1	3	3	2	1	1	2	1
3	3	1	2	3	1	3	1	3	3	3	1	1	2
4	1	2	2	1	1	2	2	2	3	1	3	1	1
5	2	2	3	3	1	1	3	2	1	3	3	3	2
6	3	2	1	2	1	3	1	2	2	2	3	2	3
7	1	3	1	3	1	2	2	1	2	3	2	2	2
8	2	3	2	2	1	1	3	1	3	2	2	1	3
9	3	3	3	1	1	3	1	1	1	1	2	3	1
10	1	1	1	1	2	3	3	1	3	2	3	3	2
11	2	1	2	3	2	2	1	1	1	1	3	2	3
12	3	1	3	2	2	1	2	1	2	3	3	1	1
13	1	2	3	3	2	3	3	3	2	1	2	1	3
14	2	2	1	2	2	2	1	3	3	3	2	3	1
15	3	2	2	1	2	1	2	3	1	2	2	2	2
16	1	3	2	2	2	3	3	2	1	3	1	2	1
17	2	3	3	1	2	2	1	2	2	2	1	1	2
18	3	3	1	3	2	1	2	2	3	1	1	3	3
19	1	1	2	3	3	1	1	2	2	2	2	3	1
20	2	1	3	2	3	3	2	2	3	1	2	2	2
21	3	1	1	1	3	2	3	2	1	3	2	1	3
22	1	2	1	2	3	1	1	1	1	1	1	1	2
23	2	2	2	1	3	3	2	1	2	3	1	3	3
24	3	2	3	3	3	2	3	1	3	2	1	2	1
25	1	3	3	1	3	1	1	3	3	3	3	2	3
26	2	3	1	3	3	3	2	3	1	2	3	1	1
27	3	3	2	2	3	2	3	3	2	1	3	3	2

8. $L_{18}(6^1 \times 3^6)$

试验号 \ 列号	1	2	3	4	5	6	7
1	1	1	3	2	2	1	2
2	1	2	1	1	1	2	1
3	1	3	2	3	3	3	3
4	2	1	2	1	2	3	1
5	2	2	3	3	1	1	3
6	2	3	1	2	3	2	2
7	3	1	1	3	1	3	2
8	3	2	2	2	3	1	1
9	3	3	3	1	2	2	3
10	4	1	1	1	3	1	3
11	4	2	2	3	2	2	2
12	4	3	3	2	1	3	1
13	5	1	3	3	3	2	1
14	5	2	1	2	2	3	3
15	5	3	2	1	1	1	2
16	6	1	2	2	1	2	3
17	6	2	3	1	3	3	2
18	6	3	1	3	2	1	1

9. $L_{18}(2^1 \times 3^7)$

试验号 \ 列号	1	2	3	4	5	6	7	8
1	1	1	1	3	2	2	1	2
2	1	2	1	1	1	1	2	1
3	1	3	1	2	3	3	3	3
4	1	1	2	2	1	2	3	1
5	1	2	2	3	3	1	1	3
6	1	3	2	1	2	3	2	2
7	1	1	3	1	3	1	3	2
8	1	2	3	2	2	3	1	1
9	1	3	3	3	1	2	2	3
10	2	1	1	1	1	3	1	3
11	2	2	1	2	3	2	2	2
12	2	3	1	3	2	1	3	1
13	2	1	2	3	3	3	2	1
14	2	2	2	1	2	2	3	3
15	2	3	2	2	1	1	1	2
16	2	1	3	2	2	1	2	3
17	2	2	3	3	1	3	3	2
18	2	3	3	1	3	2	1	1

10. $L_8(4^1 \times 2^4)$

试验号 \ 列号	1	2	3	4	5
1	1	1	2	2	1
2	3	2	2	1	1
3	2	2	2	2	2
4	4	1	2	1	2
5	1	2	1	1	2
6	3	1	1	2	2
7	2	1	1	1	1
8	4	2	1	2	1

11. $L_{16}(4^5)$

试验号 \ 列号	1	2	3	4	5
1	1	2	3	2	3
2	3	4	1	2	2
3	2	4	3	3	4
4	4	2	1	3	1
5	1	3	1	4	4
6	3	1	3	4	1
7	2	1	1	1	3
8	4	3	3	1	2
9	1	1	4	3	2
10	3	3	2	3	3
11	2	3	4	2	1
12	4	1	2	2	4
13	1	4	2	1	1
14	3	2	4	1	4
15	2	2	2	4	2
16	4	4	4	4	3

12. $L_{16}(4^4 \times 2^3)$

试验号 \ 列号	1	2	3	4	5	6	7
1	1	2	3	2	2	1	2
2	3	4	1	2	1	2	2
3	2	4	3	3	2	2	1
4	4	2	1	3	1	1	1
5	1	3	1	4	2	2	1
6	3	1	3	4	1	1	1
7	2	1	1	1	2	1	2
8	4	3	3	1	1	2	2
9	1	1	4	3	1	2	2
10	3	3	2	3	2	1	2
11	2	3	4	2	1	1	1
12	4	1	2	2	2	2	1
13	1	4	2	1	1	1	1
14	3	2	4	1	2	2	1
15	2	2	2	4	1	2	2
16	4	4	4	4	2	1	2

13. $L_{16}(4^3 \times 2^6)$

试验号 \ 列号	1	2	3	4	5	6	7	8	9
1	1	2	3	1	2	2	1	1	2
2	3	4	1	1	1	2	2	1	2
3	2	4	3	2	2	1	2	1	1
4	4	2	1	2	1	1	1	1	1
5	1	3	1	2	2	2	2	2	1
6	3	1	3	2	1	2	1	2	1
7	2	1	1	1	2	1	1	2	2
8	4	3	3	1	1	1	2	2	2
9	1	1	4	2	1	1	2	1	2
10	3	3	2	2	2	1	1	1	2
11	2	3	4	1	1	2	1	1	1
12	4	1	2	1	2	2	2	1	1
13	1	4	2	1	1	1	1	2	1
14	3	2	4	1	2	1	2	2	1
15	2	2	2	2	1	2	2	2	2
16	4	4	4	2	2	2	1	2	2

14. $L_{16}(4^2 \times 2^9)$

试验号 \ 列号	1	2	3	4	5	6	7	8	9	10	11
1	1	2	2	1	1	2	2	1	1	1	2
2	3	4	1	1	1	1	2	2	1	2	2
3	2	4	2	2	1	2	1	2	1	1	1
4	4	2	1	2	1	1	1	1	1	2	1
5	1	3	1	2	1	2	2	2	2	2	1
6	3	1	2	2	1	1	2	1	2	1	1
7	2	1	1	1	1	2	1	1	2	2	2
8	4	3	2	1	1	1	1	2	2	1	2
9	1	1	2	2	2	1	1	2	1	2	2
10	3	3	1	2	2	2	1	1	1	1	2
11	2	3	2	1	2	1	2	1	1	2	1
12	4	1	1	1	2	2	2	2	1	1	1
13	1	4	1	1	2	1	1	1	2	1	1
14	3	2	2	1	2	2	1	2	2	2	1
15	2	2	1	2	2	1	2	2	2	1	2
16	4	4	2	2	2	2	2	1	2	2	2

15. $L_{16}(4^1 \times 2^{12})$

试验号 \ 列号	1	2	3	4	5	6	7	8	9	10	11	12	13
1	1	1	2	2	1	2	1	2	2	1	1	1	2
2	3	2	2	1	1	1	1	1	2	2	1	2	2
3	2	2	2	2	2	1	1	2	1	2	1	1	1
4	4	1	2	1	2	2	1	1	1	1	1	2	1
5	1	2	1	1	2	2	1	2	2	2	2	2	1
6	3	1	1	2	2	1	1	1	2	1	2	1	1
7	2	1	1	1	1	1	1	2	1	1	2	2	2
8	4	2	1	2	1	2	1	1	1	2	2	1	2
9	1	1	1	2	2	1	2	1	1	2	1	2	2
10	3	2	1	1	2	2	2	2	1	1	1	1	2
11	2	2	1	2	1	2	2	1	2	1	1	2	1
12	4	1	1	1	1	1	2	2	2	2	1	1	1
13	1	2	2	1	1	1	2	1	1	1	2	1	1
14	3	1	2	2	1	2	2	2	1	2	2	2	1
15	2	1	2	1	2	2	2	1	2	2	2	1	2
16	4	2	2	2	2	1	2	2	2	1	2	2	2

16. $L_{32}(4^9 \times 2^4)$

试验号 \ 列号	1	2	3	4	5	6	7	8	9	10	11	12	13
1	1	2	3	2	3	3	2	1	3	2	1	2	1
2	3	4	1	2	2	1	2	3	4	1	1	1	1
3	2	4	3	3	4	1	1	4	3	1	1	2	2
4	4	2	1	3	1	3	1	2	4	2	1	1	2
5	1	3	1	4	4	4	1	3	2	2	1	2	1
6	3	1	3	4	1	2	1	1	1	1	1	1	1
7	2	1	1	1	3	2	2	2	2	1	1	2	2
8	4	3	3	1	2	4	2	4	1	2	1	1	2
9	1	1	4	3	2	1	4	2	1	2	1	2	1
10	3	3	2	3	3	3	4	4	2	1	1	1	1
11	2	3	4	2	1	3	3	3	1	1	1	2	2
12	4	1	2	2	4	1	3	1	2	2	1	1	2
13	1	4	2	1	1	2	3	4	4	2	1	2	1
14	3	2	4	1	4	4	3	2	3	1	1	1	1
15	2	2	2	4	2	4	4	1	4	1	1	2	2
16	4	4	4	4	3	2	4	3	3	2	1	1	2
17	1	2	1	4	3	1	3	4	1	1	2	1	2
18	3	4	3	4	2	3	3	2	2	2	2	2	2
19	2	4	1	1	4	3	4	1	1	2	2	1	1
20	4	2	3	1	1	1	4	3	2	1	2	2	1
21	1	3	3	2	4	2	4	2	4	1	2	1	2
22	3	1	1	2	1	4	4	4	3	2	2	2	2
23	2	1	3	3	3	4	3	3	4	2	2	1	1
24	4	3	1	3	2	2	3	1	3	1	2	2	1
25	1	1	2	1	2	3	1	3	3	1	2	1	2
26	3	3	4	1	3	1	1	1	4	2	2	2	2
27	2	3	2	4	1	1	2	2	3	2	2	1	1
28	4	1	4	4	4	3	2	4	4	1	2	2	1
29	1	4	4	3	1	4	2	1	2	1	2	1	2
30	3	2	2	3	4	2	2	3	1	2	2	2	2
31	2	2	4	2	2	2	1	4	2	2	2	1	1
32	4	4	2	2	3	4	1	2	1	1	2	2	1

17. 关于 $L_{32}(4^1 \times 2^{28}), L_{32}(4^2 \times 2^{25}), \cdots, L_{32}(4^8 \times 2^7)$

在第 4 表 $L_{32}(2^{31})$ 的 31 个两位级列当中，除开第 15、16、17、18 外，可把其他的 27 列分成{1,2,31}、{3,4,23}、{5,24,13}、{6,10,28}、{9,11,30}、{7,12,27}、{8,14,22}、{19,26,29}、{20,21,25} > 九组，每组都是三列。把这九组按照从前到后的次序分别对应上第 16 表 $L_{32}(4^9 \times 2^4)$ 前面 9 个四位级的列，每组对应一列。

换第一组，即取消第 4 表 $L_{32}(2^{31})$ 的第 1、2、31 列，换上第 16 表 $L_{32}(4^9 \times 2^4)$ 的第 1 列，由此得到 $L_{32}(4^1 \times 2^{28})$。换前两组，即取消 $L_{32}(2^{31})$ 的第 1、2、3、4、23、31 列，换上 $L_{32}(4^9 \times 2^4)$ 的第 1、2 列，得到 $L_{32}(4^2 \times 2^{25})$。换前三组，可得 $L_{32}(4^3 \times 2^{22}), \cdots$。〔九组全部改换，就是上面的第 16 表 $L_{32}(4^9 \times 2^4)$〕。

当改换的组数较多时，可以沿着另一个方向从第 16 表换起。换前八组，即取消第 16 表 $L_{32}(4^9 \times 2^4)$ 的第 9 列，加上第 4 表 $L_{32}(2^{31})$ 的第 20、21、25 列，得到 $L_{32}(4^8 \times 2^7)$。换前七组，即取消 $L_{32}(4^9 \times 2^4)$ 的第 8、9 列，加上 $L_{32}(2^{31})$ 的第 19、20、21、25、26、29 列，得到 $L_{32}(4^7 \times 2^{10})$。换前六组，可得 $L_{32}(4^6 \times 2^{13})$，等等。

18. $L_{25}(5^6)$

试验号 \ 列号	1	2	3	4	5	6
1	1	1	2	4	3	2
2	2	1	5	5	5	4
3	3	1	4	1	4	1
4	4	1	1	3	1	3
5	5	1	3	2	2	5
6	1	2	3	3	4	4
7	2	2	2	2	1	1
8	3	2	5	4	2	3
9	4	2	4	5	3	5
10	5	2	1	1	5	2
11	1	3	1	5	2	1
12	2	3	3	1	3	3
13	3	3	2	3	5	5
14	4	3	5	2	4	2
15	5	3	4	4	1	4
16	1	4	4	2	5	3
17	2	4	1	4	4	5
18	3	4	3	5	1	2
19	4	4	2	1	2	4
20	5	4	5	3	3	1
21	1	5	5	1	1	5

续表

试验号 \ 列号	1	2	3	4	5	6
22	2	5	4	3	2	2
23	3	5	1	2	3	4
24	4	5	3	4	5	1
25	5	5	2	5	4	3

19. $L_{12}(3^1 \times 2^4)$

试验号 \ 列号	1	2	3	4	5
1	2	1	1	1	2
2	2	2	1	2	1
3	2	1	2	2	2
4	2	2	2	1	1
5	1	1	1	2	2
6	1	2	1	2	1
7	1	1	2	1	1
8	1	2	2	1	2
9	3	1	1	1	1
10	3	2	1	1	2
11	3	1	2	2	1
12	3	2	2	2	2

20. $L_{12}(6^1 \times 2^2)$

试验号 \ 列号	1	2	3
1	1	1	1
2	2	1	2
3	1	2	2
4	2	2	1
5	3	1	2
6	4	1	1
7	3	2	1
8	4	2	2
9	5	1	1
10	6	1	2
11	5	2	2
12	6	2	1

21. $L_{24}(3^1 \times 2^{16})$

试验号 \ 列号	1	2	3	4	5	6	7	8	9	10	11	12	13	14	15	16	17
1	2	1	1	1	2	2	1	2	1	2	2	1	2	1	1	1	2
2	2	2	1	2	1	2	1	1	2	2	2	2	2	2	1	2	1
3	2	1	2	2	2	2	2	1	2	2	1	1	2	1	2	2	2
4	2	2	2	1	1	2	2	2	2	1	2	1	2	2	2	1	1
5	1	1	1	2	2	1	2	2	2	1	2	2	2	1	1	2	2
6	1	2	1	2	1	1	2	2	1	2	1	1	2	2	1	2	1
7	1	1	2	1	1	1	1	2	2	2	1	2	2	1	2	1	1
8	1	2	2	1	2	1	2	1	1	2	2	2	2	2	2	1	2
9	3	1	1	1	1	2	2	1	1	1	1	2	2	1	1	1	1
10	3	2	1	1	2	1	1	1	2	1	1	1	2	2	1	1	2
11	3	1	2	2	1	1	1	1	1	1	2	1	2	1	2	2	1
12	3	2	2	2	2	2	1	2	1	1	1	2	2	2	2	2	2
13	2	2	2	2	1	1	2	1	2	1	1	2	1	1	1	1	2
14	2	1	2	1	2	1	2	2	1	1	1	1	1	2	1	2	1
15	2	2	1	1	1	1	1	2	1	1	2	2	1	1	2	2	2
16	2	1	1	2	2	1	1	1	1	2	1	2	1	2	2	1	1
17	1	2	2	1	1	2	1	1	1	2	1	1	1	1	1	2	2
18	1	1	2	1	2	2	1	1	2	1	2	2	1	2	1	2	1
19	1	2	1	2	2	2	2	1	1	1	2	1	1	1	2	1	1
20	1	1	1	2	1	2	1	2	2	1	1	1	1	2	2	1	2
21	3	2	2	2	2	1	1	2	2	2	2	1	1	1	1	1	1
22	3	1	2	2	1	2	2	2	1	2	2	2	1	2	1	1	2
23	3	2	1	1	2	2	2	2	2	2	1	2	1	1	2	2	1
24	3	1	1	1	1	1	2	1	2	2	2	1	1	2	2	2	2

22. 关于 $L_{24}(3^1 \times 4^1 \times 2^{13})$，$L_{24}(6^1 \times 2^{14})$，$L_{24}(6^1 \times 4^1 \times 2^{11})$

在上表 $L_{24}(3^1 \times 2^{16})$ 中，把第 13 列和第 14 列的位级配合 11、12、21、22 顺次换成 1、2、3、4，再取消第 2 列，可得 $L_{24}(3^1 \times 4^1 \times 2^{13})$。

在上面的 $L_{24}(3^1 \times 2^{16})$ 或 $L_{24}(3^1 \times 4^1 \times 2^{13})$ 中，把第 1 列和第 15 列的位级配合 11、12、21、22、31、32 顺次换成 1、2、3、4、5、6，再取消第 16 列，可得 $L_{24}(6^1 \times 2^{14})$ 或 $L_{24}(6^1 \times 4^1 \times 2^{11})$。

23. $L_{20}(5^1 \times 2^8)$

列号 / 试验号	1	2	3	4	5	6	7	8	9
1	4	2	1	2	2	1	2	1	2
2	4	1	1	1	1	2	1	2	2
3	4	2	2	2	2	2	1	2	1
4	4	1	2	1	1	1	2	1	1
5	2	1	1	2	2	2	1	1	2
6	2	2	1	1	1	1	1	1	1
7	2	1	2	1	2	1	2	2	2
8	2	2	2	2	1	2	2	2	1
9	5	1	1	1	2	2	1	2	1
10	5	2	1	1	1	1	2	2	2
11	5	2	2	2	2	1	1	1	2
12	5	1	2	2	1	2	2	1	1
13	3	1	1	2	2	1	2	2	1
14	3	2	1	1	2	2	2	1	1
15	3	1	2	2	1	1	1	2	2
16	3	2	2	1	1	2	1	1	2
17	1	1	1	2	1	1	1	1	1
18	1	2	1	2	1	2	2	2	2
19	1	2	2	1	2	1	1	2	1
20	1	1	2	1	2	2	2	1	2

24. $L_{16}(8^1 \times 2^8)$

列号 / 试验号	1	2	3	4	5	6	7	8	9
1	1	2	1	2	1	2	2	1	1
2	2	2	1	1	1	1	2	2	2
3	3	2	2	1	1	2	1	2	1
4	4	2	2	2	1	1	1	1	2
5	5	1	2	2	1	2	2	2	2
6	6	1	2	1	1	1	2	1	1
7	7	1	1	1	1	2	1	1	2
8	8	1	1	2	1	1	1	2	1
9	1	1	2	1	2	1	1	2	2
10	2	1	2	2	2	2	1	1	1
11	3	1	1	2	2	1	2	1	2
12	4	1	1	1	2	2	2	2	1
13	5	2	1	1	2	1	1	1	1
14	6	2	1	2	2	2	1	2	2
15	7	2	2	2	2	1	2	2	1
16	8	2	2	1	2	2	2	1	2

附表2　正态分布函数表

$$\Phi(u)=\int_{-\infty}^{u}\frac{1}{\sqrt{2\pi}}e^{-\frac{u^2}{2}}du$$

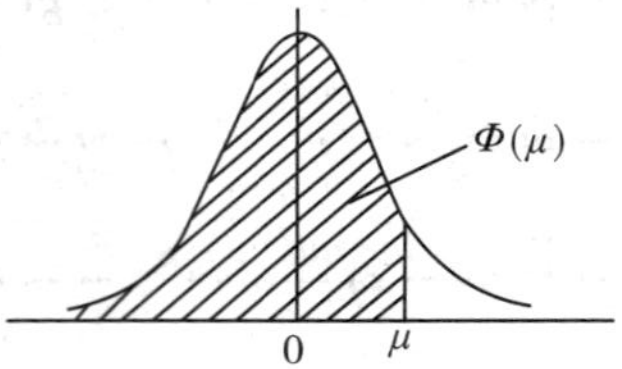

u	0.00	0.01	0.02	0.03	0.04	0.05	0.06	0.07	0.08	0.09
0.0	0.500000	0.503989	0.507978	0.511966	0.515953	0.519939	0.523922	0.527903	0.531881	0.535856
0.1	0.539828	0.543795	0.547758	0.551717	0.555670	0.559618	0.563559	0.567495	0.571424	0.575345
0.2	0.579260	0.583166	0.587064	0.590954	0.594835	0.598706	0.602568	0.606420	0.610261	0.614092
0.3	0.617911	0.621720	0.625516	0.629300	0.633072	0.636831	0.640576	0.644309	0.648027	0.651732
0.4	0.655422	0.659097	0.662757	0.666402	0.670031	0.673645	0.677242	0.680822	0.684386	0.687933
0.5	0.691462	0.694974	0.698468	0.701944	0.705401	0.708840	0.712260	0.715661	0.719043	0.722405
0.6	0.725747	0.729069	0.732371	0.735653	0.738914	0.742154	0.745373	0.748571	0.751748	0.754903
0.7	0.758036	0.761148	0.764238	0.767305	0.770350	0.773373	0.776373	0.779350	0.782305	0.785236
0.8	0.788145	0.791030	0.793892	0.796731	0.799546	0.802337	0.805105	0.807850	0.810570	0.813267
0.9	0.815940	0.818589	0.821214	0.823814	0.826391	0.828944	0.831472	0.833977	0.836457	0.838913
1.0	0.841345	0.643752	0.846136	0.848495	0.850830	0.853141	0.855428	0.857690	0.859929	0.862143
1.1	0.864334	0.866500	0.868643	0.890762	0.872857	0.874926	0.876976	0.879000	0.881000	0.882977
1.2	0.884930	0.886861	0.888768	0.890651	0.892512	0.894350	0.896165	0.897958	0.899727	0.901475

续表

u	0.00	0.01	0.02	0.03	0.04	0.05	0.06	0.07	0.08	0.09
1.3	0.903200	0.904902	0.906582	0.908241	0.909877	0.911492	0.913085	0.914657	0.916207	0.917736
1.4	0.919243	0.920730	0.922196	0.923641	0.925066	0.926471	0.927855	0.929219	0.930563	0.931888
1.5	0.933193	0.934478	0.935745	0.936992	0.938220	0.939429	0.940620	0.941792	0.942947	0.944083
1.6	0.945201	0.946301	0.947384	0.948449	0.949497	0.950529	0.951543	0.952540	0.953521	0.954486
1.7	0.955435	0.956367	0.957284	0.958185	0.959070	0.959941	0.960796	0.961636	0.962462	0.963273
1.8	0.964070	0.964852	0.965620	0.996375	0.967116	0.967843	0.968557	0.969258	0.969946	0.970621
1.9	0.971283	0.971933	0.972571	0.973197	0.973810	0.974412	0.975002	0.975581	0.976148	0.976705
2.0	0.977250	0.977784	0.978308	0.978822	0.979325	0.979818	0.980301	0.980774	0.981237	0.981691
2.1	0.982136	0.982571	0.982997	0.983414	0.983823	0.984222	0.984614	0.984997	0.985371	0.985738
2.2	0.986097	0.986447	0.986791	0.987126	0.987455	0.987776	0.988089	0.988396	0.988696	0.988989
2.3	0.989276	0.989556	0.989830	0.990097	0.990358	0.990613	0.990863	0.991106	0.991344	0.991576
2.4	0.991802	0.992024	0.992240	0.992451	0.992656	0.992857	0.993053	0.993244	0.993431	0.993613
2.5	0.993790	0.993963	0.994132	0.994297	0.994457	0.994614	0.994766	0.994915	0.995060	0.995201
2.6	0.995339	0.995473	0.995604	0.995731	0.995855	0.995975	0.996093	0.996207	0.996319	0.996427
2.7	0.996533	0.996636	0.996736	0.996833	0.996928	0.997020	0.997110	0.997197	0.997282	0.997365
2.8	0.997445	0.997523	0.997599	0.997673	0.997744	0.997814	0.997882	0.997948	0.998012	0.998074
2.9	0.998134	0.998193	0.998250	0.998305	0.998359	0.998411	0.998462	0.998511	0.998559	0.998605
3.0	0.998650	0.998694	0.998736	0.998777	0.998817	0.998856	0.998893	0.998930	0.998965	0.998999
3.1	0.999032	0.999065	0.999096	0.999126	0.999155	0.999184	0.999211	0.999238	0.999264	0.999289
3.2	0.999313	0.999336	0.999359	0.999381	0.999402	0.999423	0.999443	0.999462	0.999481	0.999499

续表

u	0.00	0.01	0.02	0.03	0.04	0.05	0.06	0.07	0.08	0.09
3.3	0.999517	0.999534	0.999550	0.999566	0.999581	0.999596	0.999610	0.999624	0.999638	0.999651
3.4	0.999663	0.999675	0.999687	0.999698	0.999709	0.999720	0.999730	0.999740	0.999749	0.999758
3.5	0.999767	0.999776	0.999784	0.999792	0.999800	0.999807	0.999815	0.999822	0.999828	0.999835
3.6	0.999841	0.999847	0.999853	0.999858	0.999864	0.999869	0.999874	0.999879	0.999883	0.999888
3.7	0.999892	0.999896	0.999900	0.999904	0.999908	0.999912	0.999915	0.999918	0.999922	0.999925
3.8	0.999928	0.999931	0.999933	0.999936	0.999938	0.999941	0.999943	0.999946	0.999948	0.999950
3.9	0.999952	0.999954	0.999956	0.999958	0.999959	0.999961	0.999963	0.999964	0.999966	0.999967
4.0	0.999968	0.999970	0.999971	0.999972	0.999973	0.999974	0.999975	0.999976	0.999977	0.999978
4.1	0.999979	0.999980	0.999981	0.999982	0.999983	0.999983	0.999984	0.999985	0.999985	0.999986
4.2	0.999987	0.999987	0.999988	0.999988	0.999989	0.999989	0.999990	0.999990	0.999991	0.999991
4.3	0.999991	0.999992	0.999992	0.999993	0.999993	0.999993	0.999993	0.999994	0.999994	0.999994
4.4	0.999995	0.999995	0.999995	0.999995	0.999996	0.999996	0.999996	0.999996	0.999996	0.999996
4.5	0.999997	0.999997	0.999997	0.999997	0.999997	0.999997	0.999997	0.999998	0.999998	0.999998
4.6	0.999998	0.999998	0.999998	0.999998	0.999998	0.999998	0.999998	0.999998	0.999999	0.999999
4.7	0.999999	0.999999	0.999999	0.999999	0.999999	0.999999	0.999999	0.999999	0.999999	0.999999
4.8	0.999999	0.999999	0.999999	0.999999	0.999999	0.999999	0.999999	0.999999	0.999999	0.999999
4.9	1.000000	1.000000	1.000000	1.000000	1.000000	1.000000	1.000000	1.000000	1.000000	1.000000

本表对于 u 给出正态分布函数 $\Phi(u)$ 的数值。

例:对于 $u=1.33$,$\Phi(u)=0.908241$。

附录二

国家经济贸易委员会
财　　　政　　　部
中国科学技术协会
中华全国总工会　　文件
共青团中央委员会
中国质量管理协会

国经贸〔1997〕147号

印发《关于推进企业质量管理小组活动意见》的通知

各省、自治区、直辖市（计划单列市、试点城市）经贸委（经委、计经委）、财政厅、质协、总工会、科协、团委，各部门质协，有关部门：

原国家经委、财政部、全国总工会、共青团中央、中国科协于1987年8月1日下发的《质量管理小组活动管理办法》，已根据新的形势与任务做了必要的修改。现将《关于推进企业质量管理小组活动意见》印发你们，请结合实际贯彻落实。

附件：一、QC小组活动荣誉奖

二、QC小组成果价值奖

国家经济贸易委员会
（公章）

财　政　部
（公章）

中国科学技术协会
（公章）

中华全国总工会
（公章）

共青团中央委员会
（公章）

中国质量管理协会
（公章）

一九九七年三月二十日

关于推进企业质量管理小组活动意见

为适应我国社会主义市场经济的发展，促进两个根本性转变的实现，深入推行全面质量管理，激发广大职工建设社会主义、参加企业管理、改进质量的积极性和创造性，自觉、扎实、健康、有效地开展质量管理小组（以下简称 QC 小组）活动，不断提高产品、运输、工程、服务的质量和企业竞争能力，特就推进企业质量管理小组活动提出如下意见。

一、进一步提高开展 QC 小组活动的自觉性

1. 凡在生产或工作岗位上从事各种劳动的职工，围绕企业的经营战略、方针目标和现场存在的问题，以改进质量、降低消耗、提高人的素质和经济效益为目的组织起来，运用质量管理的理论和方法开展活动的小组，可统称为 QC 小组。

2. QC 小组活动是企业的自觉行为。要以质取胜，需靠全员的共同努力，而 QC 小组是实现全员参与质量改进的有效形式。广泛开展 QC 小组活动，是全心全意依靠工人阶级办好企业的一项重要措施，也是增强企业竞争力的有效途径，因此，希望企业领导要高度重视，热情支持、积极引导，并作为企业取得成功的关键要素来抓；企业质量管理部门主动会同科协、工会、共青团等组织，广泛发动职工参加 QC 小组活动，并做好指导、帮助、推进工作；QC 小组要与行政班组、工会小组紧密结合；同时 QC 小组活动要与加强社会主义精神文明建设，提高职工思想政治和技术业务素质、企业文化建设、班组建设、技术革新、合理化建议，以及争当青年岗位能手和争创青年文明号活动紧密结合起来。

3. 各级质量管理协会应会同科协、工会、共青团组织，按照《质量振兴纲要》“积极开展群众性质量管理活动，尊重群众首创精神”的要求，做好 QC 小组活动的指导、推进和表彰工作。

二、加强对 QC 小组活动的组织和管理

1. QC 小组的组建要从实际出发，采取自愿结合或行政组织等多种方式，可以在本班组、车间（部门）组建，也可以跨班组、车间（部门）组建。其主要类型有“现场型”“攻关型”“管理型”“服务型”小组，企业可因地制宜，选择类型，开展活动。为了体现全员参与质量管理，可着重发展以工人为主体的生产、施工、服务“现场型”和“服务型”小组，同时组织有技术人员参加的科技开发型的小组，提倡工人、技术人员、管理干部三结合。为便于自主地开展现场改善活动，小组人数一般以 3 至 10 人为宜。

2. 小组成立并确定活动课题后，可向所在车间（部门）登记注册，由车间（部门）汇总报送企业质量管理部门，企业质量管理部门要把每年 QC 小组活动情况及时报送所在地区质量管理协会或有关行业主管部门，做好服务推进工作。

3. 各级质协和企业质量管理部门负责 QC 小组活动的日常推进工作。建议企业各级领导和质量管理部门，定期召开 QC 小组长联席会，介绍企业的生产经营情况，提出课题和任务。QC 小组活动经费由所在企业妥善解决。

4. 对不能正常开展活动的 QC 小组，希望企业质量管理部门热心帮助；对停止活动持续半年的 QC 小组予以注销。

三、切实搞好 QC 小组活动和教育工作

1. 鼓励 QC 小组根据企业和本部门的方针目标，从调查分析本岗位、班组、车间（部门）的现状入手，围绕提高质量、降低消耗、改善管理、班组建设、提高效率、安全生产、科技开发、文明经商、优质服务、优质工程、增加效益、提高人的素质、创建心情舒畅与团结奋进的集体和整洁文明的场所等方面选择课题。为有利于取得活动成果，选择课题可采取小组自选的方法，也可采取车间（部门）推荐，领导指定或招标、承包的方法。小组选择课题不宜过大，宜选择身边

的、力所能及的课题，力求时间短、见效快。完成课题后，再选择新的课题，并及时向企业有关车间(部门)备案。

2. 鼓励QC小组集思广益，分工负责，按“计划、实施、检查、处理”工作程序开展活动，做到现状清楚，目标明确，对策具体，方法得当，措施落实，责任到人，并及时检查、总结。

3. 倡导QC小组活动讲求实效、生动活泼，发扬求实、创新、协作、奉献的精神，不断学习、借鉴、消化、吸收国内外先进的质量管理经验，努力做到专业技术、管理技术相结合，并根据实际需要，恰当应用统计工具和其他科学方法。

4. 建议企业各级领导要为QC小组开展活动提供必要的条件，创造良好的环境，鼓励QC小组积极开展多种形式的活动。QC小组集体活动每月不少于一次，活动时间由小组根据活动计划自行安排，所在车间(部门)给予支持，提供开展活动所用的工位器具和活动场所。

5. 鼓励QC小组如实做好活动记录，包括活动课题、现状分析、对策措施、实施情况、数据处理及出席人员等内容，企业可根据需要，统一记录格式。

6. 支持QC小组对取得的成果制订巩固措施，对涉及技术、管理、工作标准等变更的成果，企业有关主管部门及时做好认证、审批工作。

7. 为了加强各企业、各地区、各行业之间的横向交流，推动群众性质量管理活动蓬勃发展，提倡在中心城市组建QC小组联谊会，围绕QC小组的学术研究、咨询诊断、经验交流、QC小组文化等开展活动；同时，有条件的地区、部门也可有组织地开展“杯赛”“联谊赛”等活动。

8. 为了与国际接轨，建议企业把全面质量管理基本知识和GB/T19000－ISO9000族标准基本内容列为职工“应知应会”内容之一，纳入职工教育计划，质量管理部门根据小组成员的文化程度、技术水平，提出分层次教育的具体内容和要求，由企业的教育部门负责组织实施。

9. 质量管理教育的基本内容应包括:提高质量意识、问题意识、改进意识、参与意识、市场意识、竞争意识、全面质量管理基本知识、GB/T19000—ISO9000族标准;企业的方针目标管理;QC小组活动程序、方法、常用的数理统计工具和其他科学方法及必要的技术业务。

10. 建议企业根据实际需要,对QC小组组长、骨干、成员不断地进行分层次的深化教育。教育培训时间每年由企业安排。培训教育的考核成绩存入职工技术档案,作为技术考核的依据。

四、认真组织QC小组活动经验交流和成果发表

1. 各级质协、科协、工会、共青团,要经常组织各种形式的经验交流,定期召开QC小组活动成果发表会。积极热情为企业做好服务。成果发表会应以交流经验、共同提高为主要目的,坚持择优分类、少而精的原则。发表层次:基层发表(车间、企业);省、市、区和行业代表会发表;全国发表(全国代表大会);根据不同层次,提出不同要求。在本企业发表时,可省略共性的步骤,突出体现小组特色和成果的关键内容。提倡在现场采用"一张纸""一块板"的发表方式。发表形式可以灵活多样,不拘一格,提倡图表化,避免模式化;务求简化、求实、有效。

2. 成果发表后,要坚持听众提问、发表人答疑的方法,加强沟通研讨;最后主持人根据实事求是的原则,予以评价,注意正确导向,鼓励全员参与和提倡"小、实、活、新"的成果。

3. 各级主管部门和企业,对QC小组活动成果和经验进行总结、推广运用,并可进行成果有偿转让。

4. 各级质协和企业质量管理部门可编印以QC小组为主要对象的教材和成果汇编资料,QC小组应优先获得这些教材和资料,并优先安排QC小组骨干参加有关的学习和国内外交流活动。

五、表彰与奖励

1. 各级质协、科协、工会、共青团和质量管理主管部门,每年应

组织一次优秀 QC 小组评选和表彰活动。企业推荐的优秀 QC 小组可采取活动评价与成果评价相结合,并以活动评价为主的原则。活动评价应将 QC 小组活动经常性、持久性、全员性、科学性作为主要依据。要激励广大职工参与 QC 小组活动的积极性,对以工人为主体的“现场型”“服务型”的 QC 小组,在同等条件下,应优先评选为优秀 QC 小组。

2. QC 小组取得的物质成果、精神成果,要由企业质量管理部门会同财务、技术、政工等有关部门确认。

3. 对优秀 QC 小组、QC 小组活动优秀推进者和优秀领导者,可给予优先参加有关质量管理方面的学习和深造的机会。

4. 获得各级优秀 QC 小组称号的小组,由批准单位颁发奖状和证书。企业应根据优秀 QC 小组的等级分别给予相应的荣誉奖和物质奖励。

5. 企业对运用质量管理理论和方法,围绕提高质量,降低消耗或提高管理水平,改善作业环境,增进效益等方面取得成果的优秀 QC 小组成员,应颁发同等级的科技成果证书,并按国家有关科技成果奖新修改的规定给予奖励。

6. 各地区质协、科协、工会、共青团和各部门质协,可组织评选质量管理小组活动优秀推进者和卓越领导者,并给予表彰与奖励。

7. 企事业单位的职工代表大会有权监督本办法及相关实施细则的执行。

对弄虚作假,骗取荣誉者,由批准单位撤销其荣誉称号,并追回奖金,情节严重者要给予批评通报,直至处分。

六、狠抓落实,持之以恒

各地区、各部门可结合具体情况,拟定措施,狠抓落实使 QC 小组活动更广泛、更深入、更扎实地开展起来,更自觉、更有效、更持久地坚持下去。以上意见,事业单位可参照执行。

附件一

QC 小组活动荣誉奖

奖励等级	优秀 QC 小组等级	奖金额(最低标准)(含 QC 小组主管领导者和直接推进者奖励)
一	全国优秀 QC 小组	5000~10000 元
二	省、部优秀 QC 小组	3000~5000 元
三	省、部厅局优秀 QC 小组	1000~3000 元
四级及以下各等级	公司、总厂内各级优秀 QC 小组	300~1000 元

附件二

QC 小组成果价值奖(合理化建议和技术改进奖励条例)

奖励等级	年等级或创造价值	奖金额	备注(含 QC 小组直接领导者和直接推进者的奖励)
一	100 万元以上	10000 元	
二	90 万元以上 100 万元以下	9000~10000 元	
	80 万元以上 90 万元以下	8000~9000 元	
	70 万元以上 80 万元以下	7000~8000 元	
	60 万元以上 70 万元以下	6000~7000 元	
	50 万元以上 60 万元以下	5000~6000 元	
三	40 万元以上 50 万元以下	4000~5000 元	
	30 万元以上 40 万元以下	3000~4000 元	
	20 万元以上 30 万元以下	2000~3000 元	
	10 万元以上 20 万元以下	1000~2000 元	
四	5 万元以上 10 万元以下	500~1000 元	
	5 万元以下	300~500 元	

主题词:企业　质量　管理　通知

国家经贸委办公厅　　　　一九九七年三月二十五日印发

附录三 案例及评价

案例一 降低SDH产品SMT接插件故障率
×××公司SMT接插件装配亮剑QC小组

一、小组概况

由于SDH产品SMT接插件装配难度大，维修时间长等问题，直接限制了SDH产品的交货周期。为提高产品按时交付率，降低生产成本，最大限度降耗增效的要求，印制板装配线（PBA）在2005年7月成立亮剑QC小组，围绕如何降低SMT接插件故障率，开展了一系列的PDCA活动。小组成员由PBA质量经理担任组长，并由相关的工艺、质量、生产三方面12人组成。

小组成员概况

课题名称	降低SDH产品SMT接插件故障率	小组类型	现场型
小组名称	SMT接插件装配亮剑QC小组	活动次数	6次
注册号	ASB-05-08	活动时间	05.07~06.02
注册时间	2005年7月	出勤率	100%

小组成员

编号	成员姓名	性别	职　务	组内职务
1	姚远	男	PBA质量经理	组长
2	郑飞	男	PBA质量控制工程师	组员
3	朱丹丹	女	PBA质量主管	组员
4	余昌明	男	PBA质量控制工程师	组员
5	乔炜	男	PBA质量控制工程师	组员
6	刘志君	女	PBA成本管理	组员
7	穆峰	男	生产部质量控制主管	组员
⋮				

产品简介：SDH 指光传输产品，主要由公司光通信研发中心自主研发，是专为城域接入和城域汇聚的应用而设计的紧凑型同步通信传输设备。该产品系列使用了大量的接插件实现数据连接及信号传输功能。相对于传统的压接式、焊接式接插件而言，SMT 接插件由于其装配速度快，更是得到了广泛运用。从其外观上可分为单排两侧引脚接插件、双排同侧引脚接插件、单排同侧引脚接插件等。

小组活动时间进度表

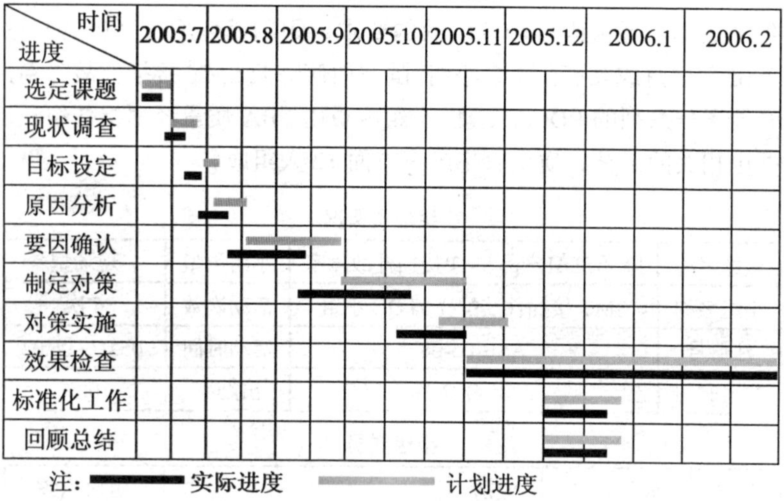

二、选题理由

SMT 接插件问题是2005年初完成的QC成果（提高 SDH 测试一次通过率）的后续改进，随着产量不断增加，此故障日益突出，已经成为质量持续改进的焦点。小组成员汇总分析了 2005 年 3~6 月的故障情况，见故障调查表和器件故障对比图：

2005 年 3 月至 6 月份故障调查表

故障类型	3 月	4 月	5 月	6 月	合计	测试机会数（次）	故障率(PPM)
SMT 接插件故障	125	111	98	103	437	85335	5121
IC 故障	189	203	193	200	785	298252	2632
BGA 故障	46	43	51	39	179	65782	2716
其他器件故障	307	323	310	321	1261	664734	1897
平均	167	170	163	166	666	278526	2389

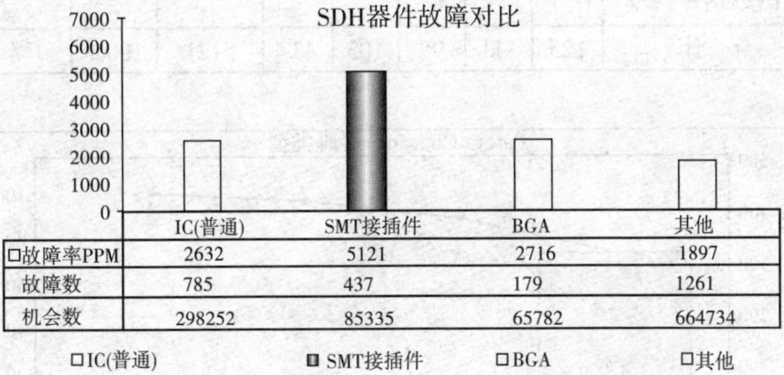

从上述的统计图表可见，SMT 接插件故障率达 5121 PPM，超出平均值 2389 PPM，远高于 IC、BGA 和其他器件故障率，所以我们决定将降低 SDH 产品 SMT 接插件故障率作为 QC 小组的课题。

三、现状调查

QC 小组对 2005 年 3~6 月份总计 437 个 SMT 接插件故障从引脚类型方面对接插件进行分析。根据生产线主要使用的接插件不同引脚类型分成了单排两侧、双排同侧、单排同侧和其他类型四类，并对故障板数进行了分析，具体如下：

引脚类型对故障数统计表

序	故障类别	3月	4月	5月	6月	小计	故障率PPM	百分率	累计百分率
1	单排两侧接插件（A）	87	83	74	79	323	3785	73.9%	73.9%
2	双排同侧接插件（B）	28	14	14	9	65	762	14.9%	88.8%
3	单排同侧接插件（C）	7	10	6	10	33	387	7.5%	96.3%
4	其他类型引脚接插件（D）	3	4	4	5	16	187	3.7%	100%
合　计		125	111	98	103	437	5121	100%	/

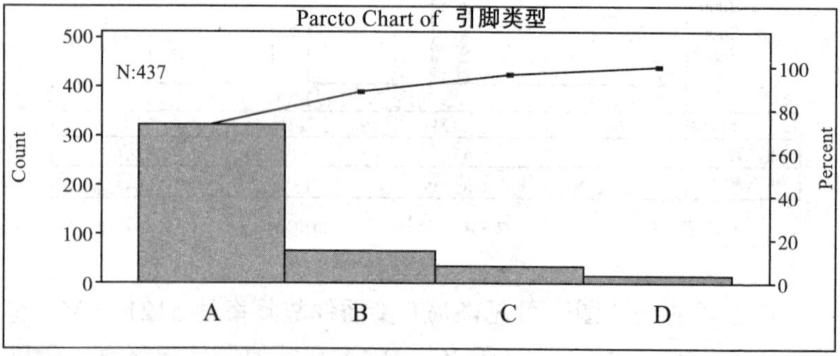

从统计图表中可看到，单排两侧引脚产生的故障板数最多，占总故障板数的73.9%，远高于其他三类接插件故障。因此单排两侧引脚的接插件故障是主要问题，只要有效解决了该问题，则SDH产品SMT接插件故障率高的问题就能得到很好的控制。

四、确定目标及目标值可行性分析

1.目标值

QC小组找到主要改进项目后，经小组全体成员讨论，确定小组活动的目标值为：SDH 产品 SMT 接插件故障率从 5121PPM 下降到 2800PPM。

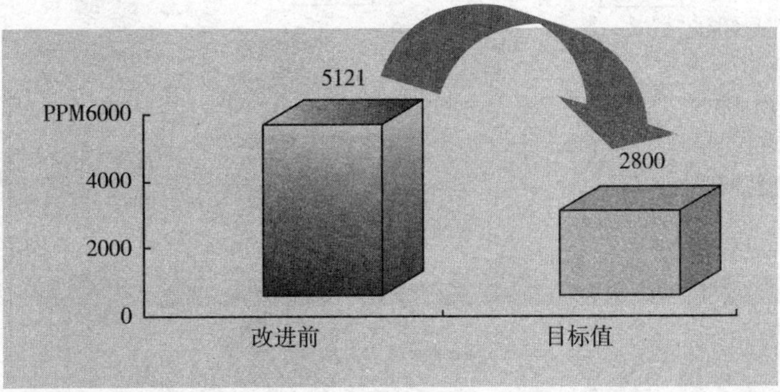

2.目标值制定依据

单排两侧引脚接插件故障数占总故障数 73.9% 是本次课题的主攻方向，小组成员经过讨论，根据以往器件引脚的装配经验，某一类型器件引脚装配的故障数占总故障数至少可控制在 50% 范围内。假设测试机会数和其他器件故障保持不变，通过理论计算 SDH 产品 SMT 接插件故障率可得：

$$故障率=\frac{故障数}{测试机会数}\times 10^6=\frac{437\times(1-73.9\%)/(1-50\%)}{85335}\times 10^6$$

$$=2673\text{PPM}<2800\text{PPM}$$

因此小组活动制定的目标值 2800PPM，从理论上是能够实现的。

五、原因分析

小组成员针对单排两侧引脚接插件故障率高的问题运用头脑风暴法进行分析，对造成这一结果的各种原因反复进行了讨论，经汇总归类，绘制了因果分析图。

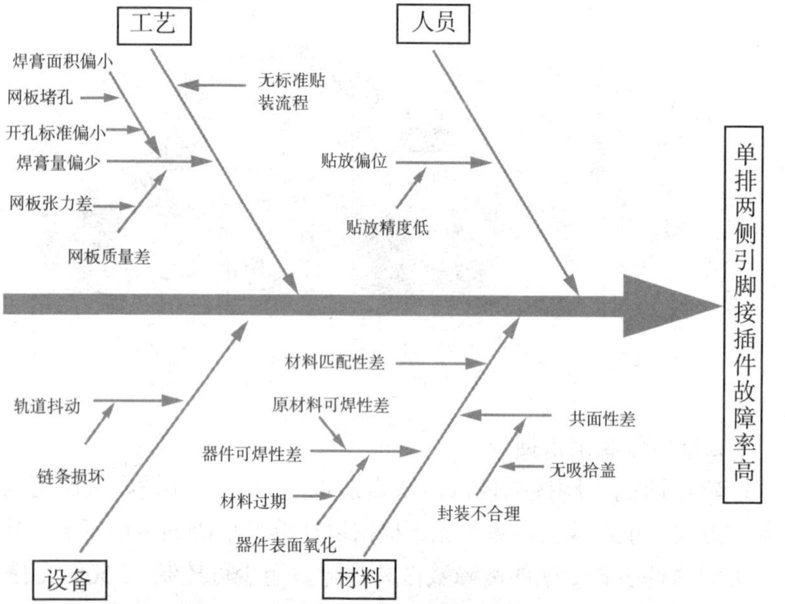

六、要因确认

小组成员根据因果分析图，采取现场调查、验证和比较分析等方法，对引起 SDH 产品 SMT 接插件故障率的各末端因素进行了逐个确认，并编制了要因确认表。

要因确认表

序号	因素	判断标准	验证结果	验证人	要因判断
1	无吸拾盖	故障 0 件	质量控制工程师××2005 年 7 月对 6 类不同规格共 12 种的接插件进行检查，其中有单排两侧的 2 种接插件因无吸拾盖，导致封装不合理，材料贴装故障。	××	是

续表

<table>
<tr><th>序号</th><th>因素</th><th>判断标准</th><th>验证结果</th><th>验证人</th><th>要因判断</th></tr>
<tr><td>2</td><td>原材料可焊性差</td><td>可焊性试验曲线在F1和F2红柱上方</td><td>PBA质量控制工程师××在2005年7月至8月使用可焊性测试仪，按照IEC-68-2-69测试方法对12种不同规格的接插件进行试验，12条可焊性试验曲线均在F1和F2红柱上方
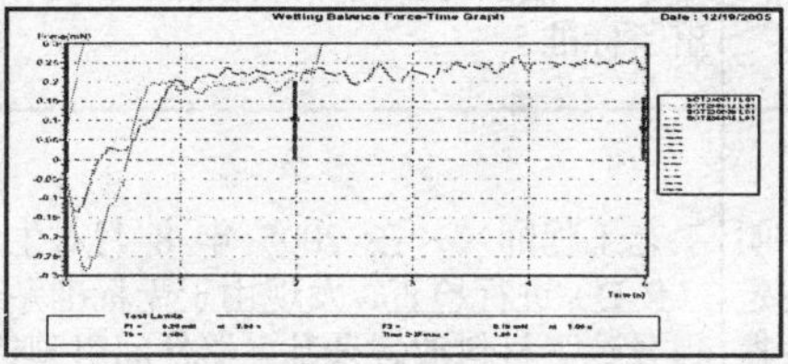
</td><td>××</td><td>非</td></tr>
<tr><td>3</td><td>材料过期</td><td>材料保质期1年</td><td>PBA质量主管××在2005年7月至8月对库存的材料进行全检，均在保质期内
<table>
<tr><th>材料编号</th><th>入库期</th><th>保质期</th><th>结论</th></tr>
<tr><td>1AB 14502 0002</td><td>05.04</td><td>1年</td><td>合格</td></tr>
<tr><td>1AB 14499 0003</td><td>05.12</td><td>1年</td><td>合格</td></tr>
<tr><td>1AB 11849 0001</td><td>05.22</td><td>1年</td><td>合格</td></tr>
<tr><td>1AB 11848 0005</td><td>05.17</td><td>1年</td><td>合格</td></tr>
</table></td><td>××</td><td>非</td></tr>
<tr><td>4</td><td>材料匹配性差</td><td>故障0件</td><td>产品工程师××在2005年7月至8月对印制板及接插件的定位孔、柱直径进行检测，抽查两批各100件，第一批有24件不匹配，并由此产生故障5件，第二批有65件不匹配，产生故障13件</td><td>××</td><td>是</td></tr>
<tr><td>5</td><td>网板张力差</td><td>张力值≥32N/cm</td><td>工艺工程师××在2005年7月至8月内测试了24块网板，并根据测试结果绘制了SPC图，发现网板张力UCL=48.10，CL=43.87，LCL=39.64符合工艺标准
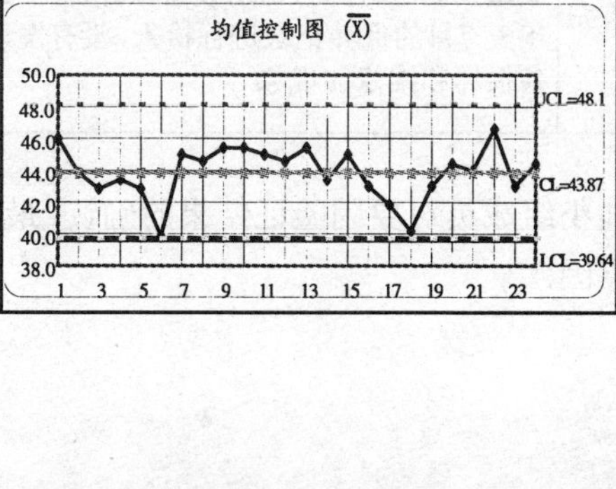
</td><td>××</td><td>非</td></tr>
</table>

<table>
<tr><th>序号</th><th>因素</th><th>判断标准</th><th>验证结果</th><th>验证人</th><th>要因判断</th></tr>
<tr><td>6</td><td>开孔标准偏小</td><td>开路故障≤5%</td><td>质量控制主管××2005年7月检测SDH系列网板对应接插件处开孔工艺下限（1:0.9），对103件印制板进行焊接后检查，其中19件接插件开路，开路故障率18%，超出了标准</td><td>××</td><td>是</td></tr>
<tr><td>7</td><td>无标准贴装流程</td><td>文件明确规定器件摆放</td><td>工艺工程师××在2005年8月对生产线（R-D）进行检查，发现由于无标准贴装流程导致了材料放置杂乱，器件间引脚挤压，造成人为损伤器件</td><td>××</td><td>是</td></tr>
<tr><td>8</td><td>贴放精度低</td><td>贴放后器件引脚在焊盘范围内</td><td>质量控制工程师××2005年8月抽查了手贴接插件50件，发现人工贴放器件引脚偏移焊盘范围的数量为20件，占总数的40%<table>
<tr><th>接插件类型</th><th>抽检数</th><th>故障数</th><th>故障率</th></tr>
<tr><td>双排两侧细引脚</td><td>50</td><td>20</td><td>40%</td></tr>
<tr><td>双排同侧细引脚</td><td>50</td><td>5</td><td>10%</td></tr>
<tr><td>单排同侧细引脚</td><td>50</td><td>3</td><td>6%</td></tr>
</table></td><td>××</td><td>是</td></tr>
<tr><td>9</td><td>网板堵孔</td><td>焊膏面积达到开孔面积65%</td><td>工艺工程师××对配有AOI（自动光学检测器）的生产线（R-B）进行连续3天各100块印制板的跟踪，AOI数据显示平均焊膏面积达到开孔面积81.9%，达到工艺标准</td><td>××</td><td>非</td></tr>
<tr><td>10</td><td>链条损坏</td><td>链条完好</td><td>质量控制工程师××对设备保养部门2005年3~7月的保养记录进行检查，没有发现链条损坏和维修的现象</td><td>××</td><td>非</td></tr>
</table>

经过全体小组成员对要因验证结果的确认，最终确定以下五个因素为主要原因：

☞ 无吸拾盖　　☞ 材料匹配性差　　☞ 开孔标准偏小

☞ 无标准贴装流程　　☞ 贴放精度低

七、制定对策

针对造成单排两侧引脚故障率高的要因，小组成员经过反复讨论，制定了相应的对策，并编制了对策表。

对 策 表

要因	对策	目标	措施	地点	人员	时间
无吸拾盖	改变接插件封装	100%增加吸拾盖	工艺部门协同材料部门更改物料包装要求	接插件供应商/来料检验仓库	××	2005年10月8日
材料匹配性差	完善印制板定位孔与器件定位柱匹配关系	通过建立对应关系，匹配率达到100%	通过修改后缀等方法建立使用的对应关系	F108	××	2005年8月10日
开孔标准偏小	增加丝网开孔面积	提供足够锡量使失效率低于3%	建立接插件丝网开孔新标准	网板供应商	××	2005年9月3日
无标准贴装流程	建立标准贴装流程	器件摆放规范	工艺部门完成工具使用、器件摆放的SOP并实施培训	F108	××	2005年9月5日
贴放精度低	人工贴放器件改为SMT贴放	贴放后90%的器件引脚不超出焊盘	买特殊吸嘴	吸嘴供应商	××	2005年10月10日

八、对策实施

实施一　改变接插件封装

针对单排双侧接插件无吸拾盖问题，工艺员将问题和产品要求反馈给采购部，要求供应商提供有吸拾盖可供贴片机贴装的封装形式。采购部更新公司接插件材料标准文件(1ab017600028.pdf),并发给供应商，要求其提供加吸拾盖的接插件。经采购部与供应商协调，2005年10月完成了封装的优化，并从即日起来料检验部将拒收无吸拾盖的单排双侧接插件。

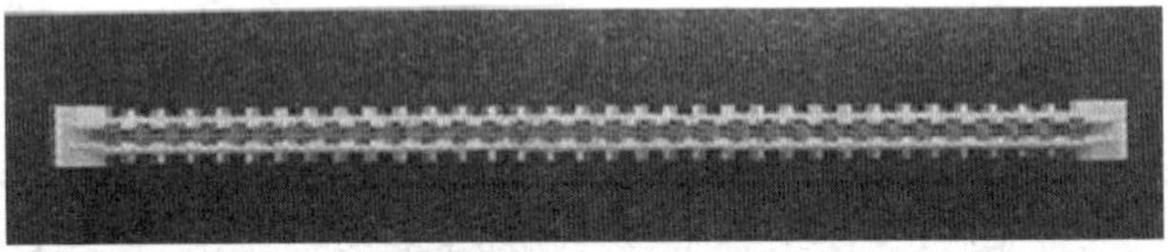

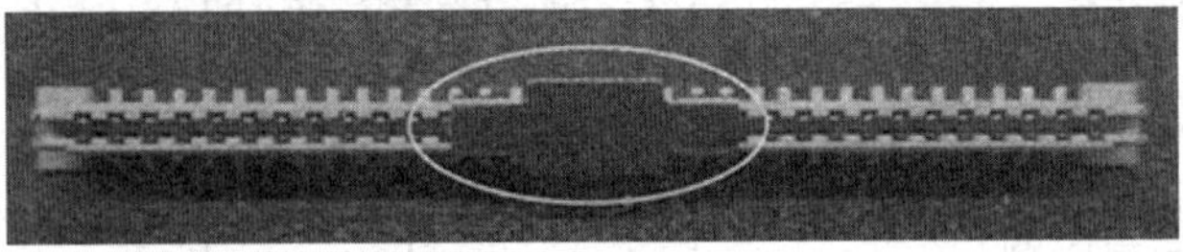

结论：PBA质量工程师在10月下旬跟踪了50件涉及的印制板，其中使用的单排双侧接插件都有吸拾盖，达到了100%增加吸拾盖的目标值，此对策有效。

实施二　完善印制板定位孔与器件定位柱匹配关系

产品工程师在2005年7~8月抽查印制板及接插件的定位孔、定位柱直径，发现供应商TYCO的接插件定位柱与供应商的印制板定位孔不匹配，而供应商FCI的接插件可以通用于另两家供应商的印制板。为避免不同供应商间材料不匹配的问题，质量工程师向工艺部门提出对TYCO接插件增加材料编号后缀DL来加以区别的要求，并由工艺部门完成了ERP系统中BOM表的材料编号更改工作，另外工艺部门还完成建立PCB与接插件匹配关系，见下表：

印制板供应商	印制板编号	定位孔标准(直径：mm)	匹配接插件供应商	接插件编号	定位柱标准(直径：mm)
××	3AL98038AAAA	1.2+0.1/-0	FCI	1AB091780012	1.2+/-10%
××	3AL98038AAAB	1.4+0.1/-0	TYCO FCI	1AB091780012DL 1AB091780012	1.4+/-10% 1.2+/-10%

结论：PBA 质量控制工程师 2005 年 9 月检查了 50 件涉及匹配性的印制板，定位孔和定位柱匹配率达到 100%，达到目标值，此对策有效。

实施三　增加丝网开孔面积

针对网板开孔标准偏小问题，网板工艺人员××采用增加网板开孔面积，并进行了二次试验。

试验一：开孔面积与 PAD 面积比为 1∶1

网板工艺员选用开孔面积与 PAD 面积比为 1∶1 扩孔网板（原来为 1∶0.9）。质量工程师在 9 月底至 10 月跟踪了 3 个批次共 154E 印制板，接插件故障数为 23 个。结合 2005 年 7 月质量控制主管在扩孔前（1∶0.9），对 103E 印制板进行焊接检查，其中故障数为 19 个。为了验证 1∶1 的扩孔比例对故障的降低是否显著，我们运用了假设检验，验证结果如下：

```
Test and CI for Two Proportions

Sample    X    N  Sample p
1        19  103  0.184466
2        21  154  0.136364


Difference = p (1) - p (2)
Estimate for difference:  0.0481024
95% lower bound for difference:  -0.0294904
Test for difference = 0 (vs > 0):  Z = 1.02  P-Value = 0.154
```

结论：P=0.154＞0.05，接受扩孔前后故障率没有变化的原假设，故丝网开孔增大为 1∶1 后对 SMT 接插件的故障下降没有显著影响，第一次试验改进失败。

试验二：开孔面积与 PAD 面积比为 1∶1.1

网板工艺员再次进行扩孔改进，选用 1∶1.1 的扩孔网板试验。PBA 质量控制工程师在 10 月份，收集了 3 批 122E 涉及的产品，其中故障板 6E，为了验证 1∶1.1 的扩孔比例对故障的降低是否显著，我们运用了假设检验，验证结果如下：

```
Test and CI for Two Proportions

Sample   X    N  Sample p
1       19  103  0.184466
2        6  122  0.049180


Difference = p (1) - p (2)
Estimate for difference:  0.135286
95% lower bound for difference:  0.0646554
Test for difference = 0 (vs > 0):  Z = 3.15  P-Value = 0.001
```

结论：$P=0.001<0.05$，拒绝扩孔前后没有变化的原假设，丝网开孔与 PAD 比增大为 1:1.1 时对 SMT 接插件的故障下降有显著影响，PBA 质量工程师在 11 月中旬跟踪了 100 件涉及扩孔的印制板，故障 2 件，2%的故障率达到低于 3%的目标值，此对策有效。

实施四　建立标准贴装流程

工艺员完成修改 SOP（表面贴装线手工贴料操作规范），明确规定了器件必须摆放在防静电海绵托盘上，要求摆放整齐，引脚不能叠放（具体见下图），降低人为的器件损伤。生产线为此组织了相关操作人员的培训。

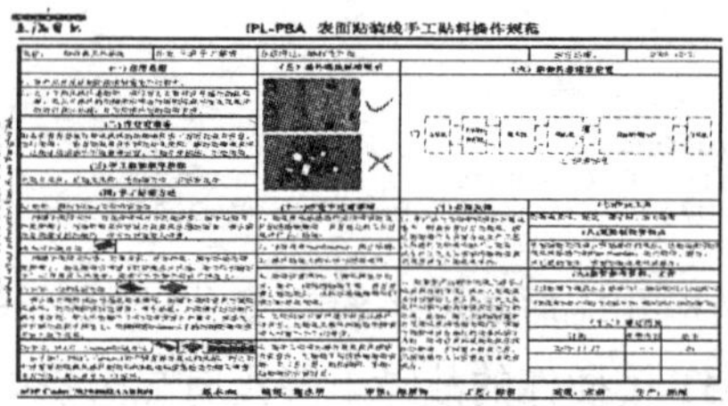

结论：2005 年 9 月落实 SOP 后，材料摆放与引脚挤压损坏情况大大改善了，此对策有效。

实施五　人工贴放器件改为 SMT 贴放

工艺员申购特殊吸嘴，设计增加了吸嘴的开孔，提高了 SMT 设备吸起器件的能力。SMT 设备通过吸嘴，真空吸起接插件，摆放在 PCB 设定位置上，全部贴放动作都由机械及程序控制。杜绝了由人工贴放时精度低的情况。

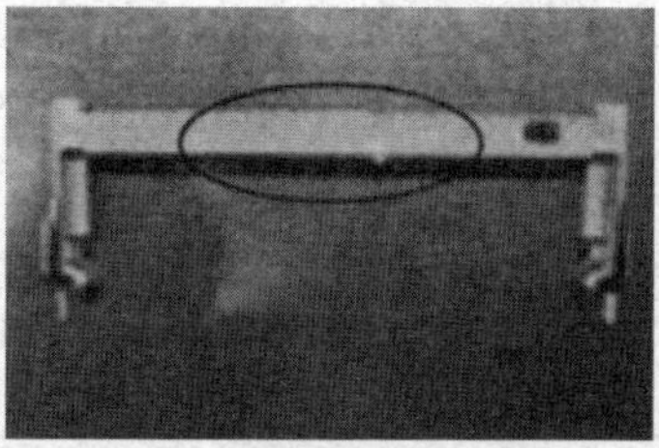

结论：2005 年 10 月质量工程师跟踪统计了 100 件使用吸嘴后的故障情况，贴放后 95%的器件引脚不超出焊盘，达到目标值，此对策有效。

九、效果检查

1. 目标实现情况

2005 年 11 月份 SDH 产品总测试机会数 23672 次，其中 SMT 接插件故障数为 53 个，故障率为 2239PPM。QC 小组根据不同类型的引脚对故障数进行统计分析，绘制了排列图：

引脚类型对故障数统计表

序号	故障类别	2005.11	故障率（PPM）	百分率（%）	累计百分率（%）
1	单排两侧接插件（A）	24	1014	45.3	45.3
2	双排同侧接插件（B）	14	591	26.4	71.7
3	单排同侧接插件（C）	11	465	20.8	92.5
4	其他类型引脚接插件（D）	4	169	7.5	100
合 计		53	2239	100	/

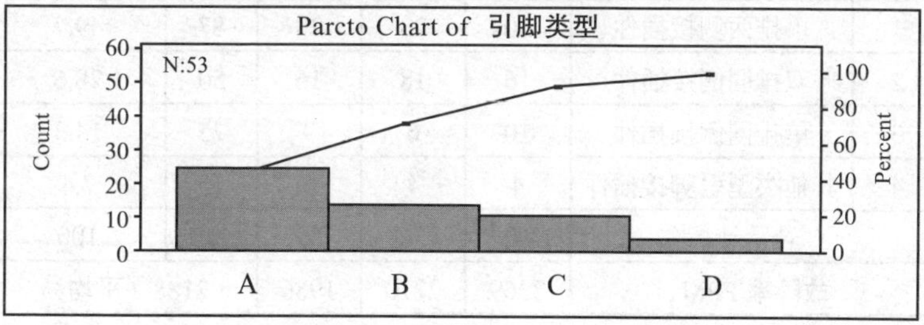

从上述引脚类型排列图中看到，单排两侧引脚产生的故障数虽然仍然是最多，占总故障板数的45.3%，但已远低于活动前的73.9%故障百分数，同时单排两侧接插件的故障率1014PPM也远低于活动前的3785PPM。11月的SDH产品SMT接插件故障率为2239PPM，低于目标值2800PPM（效果对比见图）：

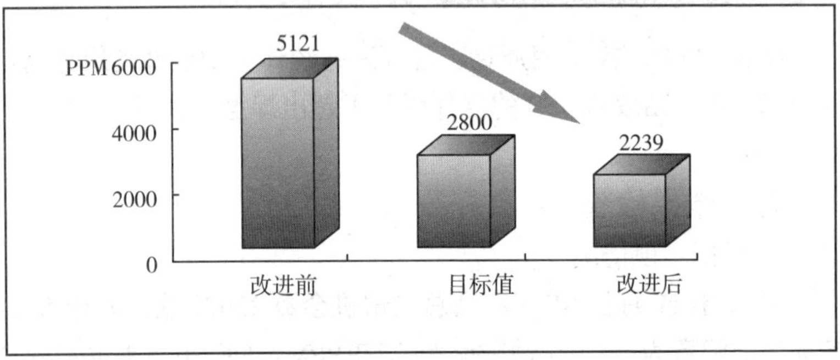

小组成员继续跟踪2005年12月和2006年1~2月的SDH产品故障情况，SMT接插件故障率分别为2369PPM，2210PPM，1986PPM，平均值为2188PPM，都远低于2800PPM的目标值，具体数据见下表（引脚类型对故障数统计表），从表中可以明显地看出，单排两侧引脚产生的故障数占总故障板数的49.7%，故障率趋于稳定。

引脚类型对故障数统计表

序号	故障类别	2005.12	2006.1	2006.2	小计	百分率（%）
1	单排两侧接插件	30	28	29	87	49.7
2	双排同侧接插件	16	18	16	50	28.6
3	单排同侧接插件	10	6	9	25	14.3
4	其他类型引脚接插件	4	4	5	13	7.4
合　计		60	56	59	175	100
故障率 PPM		2369	2210	1986	2188（平均）	

通过小组成员的努力，活动改进前后及巩固期 SMT 接插件故障下降趋势明显(效果对比见图)。

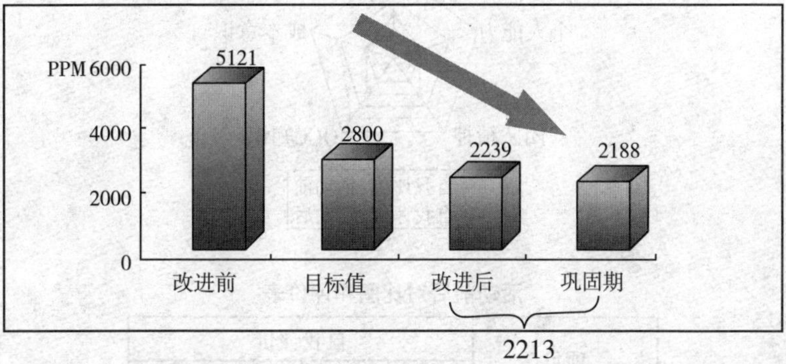

2. 经济效益

以 2005 年11 月至 2006 年 2 月 SDH 产品 SMT 接插件平均故障率 2213PPM 为基准计算经济效益，其中降低 SMT 接插件故障率项目的节省将由以下三方面组成：

返修工时节省（月×4）=RMB102.5*4

+工程师分析故障工时节省（月×4）=RMB14674.7*4

+机器复测工时节省（月×4）=RMB8696.1*4

-购买特殊吸嘴 = RMB1500

总经济效益（月×4）= RMB92393.2

3. 无形收获

通过本次活动，小组的质量意识、问题意识、改进意识又有了进一步的增强，参与意识越来越浓。小组于 2005 年 3 月上旬召开了小组会议，对活动前后的个人能力、团队精神等五个方面进行了评价和对比（见图）。

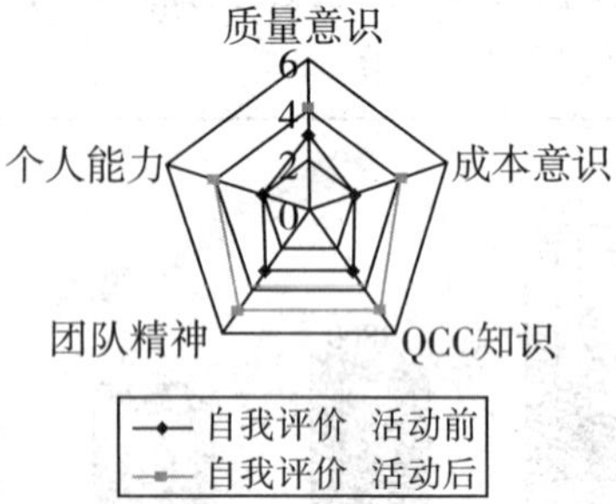

活动前后对比图和评价表

项目	自我评价	
	活动前	活动后
质量意识	3	4
成本意识	2	4
QCC 知识	3	5
团队精神	3	5
个人能力	2	4

十、巩固措施及标准化

除了建立前后岗位有效的沟通模式外，为保持 QC 小组成果有效性和持续性，小组对活动采取的措施进行了标准化工作：

1.采购部重新发送接插件加吸拾盖以后的材料规格文件给供应商，要求供应商提供加吸拾盖的接插件，并且更新公司内部接插件材料标准文件（1ab017600028.pdf）。

2.由工艺工程师在《表面贴装线手工贴料操作规范》70294002AABR 01 中制定新的工艺流程，明确规定器件摆放位置及方式。

3.工艺工程师通过 CAM 修改读取 gerber 文件，并将其提供给供应商制造网板的规格参数：对于接插件的引脚开孔，在不影响贴装质量的前提下，开孔面积与焊盘面积比为1∶1.1。

4.在ERP中，为材料匹配建立了后缀DL的定义。

5.由工艺工程师在《SMT器件包装规范作业指导书》8DA 09901 1898 QRCVQ中加入对特殊吸嘴使用时的定义。

十一、回顾和体会

本次活动通过小组成员的不懈努力，使SDH产品SMT接插件故障率连续 4 个月平均降到 2213PPM以下，达到了预定目标值2800PPM。我们认为本次QC活动虽然已经告一段落，但这只是降低SDH产品故障中的一小步。为使公司自主研发的产品质量更优，赢得更大市场份额，我们必须再接再厉，把本次活动中取得的经验运用到其他类似产品中。随着公司产品的不断挑战，我们将面临更加复杂的产品类型，我们相信，通过我们不断的改进，公司的制造及测试水平将达到更高的高度。

对《降低SDH产品SMT接插件故障率》成果的评价

这是一个由印制板装配线（PBA）有关人员组成的QC小组，在前一次QC成果（提高SDH测试一次通过率）基础上的进一步实施改进活动，使SDH产品SMT接插件故障率由5121PPM降低到2239PPM，低于预期目标值2800PPM。该小组取得了可喜的成效，也体现了QC小组持续改进的精神。

课题活动从始至终思路清楚，重视用数据说话，且保持了前后数据的一致性和时间的连贯性。在活动中除了用到大家常用的排列图、因果图之外，在实施过程中还运用了假设检验对“增加丝网开孔面积”二次试验结果进行确认：选用1∶1的扩孔网板对SMT接插件的故障下降没有显著影响，试验失败；而选用1∶1.1的扩孔网板对SMT接插件的故障下降有显著影响，试验成功。这是该课题的一个“亮点”。该成果报告的各步骤内容和所用的方法均比较规范，如要因确认都用数据验证其是否要因，巩固措施的内容确为这次 QC 小组活动中有效的措施，且纳入了相应的标准。

本课题的主要不足是：在对末端原因“网板张力差”进行要因确认时，用了控制图，这是不恰当的。因这项原因确认的标准是工艺标准。“张力值≥32N/cm”，而控制图的控制界限与工艺标准是没有关系的。这里更适合用直方图，或过程能力指数（C_p 值），或用折线图（在折线图上标出工艺标准线）。

案例二　降低6L机体壁薄废品率

××机器股份有限公司铸造厂雄鹰QC小组

一、小组概况

小组简介			
小组名称	××机器股份有限公司铸造厂雄鹰QC小组		
课题名称	降低6L机体壁薄废品率	课题类型	攻关型
成立时间	2004年7月3日	注册编号	2004078
活动时间	2004年7月～2005年3月	活动次数	10

小组成员由厂领导、技术人员和现场工人共15人组成，小组组长由技术质量副厂长担任，人员均TQC教育120学时以上，人员构成如下饼分图。

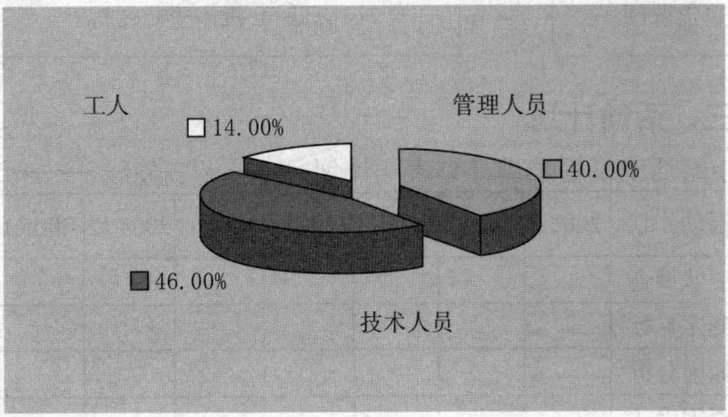

二、选题理由

车间质量目标 → 6L 机体总废品率≤13.5%

现　状 →

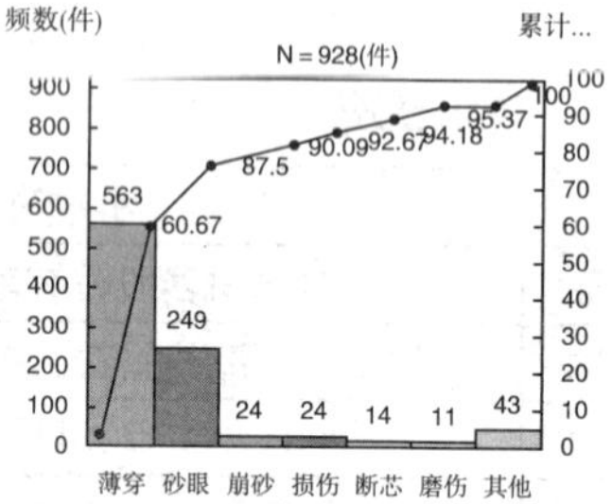

L3000机体综合废品率排列图

6L机体自2004年3月投产以来，2004年3~6月份共生产6L机体2262台，总废品率为41.03%，其中壁薄废品率为24.89%，占总废品率的60.67%，严重超标。

选定课题 → 降低 6L 机体壁薄废品率

三、活动计划

小组活动日程推进计划表（计划线- - -→ 实施线——→）

PDCA	活动计划	2004.7	2004.8	2004.9	2004.10	2004.11	2004.12	2005.1	2005.3
P	现状调查	- - -→ ——→							
	确定目标	- - -→ ——→							
	原因分析	- - -→ ——→							
	要因确认	- - - - -	- - -→ ——→						
	制定对策		- - -→ ——→						
D	对策实施		- - - - -	- - -→ ——→					
C	效果检查				- - - - -	- - - - -	- - - - -	- - -→ ——→	
A	巩固措施								- - -→ ——→
	活动总结								- - -→ ——→

四、现状调查

1. 6L 机体生产工艺流程图

2. 2004 年 3~6 月 6L 机体壁薄废品的调查情况表

日期	3.1~15	3.16~31	4.1~15	5.1~15	5.16~31	6.1~15	6.16~30	合计
产量	221	189	203	171	352	194	632	2262
壁薄废品数（台）	64	34	65	39	117	118	126	563
壁薄废品率（%）	28.96	18.0	32.01	22.81	33.24	23.87	19.91	24.89

3. 2004 年 3～6 月 6L 机体壁薄废品率折线图

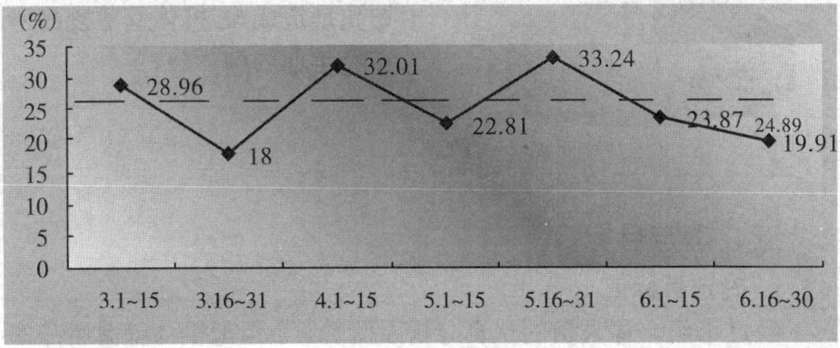

4. 为了进一步了解 6L 机体壁薄废品的情况，从旧日生产统计报表中连续调查几天 6L 机体壁薄废品的情况如下：

日期	6.17	6.18	6.19	6.20	6.21	6.22	合计
产量	46	54	72	58	69	78	377
壁薄废品数（台）	11	10	15	3	16	11	66
壁薄废品率（%）	24.25	18.52	20.83	5.17	23.19	14.1	17.51

从上表可以看出，6L 机体壁薄废品率的波动范围比较大，最高为 24.25%，最低为 5.17%。对上述六天生产的情况调查分析，发现 6 月 20 日生产的坭芯是手工用铬铁矿砂小批试制的。

5. 对 2004 年 3 ~ 6 月 6L 机体壁薄废品共 563 件按壁薄的部位进行分类统计，并作饼分图如下：

序号	壁薄位置	数量（件）	所占百分比（%）
1	端面螺孔	518	92.01
2	顶杆室	19	3.37
4	顶面	18	3.20
5	其他	8	1.42

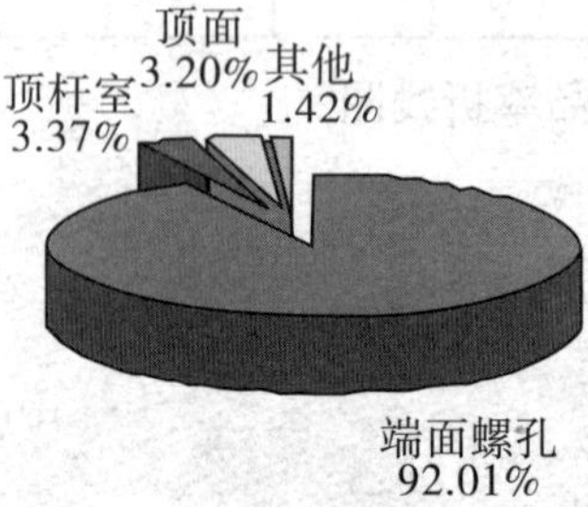

由饼分图可见，端面螺孔占壁薄总废品的 92.01%。端面螺孔是造成 6L 机体壁薄废品率高的主要问题。

五、确定目标

1. 确定目标值

经过小组全体人员的认真分析及测算，小组把机体壁薄废品率降为 4.5%作为本次活动的目标值。

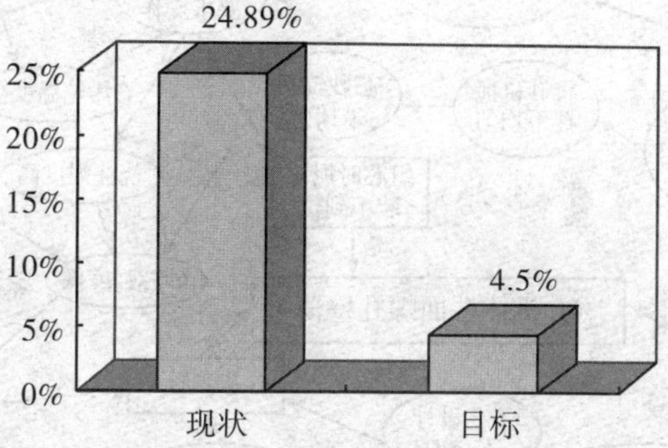

2. 目标值确定的依据

① 由于机体车间生产能力不足，从 2004.8 起 6L 机体改在新铸车间投产，从德国引进生产设备，在国内同行中处于领先地位，为生产优质产品提供了保证。

② 从旧日统计调查表中发现 2004.6.20 生产的 6L 机体壁薄废品率为 5.17%，接近目标值。

③ 小组经过讨论认为，有把握解决端面螺孔壁薄废品九成，则 6L 端面螺孔壁薄废品率可降低到：24.89%−24.89%×92.01%×90%=4.28%

4.5%的目标值是可行的!

六、原因分析

QC 小组对 6L 机体端面螺孔壁薄废品进行多次现场了解、讨论、分析，经整理后见如下关联图：

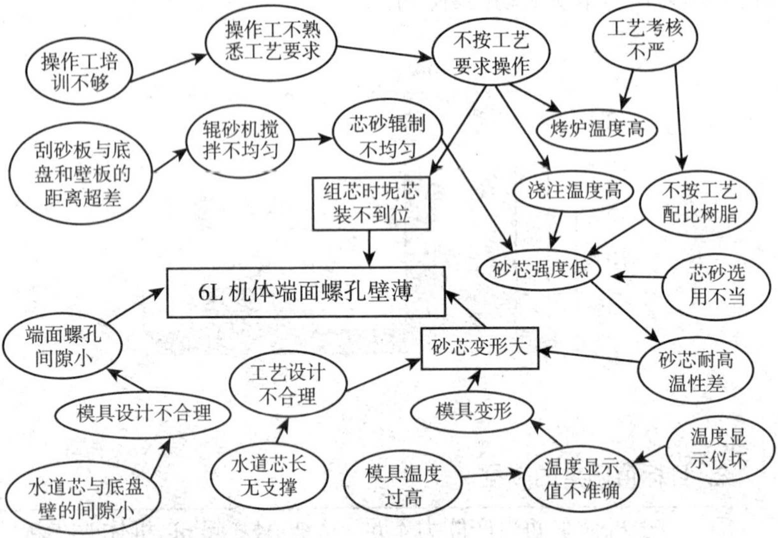

七、要因确认

要因确认计划表

序号	末端因素	确认内容	确认方法	标准	负责人	完成日期
1	工艺考核不严	工艺纪律的贯彻情况及考核情况	1.调查考核制度实施情况 2.现场调查确认	工艺纪律的贯彻率100%；考核率100%	××	2004.7.25前
2	刮砂板与底盘和壁板的距离超差	刮砂板与底盘和壁板的距离大小	现场测量刮砂板与底盘和壁板的距离	刮砂板与底盘和壁板的距离小于15mm	××	2004.8.7前
3	水道芯与底盘壁的间隙小	水道芯与底盘壁的间隙大小	现场压坭条检测水道芯与底盘壁的间隙大小	图纸要求水道芯与底盘壁的间隙要≥32mm	××	2004.8.15前
4	芯砂选用不当	使用不同种类的芯砂强度是否明显不同，壁薄废品率是否明显减少	1.比较不同种类芯砂的常拉强度 2.现场试验不同种类的芯砂的壁薄废品率情况	砂芯常拉强度＞1.3Mpa；壁薄废品率明显降低	××	2004.8.15前

序号	末端因素	确认内容	确认方法	标准	负责人	完成日期
5	温度显示仪坏	温度显示仪误差	现场调查射芯机温度显示仪是否经检定合格	一级温度显示仪误差在±2℃范围	××	2004.7.31前
6	操作工培训不够	操作工的培训情况	1.查阅培训档案 2.现场理论知识、操作技能测试考核	岗位技术及操作技能合格率达到100%	××	2004.7.25前
7	水道芯长无支撑	水道芯加芯撑后芯砂壁薄废品率是否明显减少	1.现场调查不同机型的水道砂芯的结构 2.现场对比工艺试验： ①按现有工艺下水道砂芯 ②下芯前在底盘增加水道芯芯撑	壁薄废品率明显降低	××	2004.8.15前

要因确认一：工艺考核不严

1. 分厂及车间内的考核制度、对违反工艺纪律的检查频次及考核金额见下表：

项目 级别	考核制度	检查频次	考核金额（元）	考核制度实施情况
分厂	《铸造厂经责分配方案》	每周一次	20~500	有检查及考核记录
车间内部	《岗位工艺守则》	每班一次	5~100	有检查及考核记录

2. 2004年1~6月工艺纪律情况调查表：

级别	检查频次	贯彻率	调查人
分厂	每周一次，有检查记录	100%	白云峰
车间内部	每班一次，有检查记录	100%	白云峰

要因确认二：刮砂板与底盘和壁板的距离超差

作业指导书要求刮砂板与底盘和壁板的距离小于15mm，现场测量辊砂机1、辊砂机2的刮砂板与底盘和壁板的距离，测量结果如下：

测量日期 / 辊砂机	2004.7.24	2004.7.25	2004.7.26	2004.7.27	2004.7.28	检测人
辊砂机 1	13	12	14	12	13	××
辊砂机 2	14	12	12	13	13	××
测量结果	合格	合格	合格	合格	合格	

结论：现场测量辊砂机的刮砂板与底盘和壁板的距离控制在工艺要求范围内，刮砂板与底盘和壁板的距离超差不是主要原因。

要因确认三：水道芯与底盘壁的间隙小

图纸要求水道芯与底盘壁的间隙要≥32mm。现场压坭条检测水道芯与底盘壁的间隙大小，检测数据为：

台次	1	2	3	4	5	6	7	8	检查人
距离（mm）	33.2	33.5	33.4	33.0	32.5	33.3	33.1	32.1	××

结论：水道芯与底盘壁的间隙均≥32mm，水道芯与底盘壁的间隙小不是主要原因。

要因确认四：芯砂选用不当

2004 年 7 月 17 至 19 日 6L 水道砂芯使用普通砂、铬铁矿砂、回用的铬铁矿砂与现在使用的脉克星砂进行对比试验，结果如下：

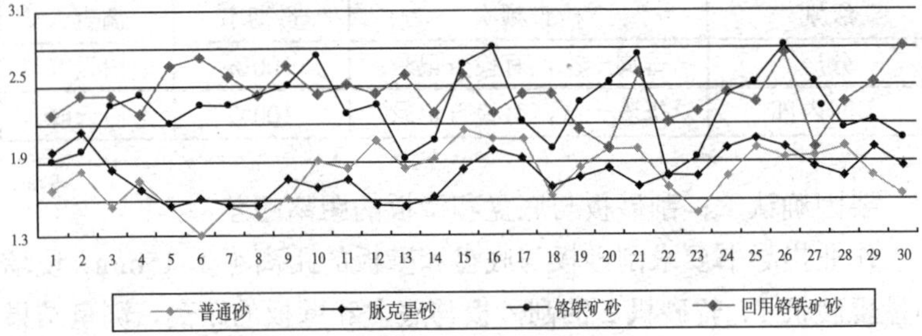

由折线图可以看出砂芯常拉强度＞1.3 MPa，均符合要求，但铬铁矿砂、回用的铬铁矿砂的强度要比普通砂、脉克星砂的强度高。

	生产数（件）	壁薄废品数（件）	壁薄废品率（%）	烧结（件）	烧结率（%）
普通砂	120	22	18.33	41	33.33
脉克星砂	120	31	25.83	7	22.58
铬铁矿砂	120	13	10.83	2	1.67
回用铬铁矿砂	120	15	12.5	2	1.67

由统计表可以看出，使用铬铁矿砂、回用的铬铁矿砂生产的铸件，比普通砂、脉克星砂壁薄废品率低，而且烧结废品也比使用普通砂、脉克星砂的低。

结论：使用铬铁矿砂试制的水道砂芯强度比现在使用的脉克星砂高，壁薄废品率明显降低，芯砂选用不当是主要原因。

要因确认五：温度显示仪坏

车间在用的温度显示仪为一级，误差在±2℃范围内，把在用的5个温度显示仪拿到计量检测室进行检测，温度显示的误差情况见下表：

	仪表 1	仪表 2	仪表 3	仪表 4	仪表 5
误差（℃）	+1	−2	−1	+2	+1
检定结果	合格	合格	合格	合格	合格
检验员	检验员 1	检验员 2	检验员 1	检验员 1	检验员 2

结论：温度显示仪的误差在规定的±2℃范围内，温度显示仪坏不是主要原因。

要因确认六：操作工培训不够

1. 公司规定，新进公司的员工要进行岗位技术的培训，并经考核合格后方可上岗。我们查阅了操作工的培训档案，培训情况见下表：

姓名	A	B	C	D	E	F	G	H	I	J
培训时间	1997.5	1997.5	1999.4	1993.4	1997.5	1996.5	1993.4	1997.5	1999.4	1995.4
培训课时	150	150	150	150	150	150	150	150	150	150
考试成绩（分）	81	87	85	93	92	89	88	91	90	82

2. 2004 年 7 月 13 日我们对操作人员进行技能测试考核，结果如下：

参考人数	不合格人数	合格人数	优良人数	优秀人数	合格率（%）
10	0	4	3	3	100

结论：由调查表可以看出操作工岗位技术及操作技能合格率达到 100%。操作工培训不够不是主要原因。

要因确认七：水道芯长无支撑

现场调查 6112 机体、A3100 机体、6L 机体的水道砂芯的结构：

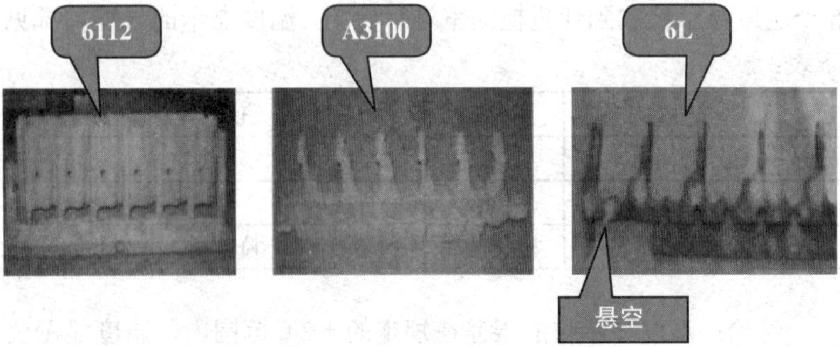

由结构图可以看出，6L 机体水道砂芯有悬空部分，而其他机型没有。统计 2004 年1~6月6112 机体、A3100 机体端面螺孔壁薄废品率均为 0%。

2004 年 7 月 25 日现场对比工艺试验，按现有工艺下水道砂芯；下芯前在底盘增加水道芯芯撑，试验对比情况见下表：

	生产数	壁薄废品	壁薄废品率	统计人
不加芯撑	300	76	25.33%	宁科明
加芯撑	300	44	14.67%	李战民

结论：下芯前在底盘增加水道芯芯撑，壁薄废品率明显降低，水道芯长无支撑是主要原因。

通过对以上7个末端因素的调查验证，小组确定导致6L机体端面螺孔壁薄的主要原因是：

→ 芯砂选用不当

→ 水道芯长无支撑

八、制定对策

1. 对策可行性对比分析表

小组全体成员针对要因，制订以下对策方案，并对所选方案进行了对比分析：

对策评价选择表

序号	要因	对策	评价				综合得分	选定方案
			有效性	可操作性	经济性	可靠性		
1	芯砂选用不当	1.使用普通砂	△	○	◎	△	10	
		2.使用铬铁矿砂	◎	○	△	○	12	
		3.使用回用的铬铁矿砂	◎	○	○	○	14	★
2	水道芯长无支撑	1.普通砂+芯撑	○	○	◎	△	12	
		2.铬铁矿砂+芯撑	◎	○	△	◎	14	★
		3.回用铬铁矿砂+芯撑	◎	○	○	◎	16	
		4.更改模具，在模具上加芯撑	◎	△	△	○	10	

注：◎ 5分　○ 3分　△ 1分

对策可行性分析表

序号	要因	对策	可行性分析	结论
1	芯砂选用不当	使用普通砂	材料成本低，但砂的耐火度低，坭芯易烧结。现场试验 120 件铸件，壁薄废品率有所降低，但有 41 件铸件烧结	不可行
		使用回用的铬铁矿砂	砂的强度高，耐火度高,坭芯变形小，材料成本不太高。现场试验 120 件铸件，壁薄废品率 12.5%，只有 2 件烧结废品	可行
		使用铬铁矿砂	砂的强度高，砂的耐火度高，坭芯变形小，壁薄废品率 10.83%，但用砂多，材料成本太高，暂不考虑	不可行
2	水道芯长无支撑	普通砂+芯撑	选用普通砂加芯撑，材料成本低，但砂的耐火度低，坭芯易烧结。现场试验 120 件铸件，有 41 件铸件烧结	不可行
		回用的铬铁矿砂+芯撑	回用的铬铁矿砂不加芯撑时的壁薄废品率为 12.5%，如果选用回用的铬铁矿砂加芯撑，会减少水道坭芯的变形量，从而可以降低壁薄废品率，且砂的材料成本不太高	可行
		铬铁矿砂+芯撑	铬铁矿砂不加芯撑时的壁薄废品率为 10.83%，如果选用铬铁矿砂加芯撑，会减少水道坭芯的变形量，从而可以降低壁薄废品率。但砂的材料成本高，暂不考虑	不可行
		更改模具，在模具上加芯撑	由于 6113 机体结构的限制，模具上没有增加芯撑的位置，如果要上一套新的模具，从经济性、可操作性方面来说不是小组力所能及的事情	不可行

2. 根据对策可行性分析，小组制定了对策实施计划表：

序号	要因	对策	目标	措施	负责人	完成时间	工作地点
1	芯砂选用不当	使用耐高温性能好的回用的铬铁矿砂	常拉强度 >1.3 MPa 芯砂性能稳定，壁薄废品率 ≤12%	1. 由供应科联系几家厂家对废铬铁矿砂坭芯进行回收加工 2. 对几家厂家生产的回用铬铁矿砂进行对比试验，采用优选法找出适合的生产厂家	××	2004.9.10 2004.9.10	供应科 制芯工场

续表

2	水道芯长无支撑	采用回用的铬铁矿砂+芯撑工艺	由水道芯无芯撑引起的壁薄废品率小于≤4.5%	1.设计水道芯芯撑 2.下水道芯前在底盘增加水道芯芯撑	××	2004.9.30	技术科 造型工场

九、对策实施

对策实施一：使用耐高温性能好的回用的铬铁矿砂。

1. 由供应科联系几家厂家对废铬铁矿砂坭芯进行回收加工。

2004 年 8 月 22 日供应科联系两家厂家对我厂由铬铁矿砂生产的报废坭芯进行回收加工。

2. 对几家厂家生产的回用铬铁矿砂进行对比试验，采用优选法找出适合的生产厂家。

2004 年 8 月 29 日至 30 日对两家供应商提供的回用铬铁矿砂进行对比试验：

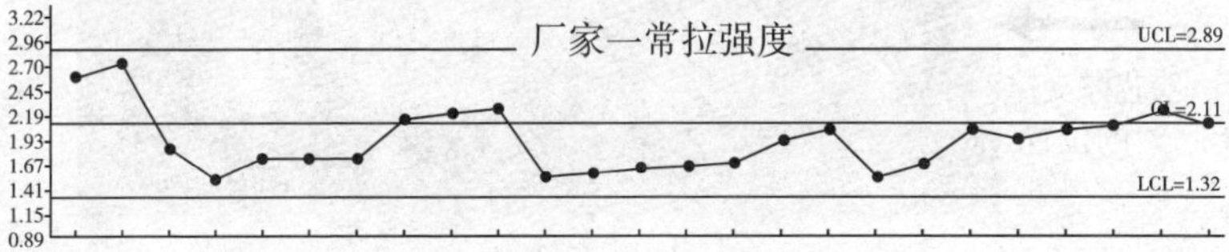

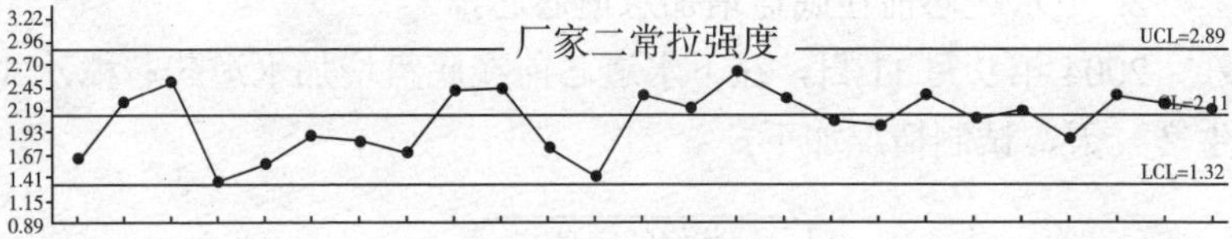

生产厂家	生产数（件）	壁薄废品（件）	壁薄废品率（%）
厂家一	80	13	16.25
厂家二	80	10	9.42

两个厂家生产的回用铬铁矿砂性能均满足要求，常拉强度＞1.3 MPa；但厂家二生产的回用铬铁矿砂性能比较稳定，且壁薄废

品率比厂家一要好，选用厂家二生产的回用铬铁矿砂。

实施效果

2004年9月7日选用厂家二生产的回用铬铁矿砂进行小批试制。

常拉强度（MPa）	生产数（件）	壁薄废品（件）	壁薄废品率（%）
1.56 1.40 1.46 1.64 1.78 1.96 1.98 2.23 1.87 1.82 1.51 1.61 2.12 1.57 1.73 2.0	260	29	11.15

结论：由图表可以看出，常拉强度＞1.3MPa，壁薄废品率≤12%，对策一目标实现。

对策实施二：采用回用的铬铁矿砂+芯撑工艺

1. 设计水道芯芯撑

2004年9月8日，由QC小组工艺技术指导人员陈财坤设计出水道芯芯撑，水道芯是用ϕ1.5mm的铁丝弯成。

2. 下水道芯前在底盘增加水道芯芯撑

2004年9月11日，在下水道芯前在底盘增加水道芯芯撑，试生产一天，试制情况如下：

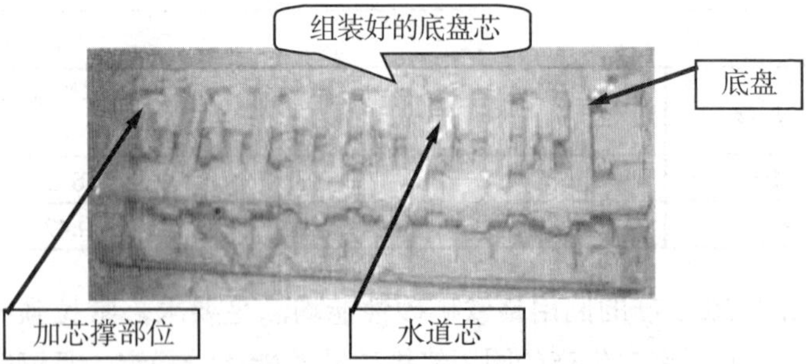

生产数（件）	壁薄废品（件）	烧结（件）	壁薄废品率（%）
190	4	2	2.11

结论：对策二实施后，壁薄废品率为2.11%，目标实现。

十、效果检查

1. 对策实施以后统计2004年10月~2005年1月的6L机体壁薄废品情况：

项目＼时间	2004.10	2004.11	2004.12	2005.1	合计
生产数（台）	510	546	811	465	2332
壁薄废品数（台）	12	9	13	9	43
壁薄废品率（%）	2.35	1.64	1.60	1.94	1.84

2. 对策实施前后6L机体端面螺孔壁薄废品率折线图对比如下：

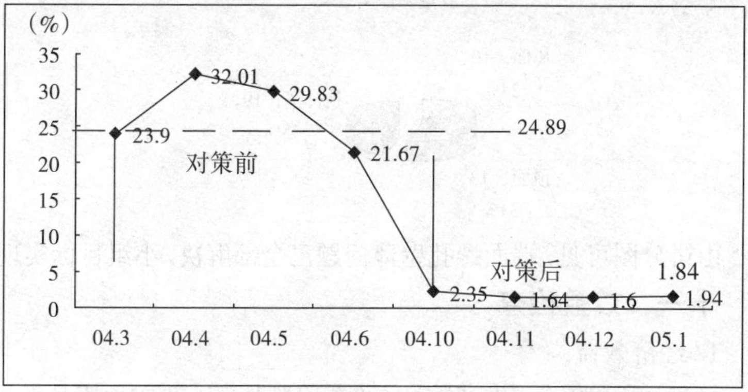

3. 对策实施前后6L机体端面螺孔壁薄废品率比较柱状图：

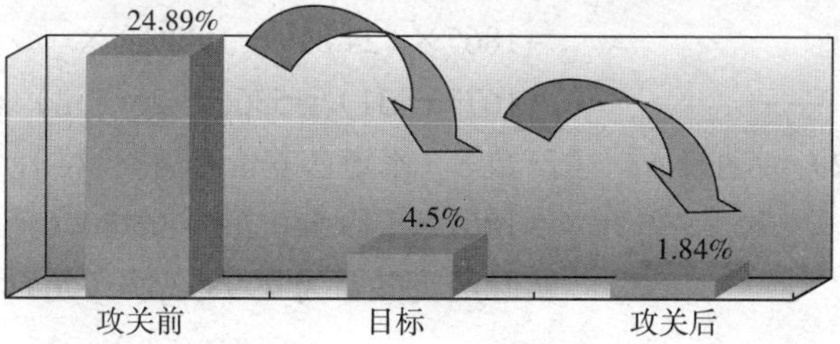

4. 2004年10月~2005年1月的 6L 机体废品排列图：

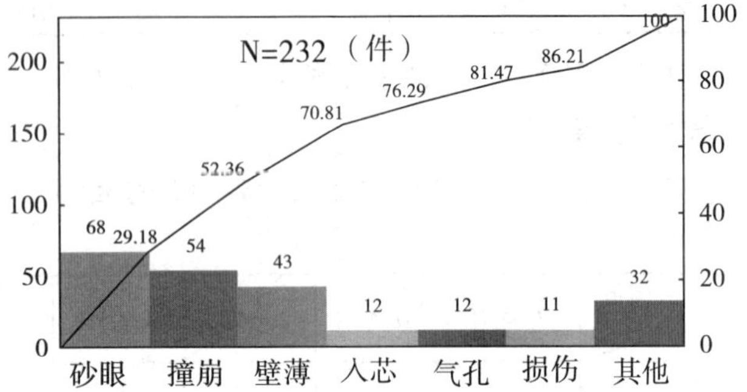

对 42 件 6L 机体壁薄废品按壁薄的部位进行分类统计，并作饼分图如下：

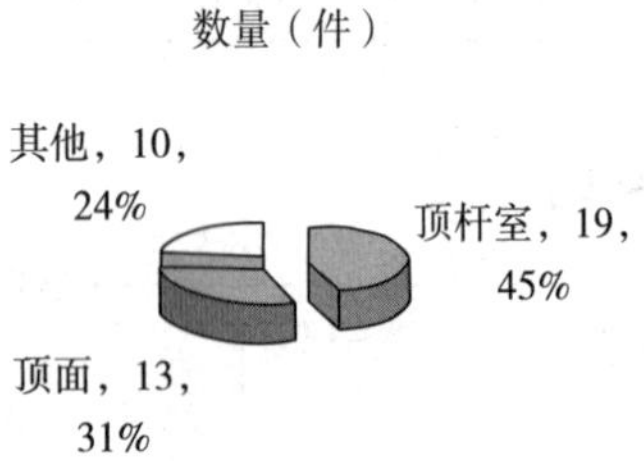

由饼分图可见，端面螺孔壁薄问题已全部解决，小组目标实现。

十一、效益检查

1. 经济效益：

（1）活动收益：生产数×（攻关前废品率－攻关后废品率）×（机加工后机体价格－毛坯残值）

=1867×（24.89%－1.82%）×（1677－431）=536673.26（元）

（2）活动投入：生产数×（水道芯差价+芯撑价格）

=1867×（19.5+0.2）=36780（元）

实际经济效益为 499893.26（元）

2. 社会效益：本小组成功地解决了6L机体端面螺孔壁薄问题，不仅为工厂挽回了经济损失，而且能保证机加工、总装的生产进度，为公司向用户提供优质柴油机打下了坚实的基础。

3. 小组受益：小组成员通过此次活动提高了各方面的能力，效果见如下雷达图：

自我评价表（分）

评价内容	活动前	活动后
团队精神	2	4
进取精神	3	4
质量意识	3	5
个人能力	2	4
创新精神	2	4

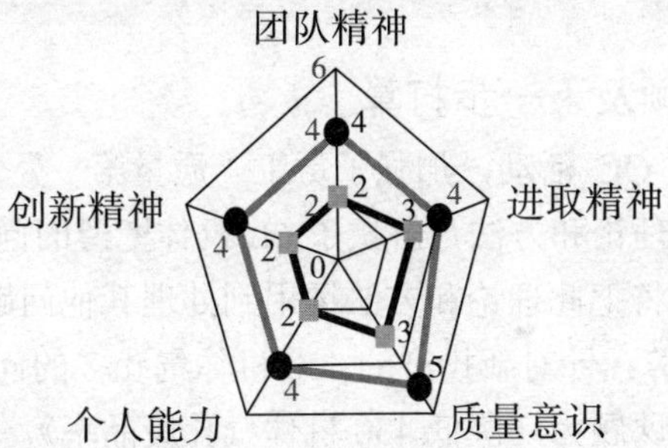

十二、巩固措施

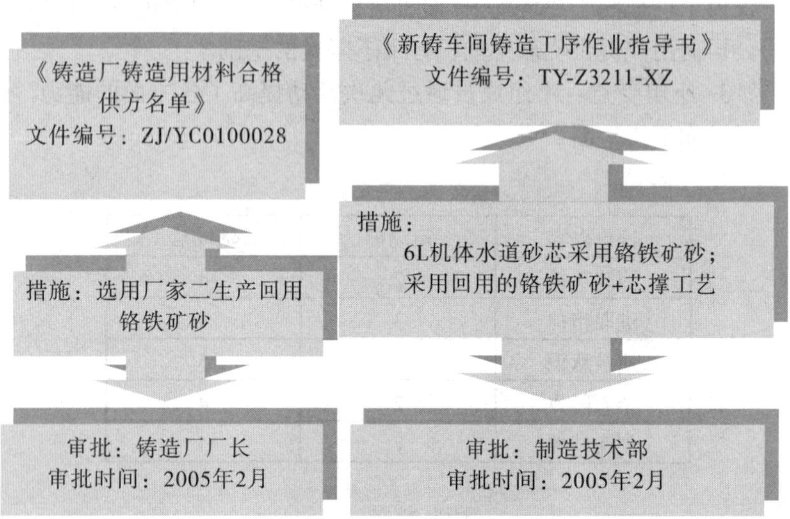

十三、回顾及下一步打算

• 通过开展 QC 活动，加强了员工“质量第一”的观念，QC 小组运用 QC 的理论和方法，解决了 6L 机体壁薄的问题，在以后的工作中，我们将把此理论和方法运用到处理其他问题中去。

• 下一步打算：针对新投产的 430 机体气孔多的问题，本小组选定下一个活动课题为《降低 430 机体气孔废品率》。

对《降低 6L 机体壁薄废品率》成果的评价

该小组由厂领导、技术人员和现场工人参加，开展攻关活动，完成了小组活动目标。小组整个活动过程数据充分，逻辑性强。

该课题的主要优势有以下几点：

1. 活动程序思路清楚，分析透彻，理论分析与实际操作有效结合，并充分运用评价、确认、对比或试验，确保了活动过程的可实施性和活动结果的有效性。

2. 现状调查事实清楚，数据充分，通过对个别现象的分析论证，从中找出解决问题的切入点。如：通过对多天生产产品合格率进行连续记录，发现6月20日的废品率仅为5.17%，比日平均不合格品率低出12个百分点，而该日用的坭芯是手工用铬铁矿砂小批试制的。这不仅为制定目标提供了依据，更重要的是也为后来要因确认中芯砂选用不当，对策分析中对芯砂的比较选择提供了充分的依据。

3. 要因确认方法严谨，不仅到现场去逐项确认，而且对影响程度较大的原因进行反复对比实验，以确定主要原因。

4. 对策制定方法科学有效。小组在首先提出对策的基础上，通过进行对策评价及可行性分析，最终确定出既有好效果又可以实施的对策。做到了对策制定过程清楚，目标明确，措施到位。

5. 实施过程中对每项对策的实施效果及对策目标达成情况进行跟踪，确保了实施的有效性。

存在问题：

1. 原因分析中有些原因之间的因果关系不是很清楚，如“烤炉温度高”是“不按工艺要求操作”和“工艺考核不严”两项原因的上一层原因，而工艺考核不严与不按工艺要求操作之间没有因果关系显然是不通的。另外，“烤炉温度高”与“机体端面螺孔壁薄”之间没有因果关系。

2. 关联图中显示末端因素是八项，而要因确认过程只对其中的七项进行确认，没有对“模具温度过高”进行确认。

3. 效果检查中实际完成效果超出了预期目标值4.5%，达到1.82%，但从整个活动过程看，全部解决了端面螺孔壁薄的问题也只能实现24.89%－24.89%×92.01%＝1.99%。这说明小组还涉及解决了其他问题，但在课题中没有交代清楚。

案例三　缩短保护地线拆除时间

××供电公司变电工区鹅卵石QC小组

一、小组概况

小组名称：××供电公司变电工区鹅卵石QC小组

成立时间：2005年4月　　小组注册号：HGS-2005-6

本次课题活动情况：

课题类型：　攻关型　　课题注册时间：2005年4月

课　题　　缩短保护地线拆除时间

活动时间：2005年4~7月　　出勤率：97%

小组成员：

姓名	性别	文化程度	职务	组内分工
李春	男	大专	工区主任	协调、效果检查
郭宏	男	中技	站长	策划、实施
杨东	男	大专	值长	实施、检验
赵志远	男	大专	主值	实施、检验
王清武	男	中技	值长	实施、效果检查
文静	女	大本	主值	实施、资料整理
沈进	男	大本	高级管理	协调、培训

二、选择课题

2005年4月15日，国家电网公司向社会公布《供电服务“十项承诺”》，其中第七项承诺是：供电设施计划检修停电，提前7天向社会公告。公告内容包括停电时间、停电范围和恢复供电时间等。

为防止因恢复供电时间的延误而造成的社会影响，我们以缩短变电站设备检修结束后的发电准备工作时间为QC小组活动方向，并从工作流程展开分析，以确定课题。

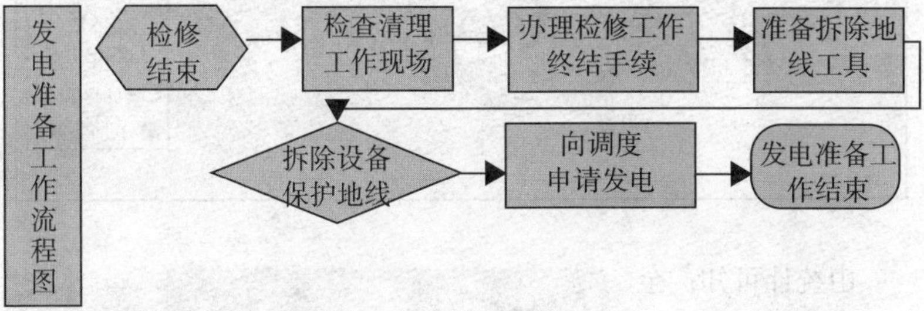

按发电准备工作流程，小组在2005年5月2日变电站设备检修结束后对发电准备工作时间进行了统计。

发电准备工作时间统计表

序号	项目	工作内容	时间（分钟）
1	检查清理工作现场	检查工作现场无遗留工器具及杂物 检查被检修设备无异常变化	6
2	办理检修工作终结手续	在停电工作许可票“工作终结”栏内填写工作终结时间并签字	1
3	准备拆除地线工具	检查绝缘杆万字头应牢固 检查绝缘手套无破损 将拆除地线工具携至工作现场	2
4	拆除设备保护地线	依次拆除被检修设备两侧保护地线（共拆除3组9支地线）	19
5	向调度申请发电	用电话向调度报告检修工作结束并申请发电	1
合计			29

发电准备工作时间饼分图

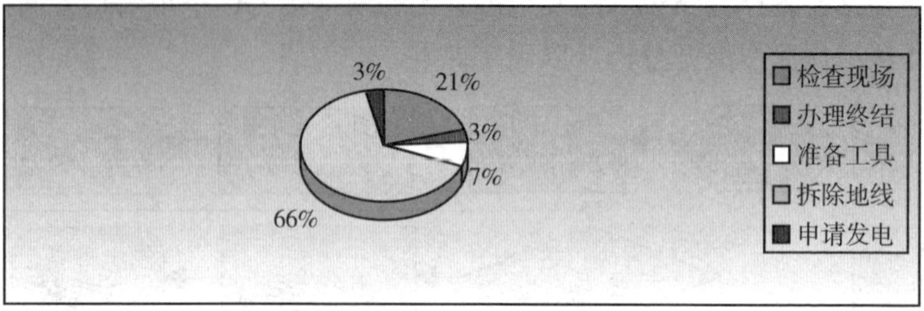

由统计可知：全部发电准备工作时间需用 29 分钟。其中，拆除设备保护地线的时间占 66%。

小组选定课题：缩短保护地线拆除时间。

三、现状调查

现状调查 1：地线钩不易拆除。

在拆除地线过程中，当用绝缘杆向上挑起地线钩拉环时，经常出现地线钩尾部上翘，地线钩在引线上转动，而地线拆不下来，运行人员需反复调整绝缘杆，才能将地线拆下。致使拆除地线时间延长。

现状调查 2：

小组成员拆除地线测试情况统计表

测试拆除地线组数	测试时间	操作人	职务	用绝缘杆挑地线次数	拆地线用时（分秒）
1组 3支	2005年5月7日	郭宏	站长	A×2	01′ 19″
				B×2	01′ 26″
				C×6	03′ 52″
	2005年5月7日	杨东	值长	A×3	02′ 55″
				B×2	01′ 16″
				C×5	03′ 42″
	2005年5月7日	文静	主值	A×4	03′ 11″
				B×3	02′ 41″
				C×2	01′ 21″
	2005年5月8日	王清武	值长	A×4	03′ 39″
				B×2	01′ 19″
				C×2	01′ 33″
	2005年5月8日	赵志远	主值	A×5	03′ 31″
				B×4	03′ 05″
				C×2	01′ 32″

拆除单支地线时间统计表

拆地线次数	2次	3次	4次	5次	6次
最短时间	01′ 16″	02′ 41″	03′ 05″	03′ 31″	03′ 52″
最长时间	01′ 33″	02′ 55″	03′ 39″	03′ 42″	03′ 52″

统计可知：

拆除单支地线最少需 2 次，最短时间 1 分 16 秒；而最多需 6 次，最长时间 3 分 52 秒。

四、设定目标

小组认为只要能够实现单支地线的一次拆除，那么单支地线的拆除时间就可以小于或等于单支地线两次拆除最短时间的 1/2，即 0 分 38 秒。

因此小组确定——目　标：缩短单支地线的拆除时间。

目标值：单支地线拆除时间≤38 秒。

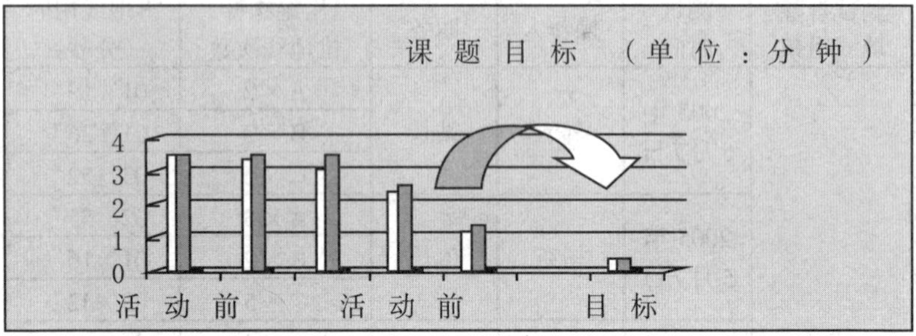

五、原因分析

小组运用头脑风暴法提出 11 条原因，通过关联图分析，确定了 4 个末端因素：

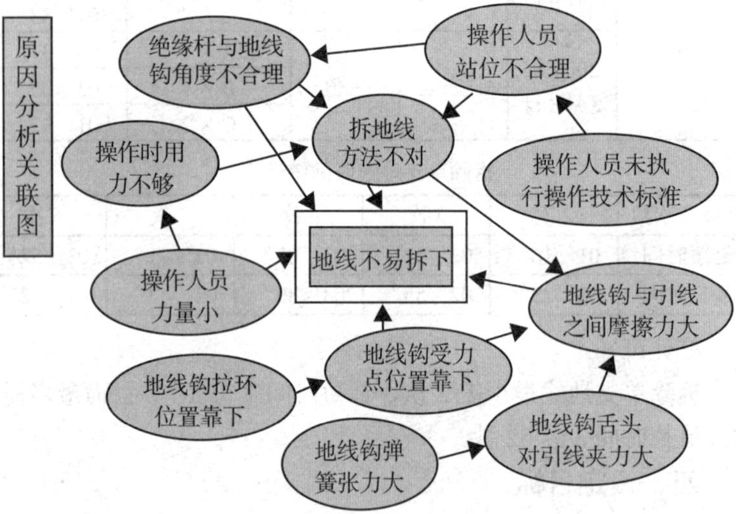

六、确定主要原因

要因确认计划表

序号	末端因素	确认内容	确认方法	确认标准	负责人	完成日期
1	操作人员力量小	地线不易拆下是否由于操作人员力量小造成	用分层法调查作业情况	小组成员个体差异与拆除地线次数和时间是否存在因果关系	王清武	2005年5月19日
2	操作人员未执行操作技术标准	操作人员是否执行了操作技术标准	现场检查操作方法	拆地线技术规范：拆地线时，绝缘杆与地线钩之间夹角应为15°～20°	赵志远	2005年5月22日
3	地线钩拉环位置靠下	地线不易拆下是否由于地线钩拉环位置靠下原因造成	分析地线钩受力点并做改变实验	受力点改变后，操作人员可一次将地线拆下	杨东	2005年5月24日
4	地线钩弹簧张力大	地线不易拆下是否由于地线钩弹簧张力大的原因造成	分析测算地线钩弹簧张力和摩擦力	地线钩弹簧张力引起的地线钩与引线之间的摩擦力f应为零	郭宏	2005年5月28日

要因确认一：操作人员力量小

确认过程：我们采用分层法将小组成员按性别、身高、体重及年龄段划分后，选取3人，对一组（3支）地线的拆除情况进行了测试。

地线拆除情况调查表

操作人	性别	年龄	身高（cm）	体重（kg）	用绝缘杆挑地线次数		拆地线用时（分/秒）
					单支次数	合计次数	
郭宏	男	37	171	67	2+2+6	10	06′37″
赵志远	男	31	177	73	5+4+2	11	08′08″
文静	女	33	156	51	3+3+2	9	07′03″

测试可知：人员的个体差异与拆除地线次数和时间长短没有因果关系。

结论：非要因。

要因确认二：操作人员未执行操作技术标准

根据地线挂接与拆除技术规范规定：

挂接与拆除地线时，为防止地线钩脱落砸毁设备，绝缘杆与地线钩之间的夹角应保持在 15°~20°。

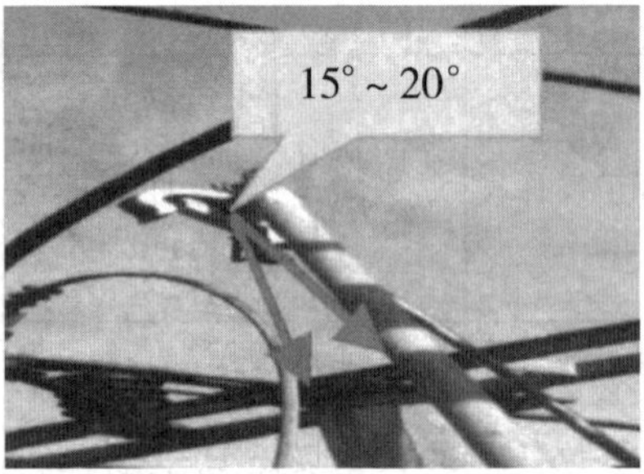

现场检查：操作人员在操作时的站位均能保持绝缘杆与地线钩之间的夹角为 15°~20°。

结论：非要因。

要因确认三：地线钩拉环位置靠下

确认方法1：分析地线钩受力情况。

挂地线时：为保证设备在检修状态下可靠接地，地线钩舌头内设有一弹簧，通过弹簧张力N，使地线钩夹紧引线，而地线钩夹紧引线部位与地线钩拉环位置又处于同一水平状态。

拆地线时：当绝缘杆向上挑起地线钩拉环时，地线钩在内置弹簧张力作用下与引线无法脱离，而随着平衡力一端（拉环）的向上运动，在地线钩夹紧引线部位会形成一个转动圆心，造成地线钩尾部上翘，使地线钩转动，不易拆下。

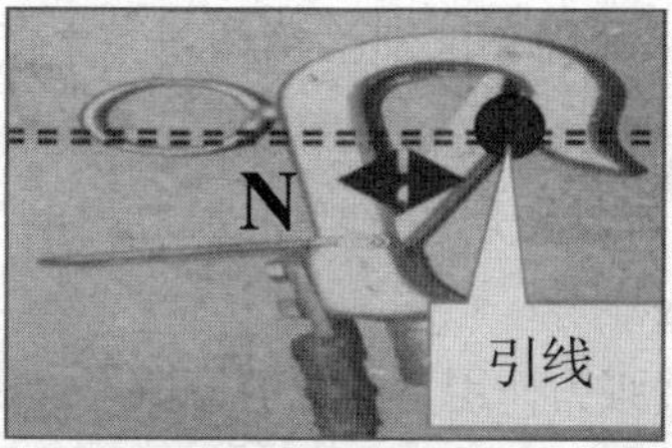

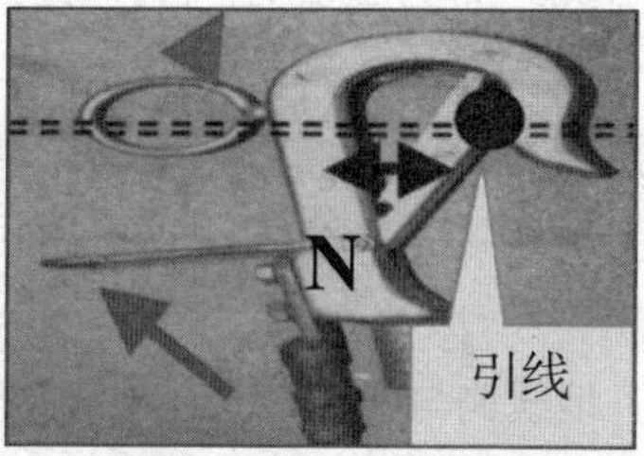

确认方法 2：进行改变地线钩受力点的实验。

试验过程：调整地线钩受力点，将拉环移至地线钩顶部（如图所示）：

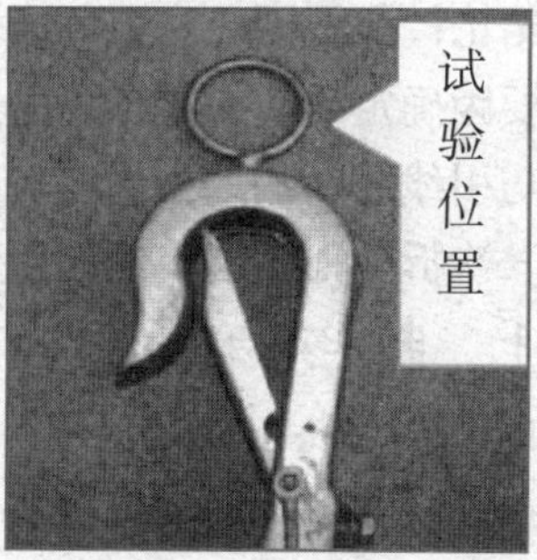

试验结果：拆地线时，不再出现地线钩在引线上转动，地线钩尾部上翘的情况，但地线仍不能一次拆下。

结论：非要因。

要因确认四：地线钩弹簧张力大

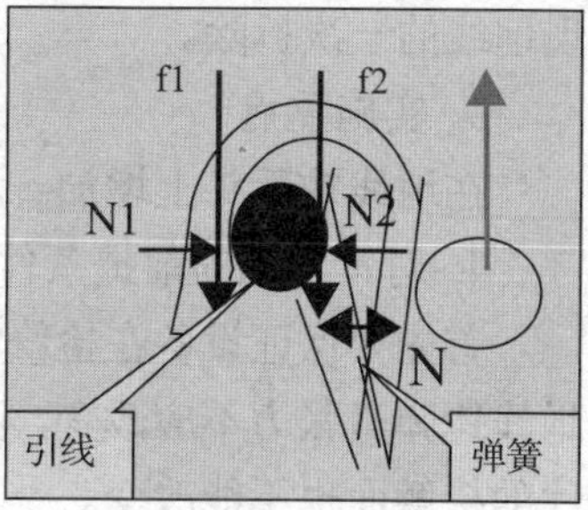

确认方法 1：分析地线钩与引线之间的摩擦力。

拆地线时，由于地线钩内置弹簧张力N依然存在，而这种张力作用在地线钩与引线之间的夹力N1、N2在地线钩向上运动时会转化为地线钩与引线之间的摩擦力f（f1、f2）。

确认方法 2：测算地线钩弹簧张力引起的地线钩与引线之间的摩擦力。

地线钩弹簧张力测算：用拉力器测得地线钩弹簧张力：

$$N = 5kg$$

地线钩与引线之间在地线钩弹簧张力作用下产生的摩擦力计算：

$f = \mu N = 0.17 \times 5 = 0.85kg > 0$（μ：摩擦力系数；可从摩擦力系数表中查出）

根据摩擦力的基本原理可知：只有当地线钩与引线之间的摩擦力为“零”时，才可将地线轻易拆除。

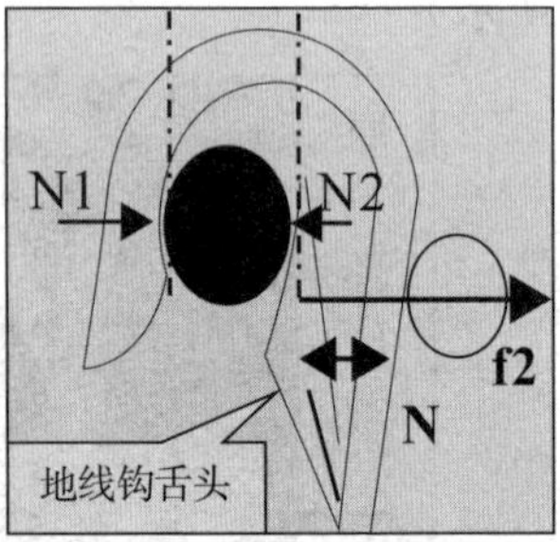

结论：是要因。

要因确定后，小组认为：只要使地线钩与引线之间的摩擦力 f=0，就可将地线一次拆除，实现小组的活动目标。

七、制定对策

1. 对策目标

拆除地线时，地线钩与引线之间的摩擦力f=0。

2. 对策设想

通过要因分析，小组认为：在拆除地线时，只要在地线钩内置弹簧张力N所作用的舌头上，增加一个向外的拉力 f2，以抵消地线钩弹簧的张力，就可实现地线钩与引线之间的摩擦力f=0。即可实现地线的一次拆除。

3. 实施重点

在地线钩舌头上增加一个向外的拉力。

4. 对策实施的前提条件

首先要保证设备在检修状态下的可靠接地。因此在挂地线时，地线钩弹簧张力不应改变，以确保地线钩夹紧引线，而地线钩与引线的接触面也不能改变。

5. 对策实施办法

将地线钩拉环与地线钩舌头进行连接，通过地线拆除时绝缘杆挑起拉环向上运动的力量，在地线钩舌头上形成一个向外的拉力，以抵消地线钩弹簧对地线钩舌头的张力，从而使地线钩与引线之间的摩擦力等于零。

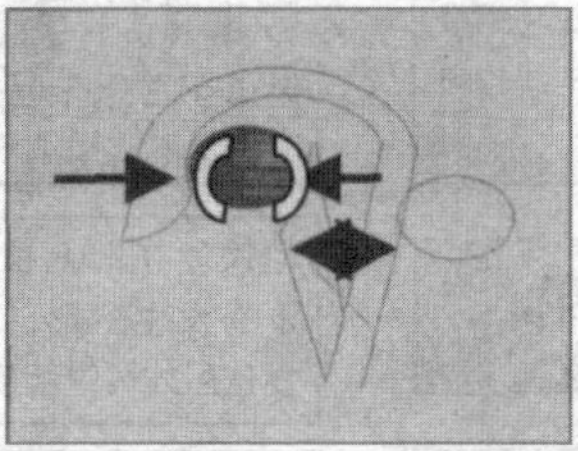

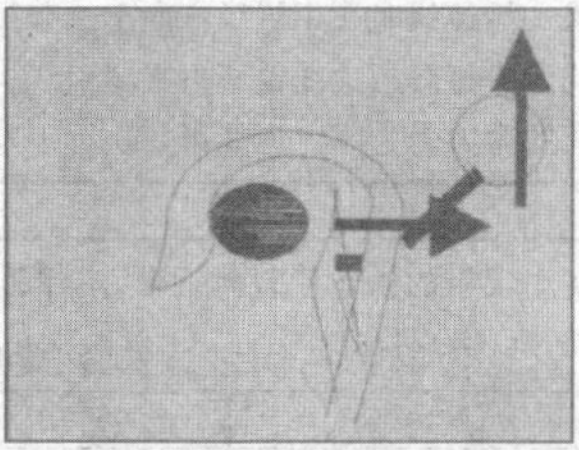

6. 对策实施办法可行性分析

将地线钩拉环与地线钩舌头进行连接，对地线钩主体结构不会造成影响。

挂地线时：当绝缘杆由地线钩拉环内脱出后，地线钩舌头在弹簧张力作用下自动复位，可确保设备在检修状态下的可靠接地。

拆除地线时：地线钩舌头在拉环向上运动时，受向外拉力的作用而打开，地线钩不再夹紧引线，地线钩与引线之间的摩擦力将不存在。

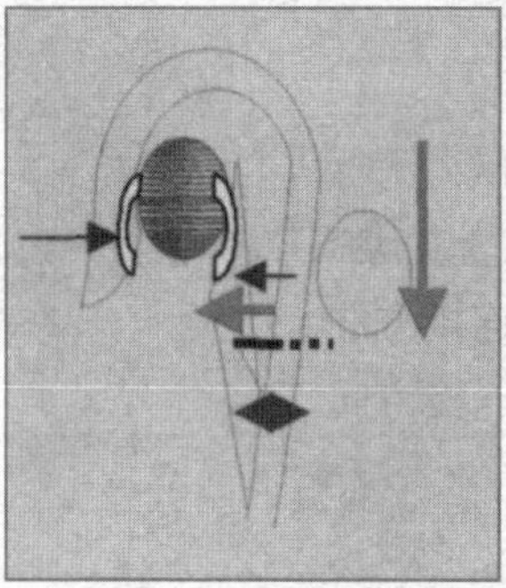

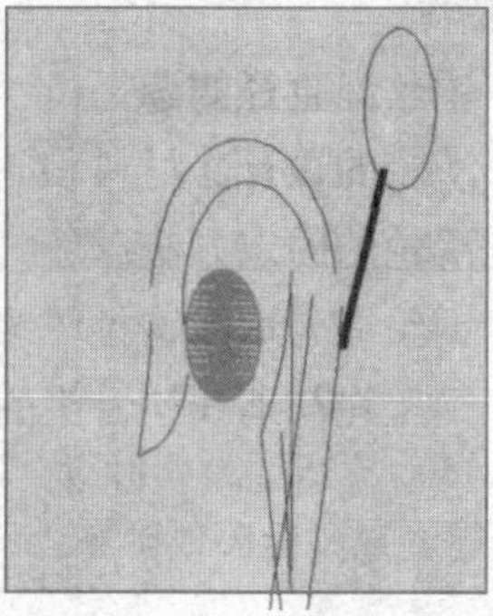

7. 对策实施办法模拟实验

小组根据对策实施办法对地线钩拉环与舌头的连接方式进行了以下实验：

实验一：在地线钩后部开一扁窗，在窗内穿过一段薄钢带，一头与地线钩舌头相连，一头与地线钩拉环相接。
实验结果：拆地线时，用绝缘杆向上挑起拉环，拉动钢带将地线钩舌头打开，地线钩不再夹紧引线，此时地线钩与引线之间的摩擦力为零。地线可一次拆下

→ 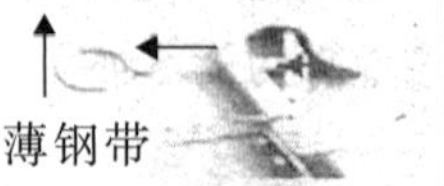

但由于薄钢带易折断，该方案不宜采纳

实验二：用较粗的铁丝代替薄钢带。
实验结果：可实现目标

→ 但铁丝在向上拉力作用下易发生变形，需人工复位后才可继续使用

实验三：用弹性好的钢丝替代铁丝。
实验结果：地线可一次拆下。钢丝绳既不易折断，也不会变形

→ 

但钢丝绳在自动复位时，有时出现卡涩

实验四：小组为解决钢丝绳卡涩问题，在地线钩上安装了一个滑轮，变钢丝绳的滑动摩擦为滚动摩擦，成功实现了钢丝绳在弹簧张力作用下的自动复位

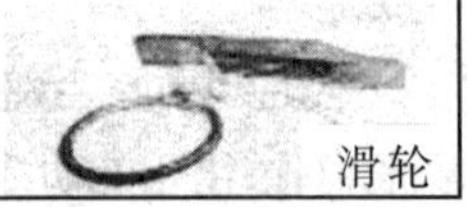

至此，小组完成了对策实施办法的模拟试验。

进而，小组又围绕对策在具体实施中所需要解决的5个问题制定了详细措施：

（1）钢丝绳直径的选择；

（2）滑轮的设计、材料和制作；

（3）滑轮的固定方法；

（4）钢丝绳与地线钩拉环的连接方法；

（5）钢丝绳与地线钩舌头的连接方式。

8. 对策表

要因	对策	目标	措施		地点	完成时间	责任人
地线钩弹簧张力大	在地线钩内置弹簧张力所作用的舌头上增加一个向外的拉力以抵消地线钩弹簧的张力	拆除地线时，地线钩与导线之间的摩擦力 f = 0	在地线钩后部开一长15.2mm、宽6.2mm的扁窗，在窗内设置一个滑轮，中间穿过一根钢丝绳，钢丝绳一头与地线钩舌头相连，一头与地线钩拉环相接。拆除地线时，通过绝缘杆挑起拉环向上运动的力量，在地线钩舌头上形成一个向外的拉力，以抵消地线弹簧对地线钩舌头的张力	1. 选择钢丝绳直径： 根据钢丝绳截面积的耐张力应满足地线钩弹簧张力（N=5kg）及保安系数要求，通过计算确定钢丝绳直径	操作队	2005年6月20日	郭宏 杨东 李春
				2. 滑轮的设计、材料和制作： 根据滑轮的外径及其厚度应符合地线钩后部扁窗（长15.2mm，宽6.2mm）的要求和滑轮内槽应满足钢丝绳滑动要求，选取厚度≥6mm的高强度塑料板进行加工制作	操作队	2005年6月25日	王清武 赵志远 李春 杨东
				3. 滑轮的固定方法： 采用传统铆固方法将直径1.5mm的滑轮中心轴钢棍穿过地线钩，并在地线钩两侧进行铆固	操作队	2005年6月28日	杨东 赵志远 李春
				4. 钢丝绳与地线钩拉环的连接方法： 将地线钩拉环底部加宽加厚，并分别打一钢丝绳穿入孔和一螺丝紧固孔，用螺丝紧固法将钢丝绳一端固定在地线钩拉环上	操作队	2005年7月5日	王清武 郭宏 李春 赵志远
				5. 钢丝绳与地线钩舌头的连接方法： 在穿过地线钩舌头栓架的钢丝绳头上设置一直径＞栓架缝隙的铁环，将钢丝绳穿入铁环后，用螺丝进行紧固	操作队	2005年7月10日	王清武 郭宏 李春 杨东

八、对策实施

小组首先在地线钩后部开一长15.2mm、宽6.2mm的扁窗，以便穿过钢丝绳，并安装滑轮。进而实施以下措施：

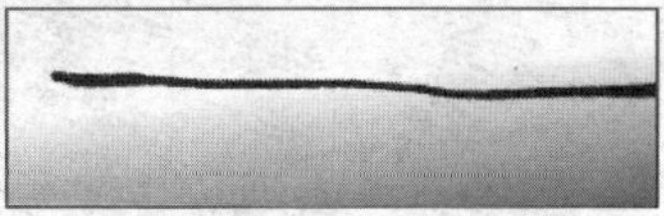

1. 选择钢丝绳直径：根据钢丝绳拉力计算公式，设：钢丝绳拉力为f，拆地线时地线钩弹簧张力为N，保安系数k为3；

则：$f=kN$；　$F=3\times5=15$ kg。

小组根据钢丝绳截面积耐张力应满足15kg拉力的计算结果，

选择直径为 2 mm 的钢丝绳。

2. 设计和制作滑轮：根据地线钩后部扁窗宽度和钢丝绳直径，选用高强度塑料板，加工成外径 15mm、厚 6mm，内槽可容纳直径 2mm 钢丝绳自由滑动的滑轮。

3. 将滑轮固定在地线钩上：在地线钩上打一小孔，将直径为 1.5mm 的滑轮中心轴钢棍穿过地线钩，并在地线钩两侧用锤子进行铆固。

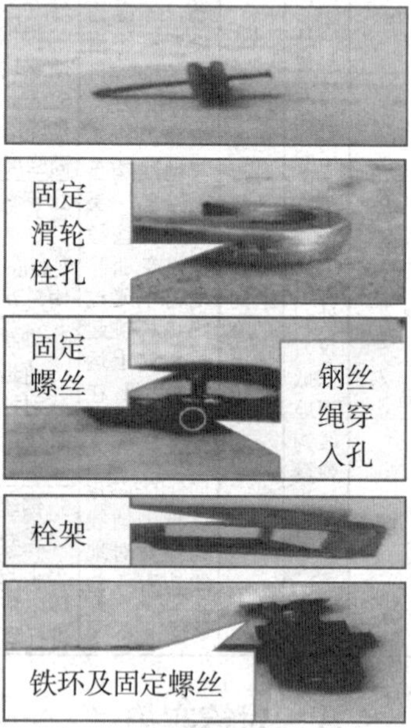

4. 实现钢丝绳与地线钩拉环连接：将地线钩拉环底部加宽加厚，并分别在底部及外侧打一钢丝绳穿入孔和一螺丝紧固孔。

5. 实现钢丝绳与地线钩舌头的连接：在穿过地线钩舌头栓架的钢丝绳头上，设置一外径 4mm，大于栓架缝隙的铁环。在铁环中间打一钢丝绳穿入孔，在铁环上端用螺丝对钢丝绳固定。

小组于 2005 年 7 月 10 日按活动计划完成了对地线钩的改造。

对策实施后地线钩的拆除方法

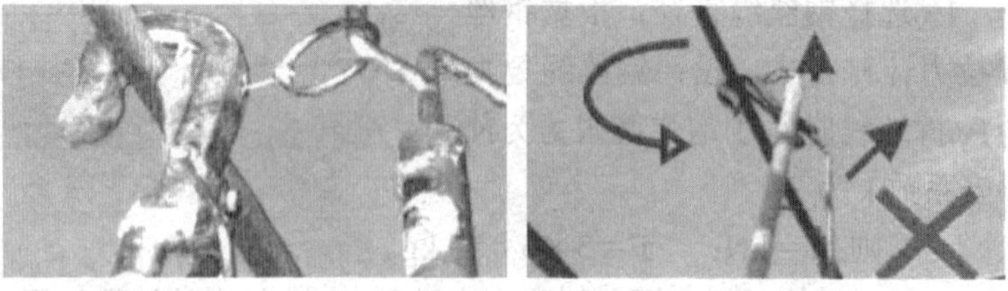

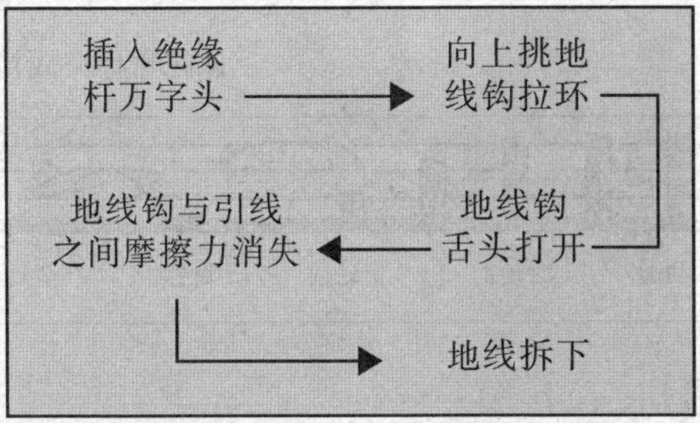

现场检验：在拆地线过程中，不再出现地线钩尾部上翘、地线钩随引线转动的情况。运行人员可一次将地线轻松拆下，实现了地线拆除时地线钩与引线之间的摩擦力 f＝0 的对策目标。

九、效果检查

1．课题目标完成情况：

对策实施前后拆除一组三支地线测试情况对比表如下：

操作人	对策实施前		对策实施后	
	用绝缘杆挑地线次数	拆地线用时（分/秒）	用绝缘杆挑地线次数	拆地线用时（分/秒）
郭宏	A×2	01′19″	A×1	00′27″
	B×2	01′26″	B×1	00′29″
	C×6	03′52″	C×1	00′29″
杨东	A×3	02′55″	A×1	00′26″
	B×2	01′16″	B×1	00′27″
	C×5	03′42″	C×1	00′27″
文静	A×4	03′11″	A×1	00′31″
	B×3	02′41″	B×1	00′29″
	C×2	01′21″	C×1	00′31″
王清武	A×4	03′39″	A×1	00′29″
	B×2	01′19″	B×1	00′28″
	C×2	01′33″	C×1	00′27″
赵志远	A×5	03′31″	A×1	00′28″
	B×4	03′05″	B×1	00′30″
	C×2	01′32″	C×1	00′29″

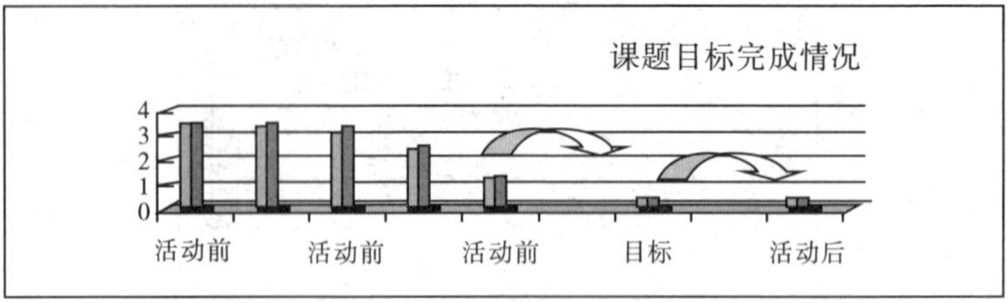

由对比可知：

拆除单支地线时间已由小组活动前的 01′16″～03′52″，缩短为 00′26″～00′31″。

超过了目标值。

2. 潜在效果：

（1）地线钩改进后，运行人员可轻松地将地线一次拆下，从而减轻了运行人员的劳动强度。

（2）应用改进后的地线钩，在缩短地线拆除时间的同时，也缩短了设备发电准备工作时间。

在 2005 年 7 月 26 日变电站设备检修结束后的发电准备工作中，拆除 3 组 9 支地线时间，已由原来的29分钟缩短为16分钟，使整个发电时间提前 13 分钟，产生了良好的社会效益。

发电准备工作时间对比统计表

序号	项　目	活动前时间（分钟）	活动后时间（分钟）
1	检查清理工作现场	6	6
2	办理检修工作终结手续	1	1
3	准备拆除地线工具	2	2
4	拆除设备保护地线	19	6
5	向调度申请发电	1	1
合计		29	16

十、制定巩固措施

为使改进后的地线钩在变电站更好地应用，小组制定了巩固措施。

<table>
<tr><th>序号</th><th>项　目</th><th>责任人</th><th>备　注</th></tr>
<tr><td>1</td><td>地线钩改造后，经公司安监部门鉴定符合安全规定</td><td>郭宏</td><td rowspan="3">安监部门使用批准书
海供安[2005]26号

巩固期内，经总工程师批准，我公司于 2005 年 12 月投资 50000 元，对改造后的地线钩组织批量生产。现已在部分变电站投入使用。</td></tr>
<tr><td>2</td><td>将地线钩定期检查项目列入变电站现场规程 5.1.2</td><td>王清武</td></tr>
<tr><td>3</td><td>将检查地线工作列入变电站月工作计划</td><td>赵志远</td></tr>
</table>

十一、总结回顾和今后打算

小组在活动中通过对地线钩受力情况的分析和实验，找到了要因，并提出了相应的对策，最终实现了课题目标。说明我们利用掌握的 QC 知识，来解决实际问题的能力得到了增强。因此小组在总结成果的时候，就综合素质的提高也进行了分析，并绘制了评分表和雷达图：

综合素质评分表

序号	项目	活动前	活动后
1	QC 知识	70 分	95 分
2	解决问题能力	65 分	98 分
3	节约意识	85 分	90 分
4	质量意识	80 分	95 分
5	团队精神	95 分	96 分

综合素质雷达图

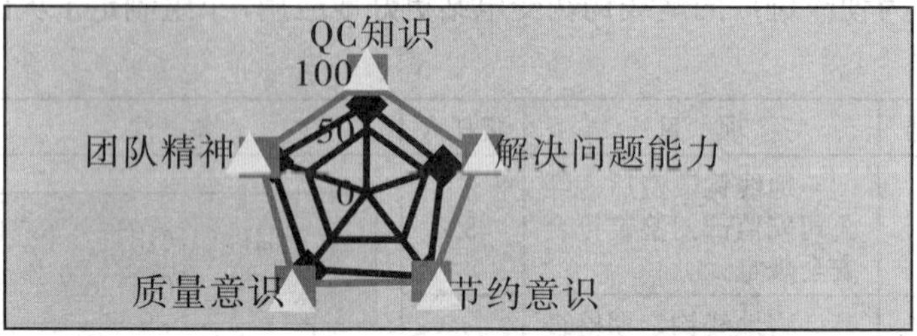

课题目标实现后，小组成员深刻认识到：只要应用科学的质量管理的理论和方法，就能把事情做得更好。下一步，小组将针对变电站室外设备在冬季经常发生积雪结冰的问题开展活动。

对《缩短保护地线拆除时间》成果的评价

一、总体评价

在计划检修结束后的发电准备过程中，拆除设备保护地线用时最长，平均达到 19 分钟，占整个发电准备过程总用时的 66%。该小组以此为题开展活动，通过小组的努力，最终使单支地线拆除时间由原来的最少 1 分 16 秒缩短到平均 28.5 秒，大大低于≤38 秒的小组目标，并使保护地线拆除时间由平均 19 分钟缩短到平均 6 分钟，取得了很好的效果。

从成果内容来看，小组活动过程符合 PDCA 的 QC 小组活动程序，解决问题的思路比较清晰，特别是在制定对策的过程中，在如何制订对策方案，如何策划实现对策方案的具体措施方面，小组所做的工作，能很好地表达出来，使所制定的对策计划表完全能指导实施的计划，这个过程能使我们得到启发。

二、不足之处

1. 小组设定的目标与所解决的课题不一致，课题是缩短整个拆除保护地线的时间，目标是单支地线的拆除时间，层次不同，在一定程度上影响到成果的逻辑性。

2. 确定主要原因还没有完全做到用数据说话，如“地线钩弹簧张力大”只是从理论上分析了摩擦力就确定了，没有进行必要的确认试验。

虽然有上述不足之处，但从总体来看，仍不失为一个有一定参考价值的小、实、活、新的课题成果。

案例四　提高青春健康教育活动在高速公路营运管理公司的拓展率

××省交通集团有限公司计生服务QC小组

企业简介

××省交通集团有限公司是以高速公路的投资建设和管理，公路物流运输为主导产业的大型国有企业，资产规模达1170多亿元，员工近40000人，其中高速公路青年收费员占的比例较高，24岁以下未婚收费员近7000人。本课题是集团在青年员工中开展“青春健康”教育活动过程中，研究和解决青春健康教育活动在高速公路运营管理公司的普及程度的QC小组活动成果。

小组概况

小组名称：计生服务QC小组

组　　长：张政

注册号码：GCGC-JS2004-01

注册日期：2004年10月

本次活动时间：2004年11月~2005年12月

活动次数：21次

课题类型：管理型

小组成员名单：

分工	姓名	性别	文化程度	行政职务	小组分工
组　长	张政	男	大专	集团纪委书记、计划生育工作分管领导	活动计划
副组长	李欣	男	大学	集团党群部部长、计生领导小组成员	组织协调
组　员	董国光	男	大学	集团党群部副部长、计生办主任	现状调查

分工	姓名	性别	文化程度	行政职务	小组分工
组　员	陈涛	男	本科	集团人力资源部副部长	成果总结
组　员	王芳	女	大学	集团计生办副主任	原因分析 对策实施
顾　问	卫民	女	大专	集团计生协会副会长	要因确定

小组精神是：**奉献一份关爱　回报一片真情**

一、选题理由

中国计划生育协会

致力于倡导、呼吁，并组织开展“青春健康”教育，提高青少年的性与生殖健康知识水平和基本生活技能。

××省交通集团计生工作要求

“青春健康”教育试点经验表明该活动对提高青年员工的生活技能，降低非意愿妊娠流产率有很大帮助。集团要求在未婚青年相对集中的高速公路营运管理公司全面拓展“青春健康”教育活动，到2006年初使70%的青年收费员接受教育。

集团“青春健康”教育活动存在的主要问题

到 2004 年 10 月底，集团属下单位开展青春健康教育的情况如下（见表1）：

营运公司数及教育活动拓展情况 单位	属下高速公路营运管理公司		已完成拓展		拓展率	青年员工受教育面
	营运公司	青年收费员	营运公司	青年收费员		
省高速公路公司	10 家	3100 人	2 家	700 人	20%	22.6%
省公路建设公司	4 家	2200 人	1 家	360 人	25%	16.4%
省路桥建设发展公司	3 家	800 人				
交通实业投资公司	1 家	350 人	1 家	350 人	100%	100%
省长大公路工程公司	1 家	300 人				
省高速公路股份公司	1 家	200 人				
合 计	20 家	6950 人	4 家	1410 人	20%	20.3%

可见，青春健康教育活动拓展情况不理想（拓展率仅为 20%），直接影响青年收费员的受教育面（仅为 20.3%）。

因此选题：提高青春健康教育活动在高速公路营运管理公司的拓展率

◇ 名词解释

1. *“青春健康”教育活动*：指集团计生部门借鉴中国计生协会与美国帕斯组织共同开展的“青春健康”国际合作项目的基本模式，为提高未婚青年员工的生活技能，以“性与性行为”“远离艾滋病、毒品”“生殖与避孕”“价值观与人际关系”为核心内容，组织开展的系列教育活动。

2. *“青春健康”教育活动的拓展率*：

拓展是指在高速公路营运管理公司 70%以上的青年收费员都接受了上述 4 项核心课程教育。

$$拓展率=\frac{完成拓展活动高速公路营运管理公司数}{集团属下高速公路营运管理公司总数}\times 100\%$$

二、现状调查

2004 年 11 月 20 日，小组为掌握当前“青春健康”教育活动的拓展情况，设计了调查问卷，在各运营管理公司开展调查。

××省交通集团“青春健康”教育活动开展情况调查表

各高速公路营运管理公司：

“青春健康”教育活动是集团计生协会的一项重要工作。由于该活动还处于拓展阶段，部分单位开展情况不理想。为加快本活动的拓展进程，现发放调查表对各单位开展活动的情况进行调查，请于 11 月 30 日前将填好的调查表传真到集团计生协会（传真：020-83730231）。

一、 青年员工基本情况：青年收费员总数：______（其中：男_____，女_____）

二、 活动开展情况：1. 未启动　2. 已启动，未开展核心课程教育

3. 未完成全部核心课程教育

4. 已完成　（受教育人数_____）

三、 活动未启动或难以开展的最关键问题：

1. 不知如何开展教育活动　　2. 认为教育活动意义不大

3. 有畏难情绪，持观望态度　　4. 其他______________

集团计划生育协会　　2004 年 11 月 22 日

小组发出调查表 20 份，收回 20 份。

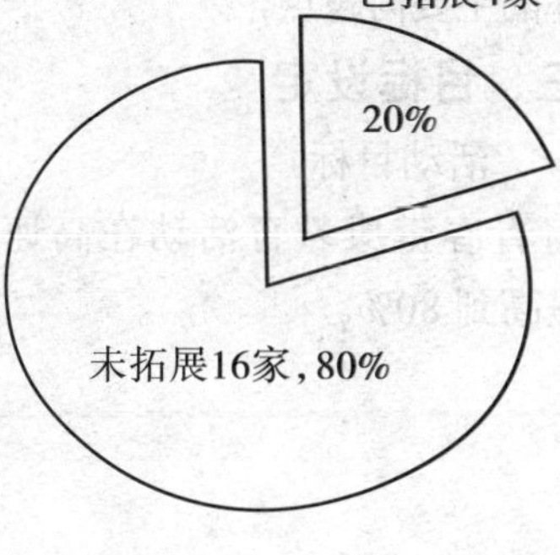

一、拓展总体情况

20 家营运管理单位中，已拓展的 4 家，占 20%，未拓展和未完成拓展的 16 家，占 80%。

二、未拓展和未完成拓

展 16 家公司关键问题调查：

统计情况 / 活动开展情况	单位数	关键问题			
		不知如何开展	认为意义不大	有畏难情绪	其他
未启动教育活动	7	3	1	2	1
未完成 4 项核心课程教育	3	3			
4 项核心课程的普及率<70%	6	3	3		
合　计	16	9	4	2	1

三、根据上表，绘制出关键问题排列图：

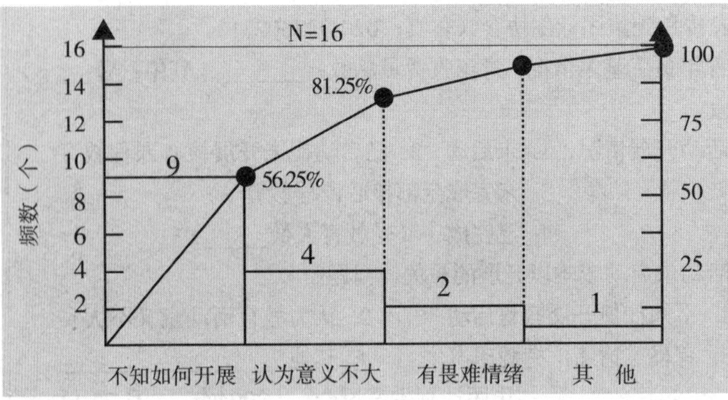

图 1
排列图

可见，“不知如何开展（教育活动）”和“认为意义不大”是影响拓展率的主要问题点。

三、目标设定

一、活动目标

将青春健康教育活动在高速公路营运管理公司的拓展率从 20%提高到 80%。

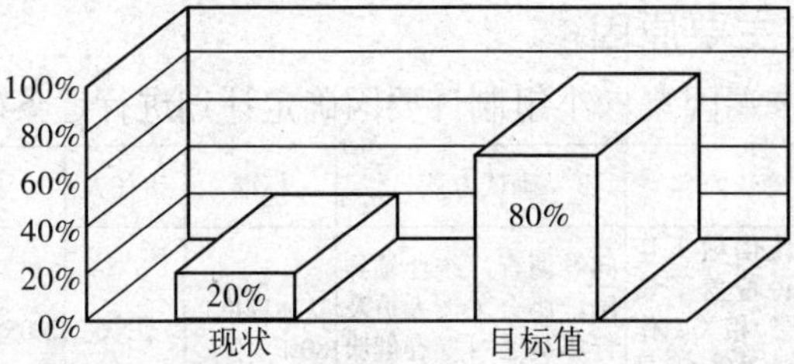

图2
目标图

二、设定目标值的依据

1. 从现状调查可以看出，只要解决好“不知如何开展（教育活动）”和“认为意义不大”这两个问题点，就可以将“青春健康”教育活动的拓展点数增加到4+（9+4）=17个，拓展率的理论值就可达到17/20=85%。

2. 集团选择2家高速公路运营管理公司进行试点，小组成员大多参与试点工作，积累了丰富的实践经验，具备在更大范围内拓展“青春健康”教育活动的能力。

原因分析

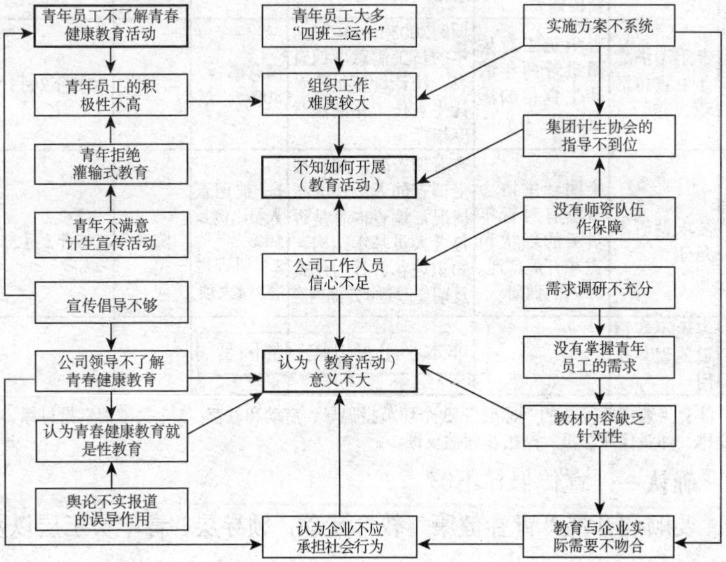

四、确定主要原因

针对7条末端因素，小组制订要因确定计划进行逐条确认。

序号	末端因素	确认内容	确认方法	标准	责任人	完成时间
1	宣传倡导不够	宣传倡导工作是否覆盖了领导层、相关工作人员及青年员工	问卷调查，统计领导层、协会工作人员及青年员工对青春健康教育活动的认知程度	认知程度≥80%	卫民	2005年1月30日
2	实施方案不系统	是否制订并下发"青春健康"教育活动的实施方案文件	调阅计生协会文件	有系统的实施方案文件（包括3个环节，5个关键因素）	张政	2005年1月24日
3	青年员工大多"四班三运作"	"四班三运作"对青春健康教育活动的影响程度	现场调查，能否在不影响工作和休息的前提下，安排时间开展教育活动	每月的日均自由时间≥3小时	李欣	2005年1月18日
4	没有师资队伍作保障	集团计生协会提供的师资力量是否能满足各营运管理公司的需要	计算分析与对比，在满足"四班三运作"的前提下需要提供的师资与现有师资对比	现有师资≥实际需要	王芳	2005年1月26日
5	青年不满意计生宣传活动	青年员工对集团最近两年的计生宣传的满意程度	调阅2003~2004年两年的员工满意度调查表，统计青年员工对计生宣传工作的满意度指标	满意率≥80%	董国光	2005年2月1日
6	需求调研不充分	集团计生协会有没有对青年员工的现状和需求开展广泛、深入的调研	查看调查表，统计接受调查的人数和分布情况，调查内容是否包含人员基本结构、知识现状、行为模式及期望改进4方面内容	1. 被调查人员比例≥50% 2. 调查内容≥4大项	陈涛	2005年1月20日
7	舆论不实报道的误导作用		非本小组可以控制的因素			

注：上表中序号2的"标准"：3个环节指倡导、启动和教育；5个关键因素指目标、计划安排、师资保障、投入产出和评估反馈。

确认一：宣传倡导不够

要顺利开展"青春健康"教育活动，领导层、青年员工层以及拓展工作人员的认知程度必须≥80%，才能有进行拓展的基础。小组成员卫民于2005年1月10~15日，对高速公路运营管理单位的部分领导、协会工作人员及青年员工进行问卷调查。

调查形式：随机抽样。

样本组成及数量：领导层32名（2名/单位），协会工作人员48名（3名/单位），青年员工320名（20名/单位）。

调查结果如下：

人员类别	调查人数	认知人数	不认知人数	认知率
领导	32人	7	25	21.88%
协会工作人员	48人	21	27	43.75%
青年员工	320人	94	226	29.38%
合　计	400人	122	278	30.50%

结论一：对“青春健康”教育的认知程度仅为30.50%，远远低于要求的80%，因此，“宣传倡导不够”是主要原因。

确认二：实施方案不系统

只有出台一个涵盖标准中所要求的3个重要环节和5个关键因素的系统实施方案文件，才能有效指导各单位拓展青春健康教育活动。小组成员张政对2004年1月以来，集团计生协会下发的关于“青春健康”教育活动的文件和通知进行认真查阅，共有实施意见1份，活动通知6份。

包含内容 / 文件类型	是否涉及3个重要环节			是否考虑了5个关键因素				
	倡导	启动	具体活动	活动目标	计划安排	师资保障	投入产出	评估反馈
实施意见		✓	✓	✓	✓		✓	
6份通知		✓	✓		✓			

结论二：经对照检查，实施意见和通知中忽视了“倡导”环节，对“师资保障”和“评价反馈”也没有进行充分的考虑。因此，“实

施方案不系统”是主要原因。

确认三：青年员工大多“四班三运作”

要确保青春健康教育活动的顺利开展，就必须让青年收费员每月的日平均可自由支配时间≥3 小时。小组成员李欣翻阅了集团高速公路运营管理规范手册，根据“四班三运作”的安排，各班次的可自由支配时间：

班次	上班时间	休息时间	可安排活动时间（小时）
早班	7:00~15:00	16:00~6:00	16:00~17:00（1h）
中班	15:00~23:00	0:00~14:00	8:00~14:00（6h）
晚班	23:00~7:00	8:00~22:00	13:00~16:00（3h）
机动班		22:00~7:00	8:00~17:00（9h）

结论三：由于班次每 8 天一个轮换，因此青年收费员的每月日均可安排活动时间为：（1+6+3+9）/4=4.75 小时，超过要求的 3 小时。所以 “青年员工大多‘四班三运作’”不是主要原因。

确认四：没有师资队伍作保障

要确保拓展活动的顺利推进，必须确保现有师资数量≥实际需要师资的数量。小组成员王芳根据青年收费员的数量，计算出各单位需要的师资数量：

师资需求 / 运营管理公司	单位数量	各单位师资需求情况		总需求量（人次/月）
		安排活动次数	需要师资	
A 公司、B 公司、C 公司、D 公司、E 公司、F 公司、G 实业公司等公司	12	2 次/月	6 人次/月	72
N 公司、O 西公司、P 沿海公司等公司	5	3 次/月	9 人次/月	45
X 公司、Y 高速公路公司、Z 公司	3	4 次/月	12 人次/月	36

集团每月需要的师资总量为 153 人次。而集团计生协会实际可提供的师资为：

师资量 / 师资类型	人数	实际师资量	
		月可服务天数	师资量(人次/月)
自有师资	3	10	30
聘请师资	8	6	48
合　计	11		78

可见，集团计生协会每月可提供的师资量不能满足师资需求量！

结论四："没有师资队伍作保障"是主要原因。

确认五：青年不满意计生宣传活动

小组成员董国光到20个高速公路营运管理公司，查阅2003年、2004年员工满意度调查表，统计出青年员工对单项指标——"计生宣传与教育"的满意率：

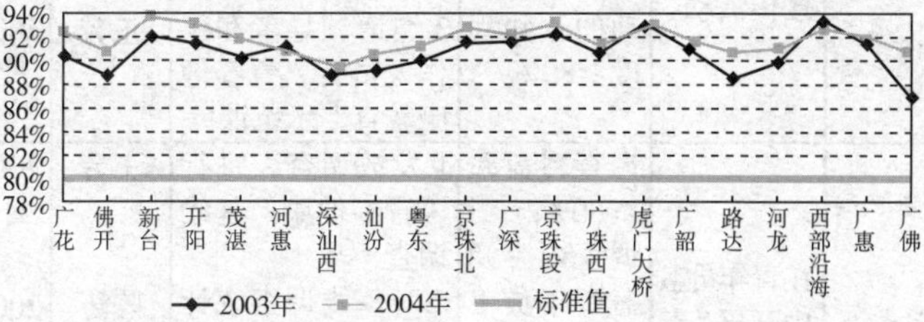

结论五：上图数据表明，2003年、2004年青年员工对"计划生育宣传与教育"的满意度较高，超过了80%的标准。因此，"青年不满意计生宣传活动"不是主要原因。

确认六：需求调研不充分

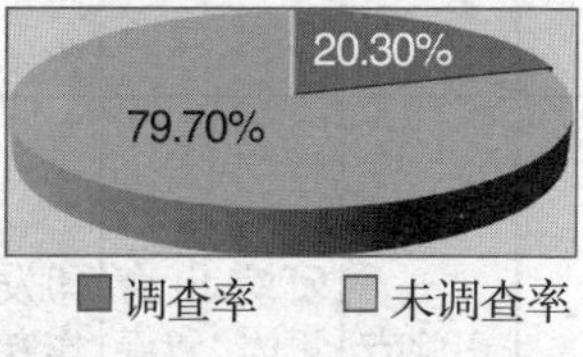

要保证"青春健康"教育活动的全面拓展，对青年收费员的调研必须充分（被调查人员比例≥50%，调查内容≥4大项）。小组成员陈涛调阅需求调查表，发现集团仅开展过1次抽样调查，且只在A公司、Z公司等4家进行，接受调查的青年员工1410人。

结论六：调查面仅20.3%，达不到50%的要求；调查内容局限于"知识现状"，也没有完成4个大项内容的调查，"没有对青年员工的需求进行充分调研"是主要原因。

通过以上确认，我们找到了4条主要因素，分别是：①宣传倡导不够；②实施方案不系统；③没有师资队伍作保障；④需求调研不充分。

五、制定对策

对策措施表：

序号	要因	对策	目标	措施	责任人	完成时间
1	宣传倡导不够	对不同目标人群开展不同形式的倡导宣传活动	领导层、青年员工以及计生协会工作人员对"青春健康"教育活动的认知程度≥80%	1. 举办"青春健康教育活动"巡回图片展。印发"青春健康"教育倡议书 2.举办计生分管领导培训班，分析"青春健康"成功案例 3.邀请领导者和工作人员听"青春健康教育"示范课	卫民 董国光 王芳	2005年3月20日 2005年3月10日 2005年3月15日
2	需求调研不充分	在青年员工中开展"青春健康"基线调查和需求分析	调查覆盖率≥50%；调查内容涵盖青年员工队伍的基本结构、生殖健康知识结构、行为倾向及期望收获4个方面	1.发放调查表进行"青春健康"基线调查 2.对基线调查统计结果进行青年员工的需求分析 3.召开青年员工代表座谈会，进一步征求青年员工的建议	王芳 陈涛 卫民	2005年3月20日 2005年4月10日 2005年4月20日
3	实施方案不系统	研究出台集团"青春健康"教育活动实施操作方案	印发活动操作方案，对3个环节、5个要素做全面细致的部署	1.到上海市计生协会学习"青春健康"教育经验 2.举办"青春健康"教育活动研讨会 3.出台"青春健康"活动操作方案 4.建立并启动"青春健康"活动反馈评估体系	张政 董国光 陈涛 王芳	2005年3月31日 2005年4月30日 2005年5月15日 2005年6月30日

序号	要因	对策	目标	措施	责任人	完成时间
4	没有师资队伍作保障	外联内培，提供一支高素质、热心服务的师资队伍	能满足153人次的需求	1.与原东山区计生协会建立师资共享关系 2.开展师资培训，并建立师资库 3.建立同伴教育和志愿者队伍 4.开发网络“青春健康”教育系统	卫民 陈涛 王芳 李欣	2005年11月10日 2005年4月31日 2005年7月31日 2005年8月30日

六、对策实施

对策Ⅰ：对不同目标人群开展不同形式的倡导宣传活动

一、2005年1月初，小组筹资2500元，制作“热力青春”——青春健康教育展板。2月15日~3月20日，在16个营运管理公司各展出2天。累计参观人数达7482人，小组累计派发倡议书7000份。

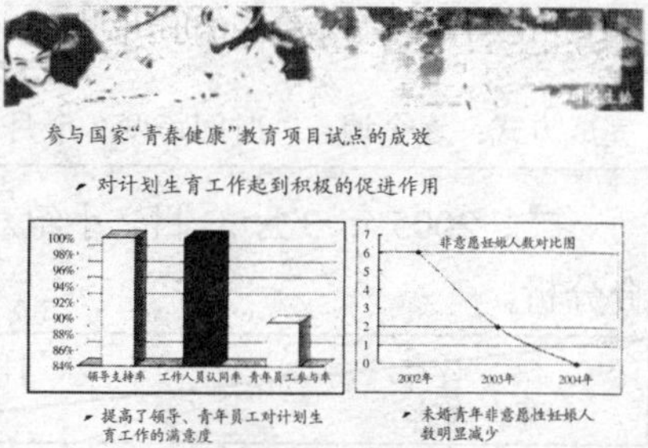

二、2005年3月10日，小组举办计生分管领导、计生干部培训班，请试点单位介绍“青春健康”教育活动的成效。右图显示，开展“青春健康”教育活动以来青年员工的非意愿人流率明显下降。

三、2005年3月11日，小组邀请7名“青春健康”师资在新台高速公路公司举办“青春健康”教育示范课（见右图），36名观摩人员中28人

表示“活动效果超出本人的想象”，34 人表示“对计划生育工作很有帮助”。

实施结果确认一	2005 年 3 月 31 日，小组对“青春健康”活动意见反馈书进行统计，领导班子和计生协会工作人员对青春健康教育的知晓率达 **100%**。3 月底结束的上半年员工满意度调查结果表明，青年收费员对“青春健康”教育活动的知晓率达 **92.6%**。两项知晓率都超过了 80%对策目标值。

对策Ⅱ：在青年员工中开展“青春健康”基线调查和需求分析

一、2005 年 2 月初，小组重新进行“青春健康”教育需求调查。

	以前的调查情况	**现在的调查情况**
调查形式：	抽样调查	全覆盖调查
样本总量：	4 个公司 1410 人	新增 16 个公司 5243 人
调查内容：	样本基本结构/知识现状	基本结构/生殖健康知识状况/生活技能状况/期望收获
完成方式：	逐个调查，时间跨度 3 个月	同步进行，集中在 15 天内完成

二、2005 年 3 月 31 日，小组对调查表数据库进行多维度的综合分析。

调查内容 \ 样本结构		知晓率（或所占百分比）
生殖健康知识现状	性与性行为方面的知识	62.7%
	艾滋病与毒品方面的知识	33.4%
	生殖与避孕方面的知识	49.1%
	人际关系方面的知识	57.5%
生活技能状况	未婚同居是可以接受的	54.3%
	当遇到性困惑首先咨询医生或计生干部	11.9%
	如果不是枯燥乏味的说教就愿意参加	90.4%
期望收获	希望得到平等交流的机会	97.3%
	创造安全、快捷的服务通道	92.1%
	期望能获得系统学习的机会	95.6%

可见，青年员工的生殖健康知识知晓率偏低，生活技能状况相对较弱，责任感相对缺乏。

三、2005 年 4 月中旬，小组成员分头组织召开 16 次座谈会，征集合理化建议 45 条，内容涉及青春健康教育的方方面面。

实施结果确认二	1.调查样本总量表明青年员工的调查覆盖率达 5243/（6950－1410）×100%=94.6%>50%的目标值。 2.调查内容包含人员基本状况、生殖健康知识现状、态度及行为倾向、期望收获 4 个方面，达到了调查内容≥4 项的要求。

对策Ⅲ：研究出台集团“青春健康”教育活动实施操作方案

一、2005 年 3 月底，小组经请示领导同意，组织集团“青春健康”课题组 15 名主要骨干赴上海市学习“青春健康”教育经验。

二、2005 年 4 月 20 日，小组召集核心师资骨干 11 名成员，在集团属下珠海岐关大酒店举办“青春健康”教育活动研讨会。

交流参观考察心得 → 研究出台活动操作方案 → 落实 4 个课件的责任人

三、2005 年 4 月底～5 月初，小组草拟“青春健康”活动操作方案，并三易其稿，于 5 月 10 日正式出台 ×× 省交通集团“青春健康”活动操作方案。

	原来的活动文件	正式出台的系统操作方案
组织领导	没有作出规定	明确由计生协会牵头，多部门配合
倡导呼吁	只在试点单位开展	在全部营运公司的领导层、工作人员和青年中
目标人群	4 个单位的未婚青年员工	20 个单位的未婚青年收费员
时间进度	没有明确	排定时间进度表和甘特图
师资保障	临时外聘师资	签订外聘师资协议，培养自己的师资队伍
活动组织	各单位自行安排	集团计生协会统一协调
教材及课件	直接使用《成长之道》教材	分 4 个课件组负责课件，落实责任人
投入产出	没有预算计划	要求各单位投入 2 万元，列入年度计生经费
快速评估	评估由外聘师资负责	评估由集团计生协会负责，及时改进活动
持续性发展	未考虑	探索经常化、日常化的教育模式

四、建立并启动“青春健康”活动反馈评估体系。

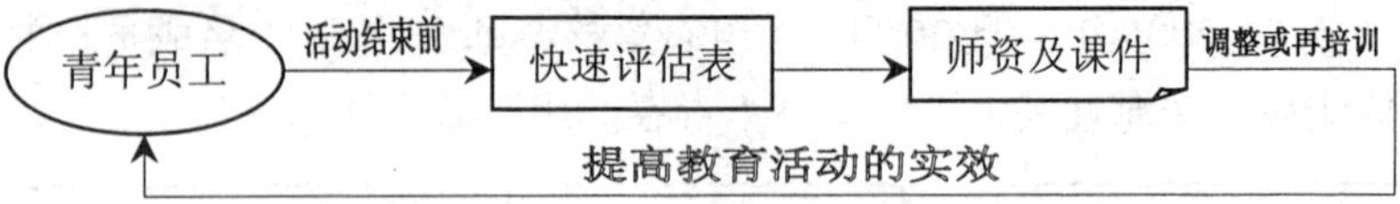

实施结果确认三

核心师资骨干 11 名成员一致认为应以项目的方式管理和实施“青春健康”教育的拓展活动。集团新出台的“青春健康”教育活动的操作方案，对倡导、启动和具体组织 3 个环节，组织领导、师资保障、投入产出、持续性发展等 10 个要素做全面细致的部署。

对策Ⅳ：外联内培，建设一支稳定的师资队伍和同伴志愿者队伍

一、2005 年 1 月，小组与东山区计生协会签订聘请师资协议书。

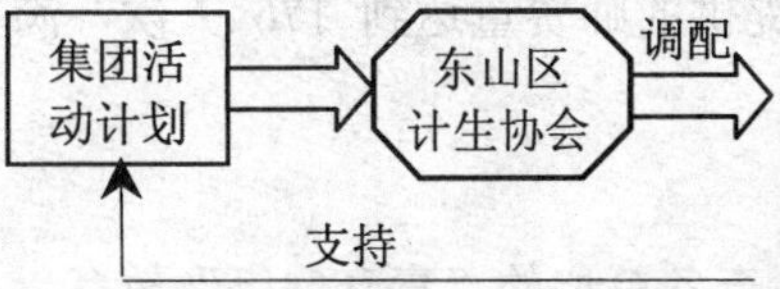

师资 核心课程	主持人	协助
解读性奥秘，拒绝性骚扰	××	×× ×× ×× ×× ×× ××
艾滋病与毒品	××	
生殖与避孕	××	
人际关系	××	

至2005年10月底，集团计生协会共23次邀请以上师资主持46次专题活动。

二、2005年4月中旬，小组委托东山区计生协会为集团举办了一期“青春健康”使者培训班，参加培训的32人全部取得师资资格证。其中，12名为集团师资库的共享师资，20名来自营运管理公司的师资，为常驻主持人。

三、各单位常驻主持人抓好本单位同伴教育和志愿者队伍的建设。

2005年6～11月，84名同伴教育志愿者在青年收费员中开展同伴教育197次。

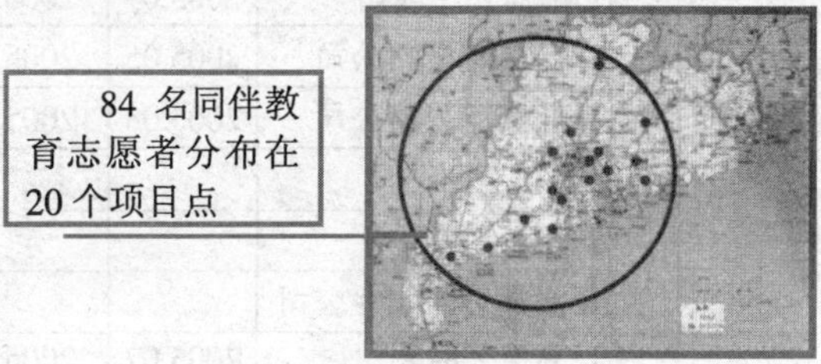

四、小组动员16个营运管理公司利用内部网络，开通“青春健康”网络专栏，交流青春健康教育心得体会。截至2005年11月10日，专栏点击率23038人次，网上咨询1769人次，转载服务324人次。

实施结果确认四

师资量 师资类型	人数	实际师资量	
		月可服务天数	师资量(人次/月)
集团共享的骨干师资	12	10	120
各单位自有师资	20		20
聘请东山区计生协会师资	6	6	36
合　计	38		176

可见：集团计生协会每月可提供的师资量达到 176 人次，满足153 人次的师资需求。

七、效果检查

2005 年 11 月 20 日，小组检查各单位的“青春健康”教育活动拓展情况：

<table>
<tr><td colspan="3">小组活动前</td><td colspan="4">拓展情况</td></tr>
<tr><td>“青春健康”活动状况</td><td>单位数</td><td>单位名称</td><td>性与性行为</td><td>远离艾滋病、毒品</td><td>生殖与避孕</td><td>价值观与人际关系</td></tr>
<tr><td>已完成全部核心课程教育</td><td>4</td><td>A 高速公路公司、B 高速公路公司、C 京珠段高速公路公司、D 高速公路公司</td><td colspan="4">小组活动前已完成拓展</td></tr>
<tr><td rowspan="7">未启动教育活动</td><td rowspan="7">7</td><td>E 高速公路公司</td><td>2005.10</td><td>2005.08</td><td>2005.08</td><td>2005.10</td></tr>
<tr><td>F 高速公路公司</td><td>2005.09</td><td>2005.09</td><td>2005.11</td><td>2005.11</td></tr>
<tr><td>G 西高速公路公司</td><td>2005.05</td><td>2005.06</td><td>2005.06</td><td>2005.05</td></tr>
<tr><td>H 北高速公路公司</td><td>2005.08</td><td>2005.06</td><td>2005.06</td><td>2005.08</td></tr>
<tr><td>I 高速公路公司</td><td></td><td></td><td></td><td></td></tr>
<tr><td>J 高速公路公司</td><td></td><td></td><td></td><td></td></tr>
<tr><td>K 高速公路实业公司</td><td></td><td></td><td></td><td></td></tr>
<tr><td rowspan="6">四项核心课程的普及率<70%</td><td rowspan="6">6</td><td>L 高速公路公司</td><td>2005.07</td><td>2005.07</td><td>2005.07</td><td>2005.07</td></tr>
<tr><td>M 大桥有限公司</td><td>2005.05</td><td>2005.05</td><td>2005.06</td><td>2005.06</td></tr>
<tr><td>N 高速公路公司</td><td>2005.09</td><td>2005.07</td><td>2005.09</td><td>2005.07</td></tr>
<tr><td>O 高速公路公司</td><td>2005.09</td><td>2005.09</td><td>2005.11</td><td>2005.11</td></tr>
<tr><td>P 高速公路公司</td><td>2005.10</td><td>2005.08</td><td>2005.08</td><td>2005.10</td></tr>
<tr><td>Q 沿海高速公路公司</td><td>2005.06</td><td>2005.06</td><td>2005.09</td><td>2005.09</td></tr>
<tr><td rowspan="3">未完成四项核心课程教育</td><td rowspan="3">3</td><td>R 高速公路公司</td><td>2004.06</td><td>2005.06</td><td>2005.06</td><td>2004.06</td></tr>
<tr><td>S 西高速公路公司</td><td>2004.08</td><td>2004.08</td><td>2005.07</td><td>2005.07</td></tr>
<tr><td>T 高速公路公司</td><td>2004.09</td><td>2005.10</td><td>2005.10</td><td>2005.10</td></tr>
</table>

通过小组努力，“青春健康”教育已顺利拓展到 17 个单位。

一、有形成果

根据拓展率的定义，计算最新拓展率为：17/20=85%。

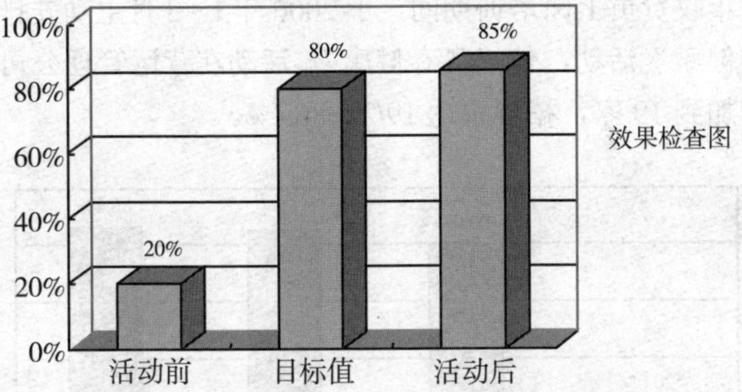

小组的活动目标实现了。与此同时，受教育的青年收费员人数比率达到 75.3%。

二、无形成果

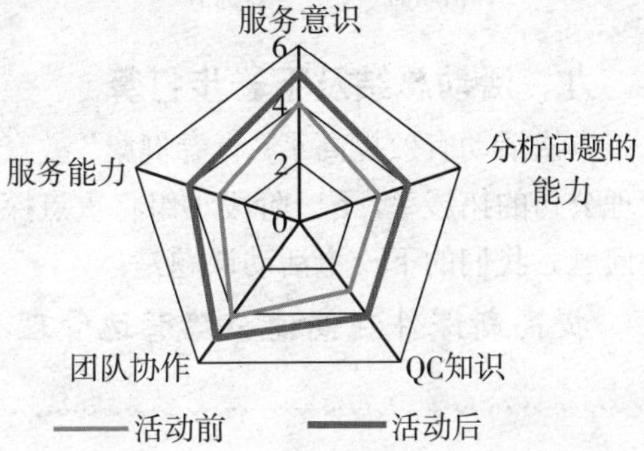

1. 丰富了计划生育工作的形式和内容，提高了员工对计划生育工作的满意度。

2. 小组成员在服务意识、工作能力、QC 知识等方面有进一步的提高。

八、巩固措施

1. 将《××省交通集团“青春健康”教育活动实施方案》编入《××省交通集团计划生育工作手册》。

2. 将“青春健康”教育活动评估纳入《××省交通集团计划生育工作满意度测评表》中。

巩固情况

2005年12月，集团又有2家高速公路营运管理公司投入营运。他们在青年收费员上岗培训期间，于2006年1~3月主动安排进行了“青春健康”活动，使“青春健康” 活动在营运管理公司的拓展点数增加到19家，拓展率达19/22=86.4%。

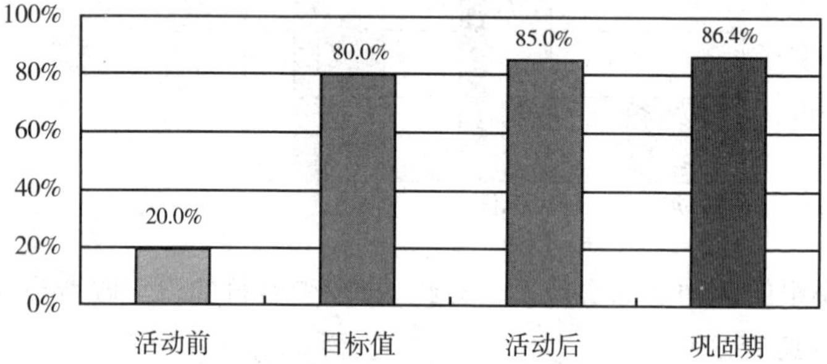

九、活动总结及下一步打算

本次活动有效提高了“青春健康”教育活动在各高速公路营运管理公司的拓展率，下一阶段小组将重点探索教育活动的持续性发展问题。我们的下一个活动课题是：

提高新课件在高速公路营运管理公司中的开课率

对《提高青春健康教育活动在高速公路营运管理公司的拓展率》成果的评价

这是一个以计划生育为课题的小组成果。××省交通集团公司要在未婚青年员工中开展“青春健康”教育活动，要求在2006年初使接受教育的未婚青年员工达到70%。针对在集团公司下属20个单位中已完成教育拓展的单位仅有 4 个，占集团下属单位的20%，接受教育的未婚青年员工也仅占20.3%的现状，小组以提高教育拓展率为题开展活动，并设定到2005年底青年健康教育活动的拓展率达到80%的目标。

经过小组的努力，最终使拓展率从原来的20%提高到85%，超过了小组制定的目标，并使受教育的未婚青年员工达到75.3%，完成了集团公司的要求。从成果的内容看，小组按PDCA程序开展活动，解决问题的思路清晰，一环紧扣一环，具有良好的逻辑性。此外，成果从选题开始到结束，处处都能以事实为依据，用数据说话。选题时用数据体现出本部门的现实与要求之间的差距，使选题的理由比较充分；现状调查中，通过对调查得到的数据进行分析，找出了影响教育拓展率的主要问题（也就是症结所在），为设定目标提供了依据；在确定主要原因时，针对每一条末端因素分别明确了如何调查，怎么判别，然后把调查得到的数据，与判别标准比较来确定“是”或“否”主要原因。因此所确定的主要原因证据确凿、清楚而科学；小组所制订的对策表对策方案明确，目标确切（有数据的具体要求），措施具体，很好起到了指导实施的作用。每条对策实施后都能立即收集数据与对策表中的目标比较以明确对策的有效性。由于小组成员注重数据分析，使成果的科学性和可信度得到很大的提高，从而提升了QC小组的活动水平。

作为一个管理型课题的QC小组，收集并分析了较多的数据，确实难能可贵。该小组发表的成果不但为我们的国策——计划生育工作做出了成绩，同时也为QC小组活动的推进作出了贡献。

案例五　10 kV 配变加油机的研制

××供电公司生技 QC 小组

一、小组简介

小组名称	××供电公司生技 QC 小组				
成立时间	2002 年 10 月	注册日期	2006 年 3 月	注册号	060025
活动时间	2006 年 3 月～2006 年 12 月			活动次数	15 次
课题类型	创 新 型	小组人数	10 人	参加率	100%
活动课题	10 kV 配变加油机的研制		推进者	王刚	

序号	姓名	性别	文化程度	小组分工
1	林跃	男	本 科	组织策划（组长）
2	王光明	男	大 专	技术指导
3	张英	女	大 专	技术指导
4	黄强	男	大 专	技术协调
5	陆兵	男	大 专	协调管理
6	杨峰	男	大 专	分析实施
7	韦杰	男	大 专	分析实施
8	吕伟	男	大 专	分析实施
9	周宏	男	大 专	资料整理

二、选择课题

（一）问题的提出

××供电公司，共管辖 10kV 配电变压器（以下简称配变）329 台，QC 小组担负着全县配变的日常巡视和检修工作。在实际工作中，需要对运行中的配变进行加油。目前，加油操作烦琐、耗时耗力，且在加油操作中有油液洒漏，污染环境和设备，造成用户停电时间长，降低了供电量。

配变加油图

图 1　将油壶内的油倒入油桶

图 2　人员分工

图 3　传递油桶

图 4　加油过程中

图 5　油液洒漏对环境和设备的污染

（二）配变加油时的调查分析

小组人员对 2006 年 3 月至 4 月份 8 台配变的加油情况进行了调查和计算：

2006 年 3~4 月份配变加油的调查表

<table>
<tr><td colspan="3">加油时人员及分工</td><td colspan="2">所用工具</td><td>加油过程</td></tr>
<tr><td colspan="3">×××（工作监护人）、××（注油）、×××（扶油桶）、×××（梯子上传递油桶）、××（扶梯子） 共 5 人</td><td colspan="2">油壶
油桶
油瓢
漏斗</td><td>先从油壶中将油倒入桶中，传到梯子上，然后从油桶中用油瓢通过漏斗将油注入变压器</td></tr>
<tr><td>时间</td><td>地点</td><td>配变台数</td><td>加油量（L）</td><td>加油时间（分钟）</td><td>少供电量（kmh）
（W=PT）
P—平均负荷值</td></tr>
<tr><td>3~4 月</td><td>配变台区</td><td>8</td><td>56</td><td>101.3</td><td>270</td></tr>
<tr><td colspan="4">平均每加 10L 油的计算</td><td>18</td><td>48</td></tr>
</table>

由上表可以明显看出我们在为配变加油时：

（1）工作人员（5 人）和加油工具（4 种）多，操作烦琐、耗时、减少供电量；

（2）大部分时间和精力都消耗在油液的传递上；

（3）平均每台配变加油量 7L。

（三）确定课题

为缩短配变加油时间，减少对用户停电，研制一种新型加油装置势在必行，我小组确定此次活动的课题为：

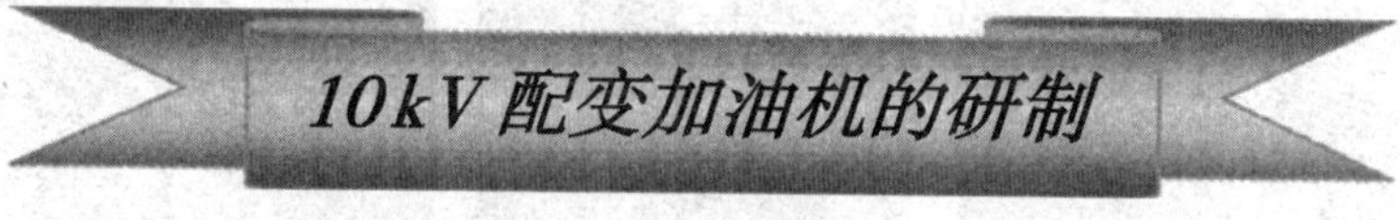

图 6

三、设定目标

如果能研制出专用加油机，使油液直接注入变压器内，将减少油液传递时间。我们进行三次试验将油液直接倒入变压器，平均注油时间为 3 分钟（见右图）。

为此，我们确定了目标值：

变压器加油时间≤3min /10L。

四、提出方案并确定最佳方案

（一）选择 10kV 配变加油机结构方案

经小组于 4 月 23 ~ 25 日向同行业咨询后，未发现有生产、销售过专为配变注油的加油机，也没有可以直接借鉴的产品。于是小组成员运用“头脑风暴法”针对研制什么类型的配变加油机提出了各种方案，并用亲和图归纳整理。

10kV配变加油机类型亲和图

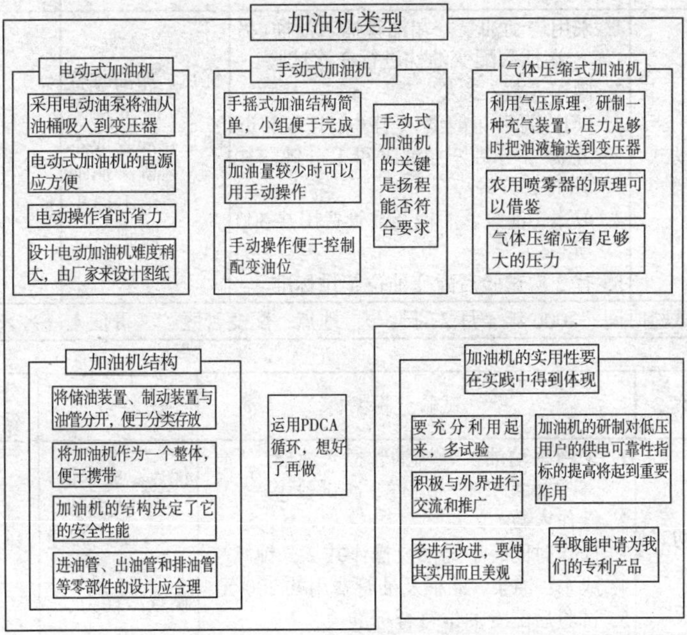

图 7

根据以上的亲和图，我小组决定从以下方案进行试验和分析：

1. 选择加油机制动方式

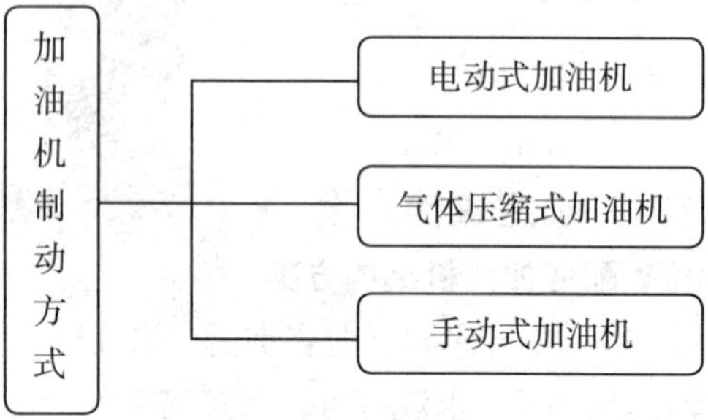

图 8

方案 1	试验分析	特点	分析结论
电动式	1. 采用电动油泵一端油管插入油桶，另一端插入配变油枕进行 3 次试验 2. 操作人数：3 人 3. 操作时间：由于配变停电，接取邻近电源 2 分钟，加油时间 1 分钟，共用时 3 分钟 4. 成本：油泵、油桶及油管费用共 500 元 5. 有 2 次试验后配变油位超过标准	优点：加油时省时省力 缺点：油泵成本高，加油量不便于控制	不采用
试验时间：2006 年 4 月 27 日　　地点：配变台区　　责任人：××			

方案 2	试验分析	特点	分析结论
手动式	1. 采用手动油泵一端油管插入油桶，另一端插入配变油枕进行 3 次试验 2. 操作人数：2 人 3. 操作时间：手摇油泵操作共 2 分钟 4. 成本：油泵、油桶及油管费用共 200 元 5. 试验后配变油位符合标准	优点：成本低，人员少，油位便于控制 缺点：耗力	采用
试验时间：2006 年 4 月 27 日　　地点：××机械厂　　责任人：×××			

方案 3	试验分析	特点	分析结论
气体压缩式	1. 采用小型手动气体压缩机一端油管插入油桶，另一端插入配变油枕进行 3 次试验 2. 操作人数：4 人 3. 操作时间：充气时间 2 分钟，注油时间 2 分钟，共用时 4 分钟 4. 成本：压缩机、油桶及油管共 300 元 5. 试验后配变油位符合标准	优点：油位便于控制 缺点：耗时耗力，操作人员多	不采用
试验时间：2006 年 4 月 29 日　地点：××机械厂　责任人：××			

2. 选择加油机结构

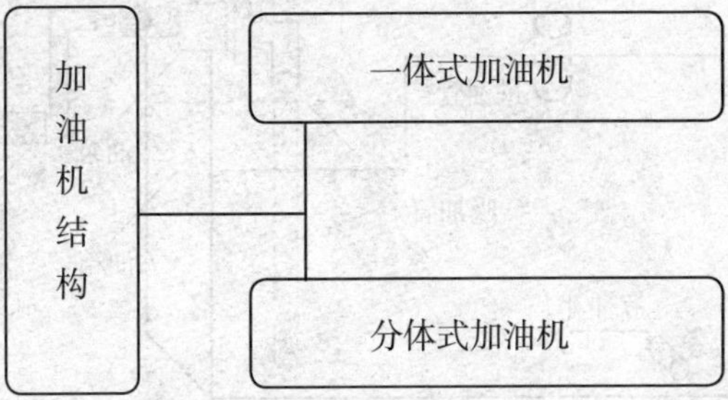

图 9

方案	试验分析	特点	分析结论
一体式	1. 将油桶与油泵连为一体进行加油试验 2. 操作人数：2 人 3. 3 次试验后均无油液洒漏现象	优点：人员少，安全性能好，便于携带 缺点：油箱与油泵密封有难度	采用
分体式	1. 将油泵油管插入到油桶进行加油试验 2. 操作人数：3 人 3. 试验后地面有油液洒漏现象	优点：结构简单，便于分类存放 缺点：安全性能低	不采用
试验时间：2006 年 4 月 30 日　地点：××机械厂　责任人：×××			

3. 确定加油机结构示意图

通过以上分析和试验，我们决定研制一体式手动加油机。本着加油机重量轻、体积小、便于携带和安全性能好的原则，为使各部件布局合理，我们先后画了示意图 4 份，零部件图 48 份，反复进行研究、论证，对加油机结构进行了初步设计，并确定了示意图如下：

10kV配变加油机结构示意图

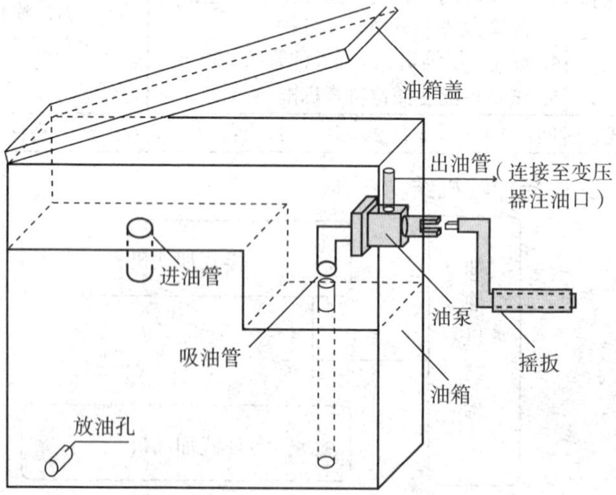

图 10

根据示意图，小组人员制定了加油机研制流程，从各个环节进行各种方案的分析和选择。

研制 10kV 配变加油机流程图

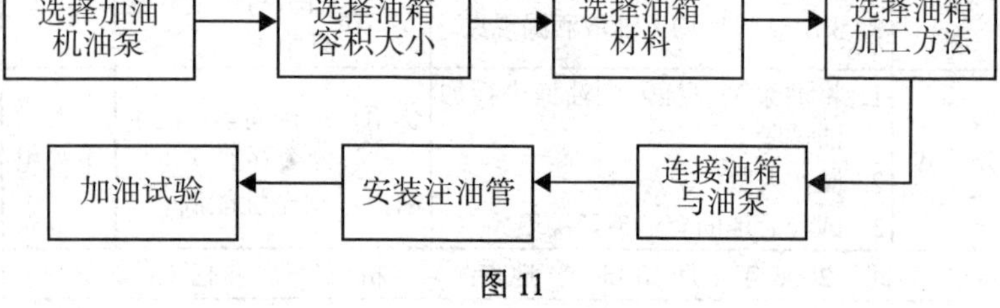

图 11

（二）加油机油泵的选择

油泵是加油机的核心，扬程应达到 3.5 米（依据《变电运行规程》有关规定，变台高度为 2.5 米，经过测量配变本身高度为 1 米），考虑到为配变加油时需停电，油泵需手动操作，所以小组人员经过讨论，并结合市场调查，提出以下几种方案：

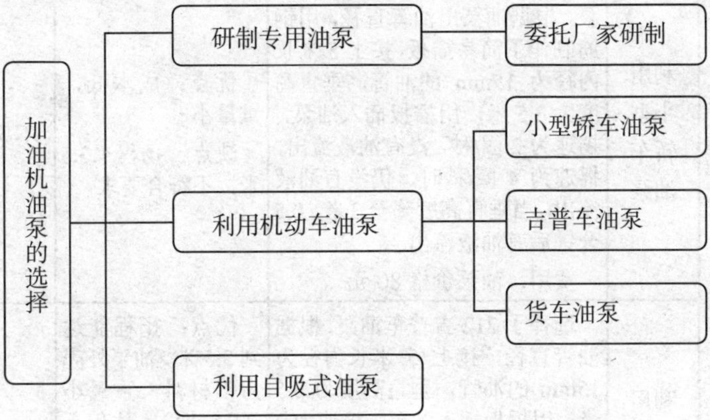

图 12

加油机油泵研制方案选择

方案 1	测算分析	特点	分析结论
委托厂家研制	在大宁配件厂实地考察，委托其制作扬程能达到 3.5 米、重量＜1kg 的油泵 费用：2000 元 工期：20 天	优点：扬程、重量、各部件配合尺寸能按我们的要求制作 缺点：成本高，工期长	不采用
时间：5 月 11 日　　地点：××配件厂　　责任人：×××			

<table>
<tr><td colspan="2" rowspan="2">方案 2</td><td colspan="3">小组人员在××汽修厂进行了实地调研，对大量机动车油泵进行了解，并决定对小型轿车、吉普车、大型货车这三种车型的油泵进行试验和分析</td></tr>
<tr><td>试验分析</td><td>特 点</td><td>分析结论</td></tr>
<tr><td rowspan="3">利用机动车油泵</td><td>利用小型轿车油泵</td><td>选择了夏利 TJ376Q 型机油泵，根据油泵出油管直径，用钢筋制作了简易摇扳，接上 5 米长内径为 15mm 的油管，垂直高度为 3.5 米，用摇扳插入油泵，摇速为 2 圈/秒，没有油液流出，摇速为 4 圈/秒时，仍没有油液流出，当垂直高度降至 3 米，0.5 分钟后有油液流出
费用：油泵价格 80 元</td><td>优点：成本低，重量小
缺点：扬程＜3.5 米，不符合要求</td><td>不采用</td></tr>
<tr><td>利用吉普车油泵</td><td>选择了 212 吉普车油泵，根据油管直径，接上 5 米长内径为 15mm 的油管，垂直高度为 3.5 米，用摇扳插入油泵，摇速为 2 圈/秒，1 分钟后有油液流出，3 分钟后将容积为 10L 的油桶加满
费用：油泵价格 100 元</td><td>优点：扬程能达到 3.5 米，油泵外壳为铝材料，重量小（0.8 kg），体积小（小于 1 立方分米），价格便宜
缺点：加油时间不能满足要求</td><td>宜采用</td></tr>
<tr><td>利用大型货车油泵</td><td>选择了东风 NHR 型货车油泵，根据出油管直径，接上 5 米长内径为 15mm 的油管，垂直高度为 3.5 米，用摇扳插入油泵，摇速为 2 圈/秒，0.7 分钟后有油液流出，1.2 分钟后将容积为 10L 的油桶加满
费用：油泵价格 250 元</td><td>优点：扬程达到了 3.5 米，省时省力
缺点：重量大（2kg），体积大（大于 6 立方分米）</td><td>宜采用</td></tr>
<tr><td colspan="5">时间：5 月 12 日　　地点：××汽修厂　　责任人：×××</td></tr>
</table>

方案 3	试验分析	特点	分析结论
利用自吸式油泵	在××农机公司实地考察，选择了 50CYZ-A-12 型小油泵，根据出油管直径接上 5 米长内径为 20mm 的油管，垂直高度为 3.5 米，当摇速为 2 圈/秒时，15 秒后有油流出，1.5 分钟后将容积为 10L 的油桶加满，当用电动操作时，5 秒后有油液流出，30 秒后将油桶加满 费用：油泵价格 2000 元	优点：扬程较大，省时省力，可以用手动或电动操作 缺点：重量大（5kg），体积大（大于 9 立方分米），价格较高	不采用
时间：5 月 13 日	地点：××农机公司	责任人：××	

对可采用的两套方案进行对比选择，见下表：

对比项目	方案	
	大型货车油泵	吉普车（212）油泵
扬　程	3.5m	3.5m
加 10L 油时间	1.2min	3.0min
重　量	2kg	0.8kg
体　积	6L	1L
价　格	250 元	100 元
综合对比	优点：加油省时省力 缺点：价格高，重量和体积相对较大，加重了加油机的重量	优点：价格低，重量轻、体积小 缺点：加油时间比目标时间长，费力
可改造性	体积大、重量重，没有改造空间	油泵出油管弯曲、不规则是造成吸油试验时费时费力的直接原因，小组人员有改造工器具的经验，所以油泵出油管有改造的空间 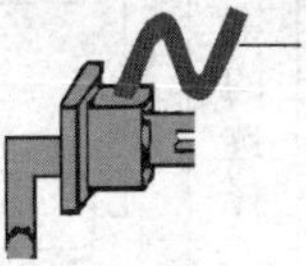
结　论	不采用	改造采用

如何改变出油管形状（使其垂直于泵体）呢？小组人员从以下几种方案进行了试验：

吉普车油泵出油管改造方案选择

方案	试验过程	分析结论
手工校直	出油管为铜材质，长度为 ϕ190mm，通过螺栓与泵体连接，我们将其拆卸用手工的方法校直，椭圆度严重超标达 18%，并有 2 处破裂	不采用
物理校直	根据金属热胀冷缩的原理，将出油管高温加热校直，椭圆度超标达 14. 5%，有 1 处裂纹	不采用
制作出油管	小组人员简单制作了出油管（ϕ15mm 钢管）与泵体螺栓连接，制作了摇扳（ϕ12mm 钢筋）插入油泵进行试验，如下图所示： 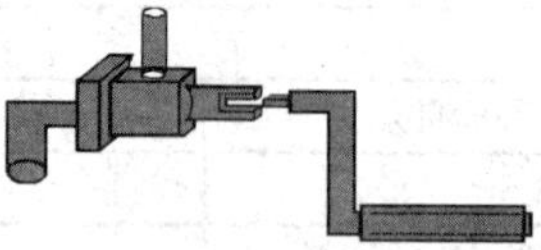 接上 5 米长内径为 15mm 的油管，垂直高度为 3.5 米，摇速为 2 圈/秒时，0 .3 分钟后有油流出，1.5 分钟后将容积为 10L 的油桶加满	采用
时间：2006 年 5 月 16 日　　地点：修试工房　　负责人：×××		

经过以上多种方案的分析和选择，我们将改造后的吉普车油泵作为加油机油泵选择的最佳方案。

（三）油箱制作方案的选择

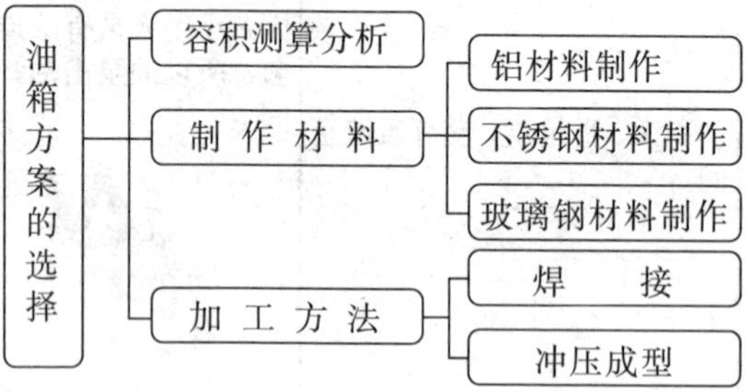

图 13

1. 加油机油箱容积的选择

加油机油箱容积大小取决于配变的油枕容积，2006 年 5 月 19 日，我们对 516 线路各个容量等级的配变油枕容积进行了统计和计算：

加油机油箱容积选择分析

变压器型号	油枕直径 d	油枕宽度 h	油枕容积 $V=\pi(d/2)^2h/1000$	油枕内变压器油的容积 v=1/2V
S9-10 kVA S9-20 kVA S9-30 kVA	18cm	30cm	7.3L	3.65L
S9-50 kVA	20cm	32 cm	10L	5L
S9-100 kVA	20cm	35 cm	11L	5.5L
S9-200 kVA	22cm	40 cm	15.2L	7.6L
S9-315 kVA	24cm	42 cm	19L	9.5L
合 计				31.25L
平均每台	31.25÷5			6.25L

根据巡视记录，每次变压器的注油台数不超过 4 台，由上表可知：平均每台的加油量为 6.25 L，据此计算确定加油机容积为 25L。

2. 加油机油箱材料的选择

结合本地市场状况，对复合塑料、铝板、钢板、不锈钢和玻璃钢材料从重量、价格和抗冲击性、可操作性能等方面考虑，决定从铝、不锈钢、玻璃钢三种材料进行试验和分析：

根据油箱容积大小（25L），我们初步设计油箱的长 a、宽 b、高 c 分别为 50cm、20cm、25cm，容积为：$V=abc=50\times20\times25=25000cm^3=25L$

那么，油箱材料的面积为：

$S=(ab+ac+bc)\times2=(50\times20+50\times25+20\times25)\times2=5500cm^2$

根据以上计算结果，我们对三种材料进行了计算和分析，见下表：

加油机油箱材料选择

材料	型号	重　量（kg）			价格（元）	抗冲击试验	分析	结论
		密度(g/cm^3)	厚度(mm)	重量计算				
铝板	6061T6	2.7	4	2.7*5500*0.410^3=5.94	5.94*60=356	200kg 试验 1 次，铝板变形，并出现凹坑	优点：重量轻，容易成型。缺点，成本较高，抗冲撞性能差，容易变形，加工难度大	不选
不锈钢板	δ=2.0*1*2	7.7	2	7.7*5500*0.2/10^3=8.47	8.47*35=296	200kg 试验 2 次，不锈钢无变形	优点：成本低，抗冲撞性能好，硬度大，不生锈，耐腐蚀，不易变形 缺点：重量重	选用
玻璃钢		1.8	2	1.8*5500*0.2/10^3=1.98	1.98*300=594	200kg 试验 1 次，玻璃钢板破裂	优点：外表美观，重量轻，硬度大 缺点：成本高，抗冲撞性能差，易磨损、容易破碎，加工难度大	不选
试验时间：2006 年 5 月 23 日　试验地点：××机械厂　责任人：××								

3. 油箱加工方法的选择

加工方法	分析试验	特点	结论
焊 接	技术支持：焊接质量直接影响油箱质量，小组成员有焊工一名，持有焊接合格证书，焊接试板 3 块（横焊缝 1 块，竖焊缝 2 块）后，经金相检查符合质量要求，具备焊接条件 工期：1 天 加工工时：2 个，费用：100 元 不锈钢焊条：0 .5kg，费用：22.5 元 合计费用：122.5 元	优点：易操作，成本低，工期短 缺点：外形不美观	采用
冲压成型	技术支持：模具需委托加工，小组内无钣金工，技术难度较大 工期：2 天 加工工时：4 个，费用：200 元 不锈钢焊条：0.1kg，费用：4.5 元 模具制作：160 元 合计费用：364.5 元	优点：外形美观 缺点：费用高，工期长，自己加工难度高	不采用
试验时间：2006 年 5 月 30 日　地点：修试工房　责任人：×××			

通过以上计算、分析和试验选择：油箱容积为 25L，采用不锈钢焊接。

（四）油箱与油泵连接方案的选择

油箱出油管与油泵吸油管需进行连接，根据油泵的形状，我们决定用钢管（型号 φ22mm×300mm，如下图所示）代替油箱出油管对连接方式进行模拟试验。

油箱出油管与油泵吸油管模拟图

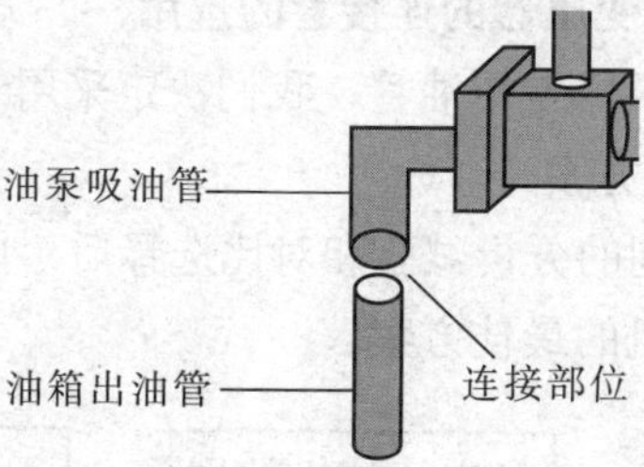

图 14

考虑到便于拆卸，我们首选丝扣连接，并选择了密封胶黏接和强化水泥密封的两套备选方案，用 PDPC 法进行了连接试验。

油箱出油管与油泵连接试验的 PDPC

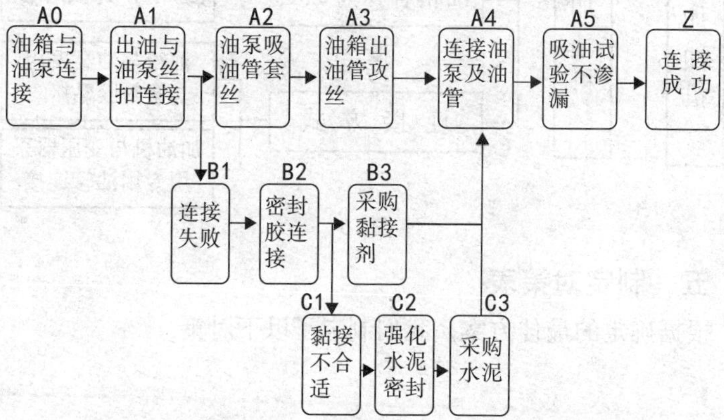

图 15

油箱与油泵的连接方案的选择表

试验方案	试　验　过　程
A	A 方案连接，当紧力＞10N 时，油泵吸油管（铝材）破裂，连接失败
B	B 方案连接，连接后紧密、牢固，经 5 次吸油试验没有油液渗出
试验时间：2006 年 6 月 15 日　试验地点：修试工房　责任人：×××	

我们决定采用 A0、B1、B2、B3、A4……方案。

（五）加油机至变压器的连接管的选用

市场上销售变压器专用油管，我们决定采用专用油管。

（六）确定最佳方案

根据以上一系列的分析试验和对比选择后，小组人员确定了研制 10 kV 配变加油机的最佳方案。

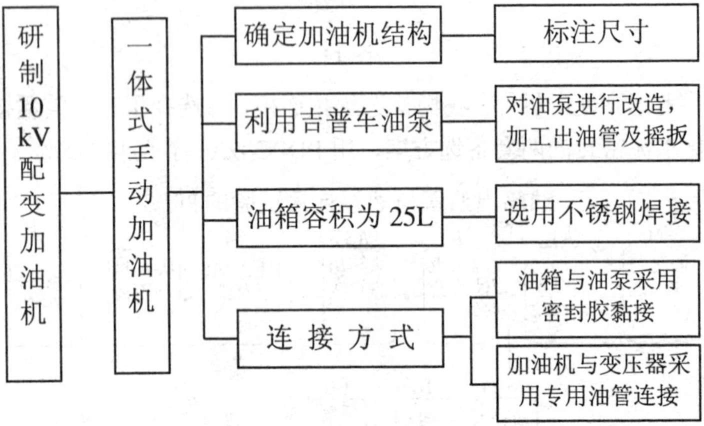

图 16

五、制定对策表

根据确定的最佳方案，我们制定了以下对策。

序号	对　策	目　标	措　施	地点	时间	责任人
1	确定加油机结构	尺寸标注齐全，精确反映内部结构	采用 CAD 软件制作	办公室	2006.08.10	××
2	对吉普车油泵改造	扬程能达到3.5米	解体油泵，加工油泵出油管、法兰和摇扳，校对各部件并组装	材料加工房	2006.08.20	×××
3	制作油箱	容积为 25L，安全性能好	用不锈钢材料制作，进行切割、打磨和焊接	材料加工房	2006.08.30	×××
4	油箱与泵及加油管的连接	吸油试验后漏油率为零	油箱出油管与泵的吸油管用密封胶黏接 将5米长φ15mm专用注油管安装在加油机出口管上	修试工房	2006.09.15	××
5	加油试验	出油量10L时，时间<3分钟	在支公司专变进行试验	支公司专变	2006.09.20	××

六、对策实施

根据对策，经申报支公司×××批准后进行了分步实施。

实施一：

实施项目	实施情况	实施人员	时　间	地点
确定加油机结构图	根据上述确定的各种方案，我们对加油机结构示意图各部件的尺寸进行了标注	×× ××	2006.08.10 ~ 2006.08.14	办公室

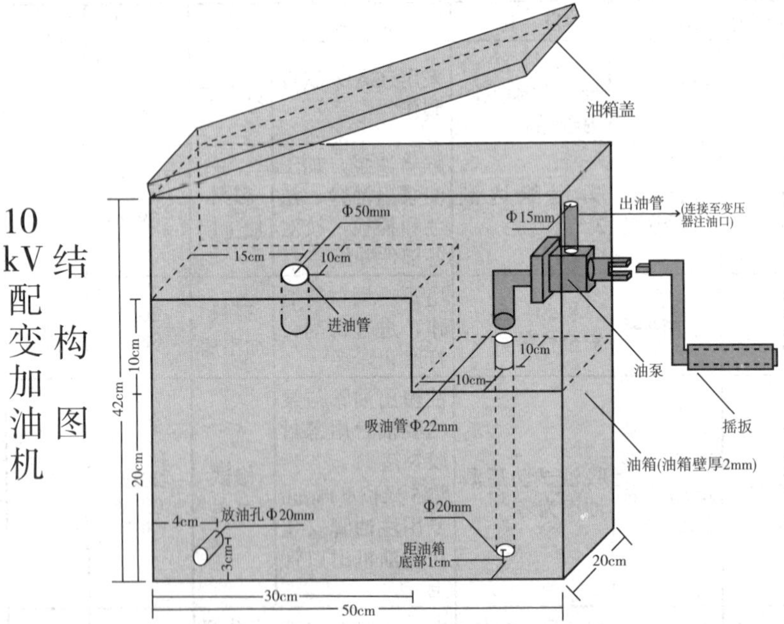

图 17

实施效果：

1. 标注了各部件之间的尺寸，能精确反映加油机内部结构，为加油机制作提供了依据。

2. 加油机设计了油箱盖，增大了防潮、防火的安全系数，而且油箱盖与油箱之间的空间可以放入注油管、摇扳等附件，使加油机成为有机的整体。

实施二：

实施项目	实施情况	实施人员	时间	地点
改造吉普车油泵	1. 对吉普车（212）油泵解体	×××	2006.08.20	材料加工房
	2. 用 ϕ 15×150mm 的钢管和 δ 20mm 的钢板通过切割和焊接制作了出油管	××× ××× ×××		
	3. 用 ϕ 20mm 的钢筋通过车床加工了油泵摇扳		2006.08.21	
	4. 制作了密封垫，对出油管和泵体等附件进行了组装			
	5. 接上 5 米长的油管，进行了 5 次油泵性能试验		2006.08.22	修试工房

图 18　改造前油泵的结构

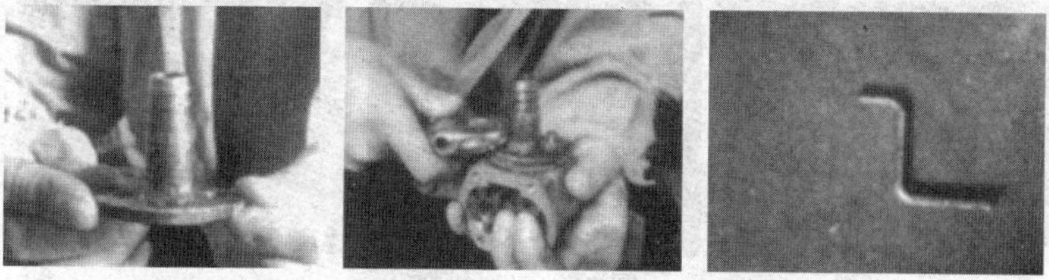

图 19　改造中制作了油泵摇扳及出油管

图 20　改造后油泵结构

实施效果：

制作规范，出油管与油泵连接紧密、牢固，摇扳插入油泵后无松动现象，操作时省时省力，吸油管扬程为 3.5 米。

实施三：

实施项目	实施情况	实施人员	时 间	地点
制作油箱	1. 购买了 20kg 型号为 S=2.0×1×2 不锈钢板	××	2006.08.30	机械厂
	2. 搜集了 φ20mm×500mm 和 φ50mm×200mm 的钢管边角料各 1 根		2006.08.31	支公司
	3. 按照图纸标注尺寸对材料进行了切割和打磨	××× ×××	2006.09.10	材料加工房
	4. 用不锈钢板焊接了油箱本体		2006.09.11 ~ 2006.09.12	材料加工房
	5. 用钢管边角料焊接了油箱的进油管、出油管和排油管		2006.09.13	材料加工房
	6. 2.5kg 承压试验 3 次			修试工房

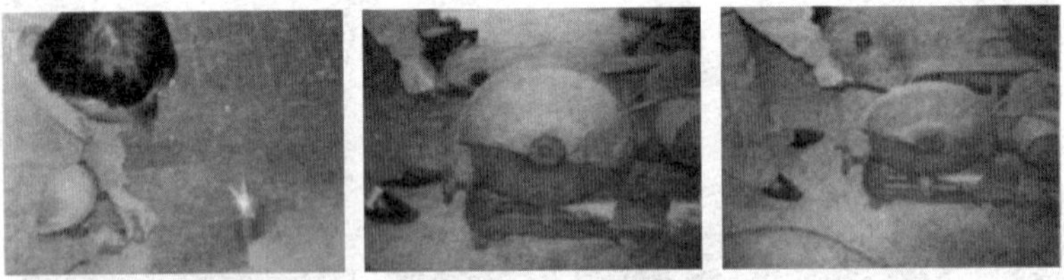

图 21　切割材料

图 22　焊接油箱

实施效果：

焊缝合格，容积为25L，加入油液后不漏油，承压试验后没有水进入，安全性能好。

实施四：

实施项目	实施情况	实施人员	时 间	地点
油箱与泵及加油管的连接	1. 购买了 5 米长ф 15mm 的专用油管	×××	2006.09.15	×县变压器厂
	2. 将油箱出油管与泵的吸油管用密封胶进行了黏接	××× × ×	2006.09.16	修试工房
	3. 在加油机出口管上安装了注油管			

图 23　连接试验

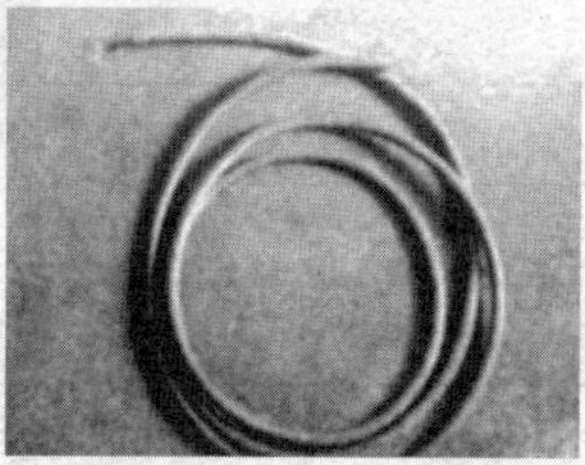

图 24　注油管

实施效果：

连接紧密、牢固，密封好，经5次吸油试验后漏油率为零。

加油机研制完成后加油情况记录表

时间	地点	配变型号	加油量	所用时间（分钟）			少供电量 kmh（W=PT）P—平均负荷值
				油液传递用时	注油用时	总用时	
2006.10.15	城关小学配变	S9-250	7L	1.2	0.7	1.9	200×1.9/60=6.3
2006.10.15	中街配变	S9-315	9L	1.2	1.0	2.2	280×2.2/60=10.3
2006.10.15	检察院配变	S9-200	6L	1.1	0.7	1.8	180×1.8/60=5.4
2006.10.15	葛口后湾配变	S9-250	8L	1.2	0.9	2.1	200×2.1/60=7
合　计			30L	4.7	3.3	8	29
平均每加 10L 油的计算				1.5	1.1	2.6	9.7

表中：油液传递用时——从开始工作到变压器有油注入所用的时间（包括工作人员和加油机就位时间 1.2 分钟；从开始操作加油机到有油注入 0.3 分钟）。

注油用时——变压器从注油开始到注油结束所用时间。

QC 小组活动前后效果对比柱状图显示如下：

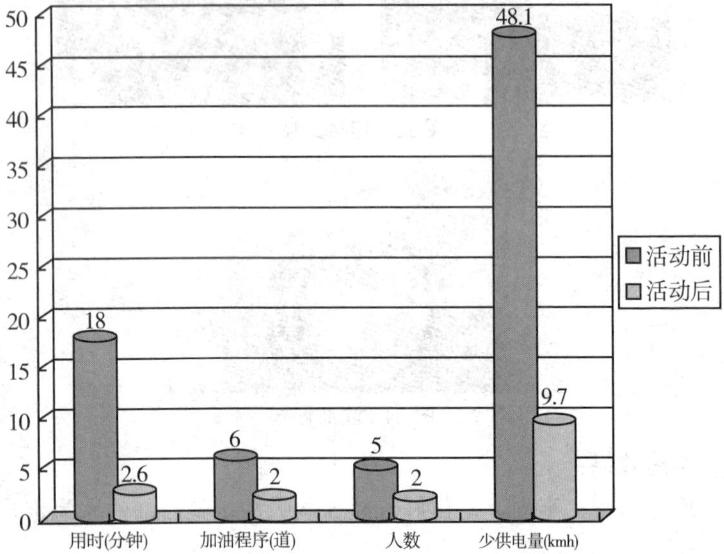

图 25

实施五：

实施项目	实施情况	实施人员	时 间	地 点
加油试验	研制完成后将油管接至变压器进行了3次试验	×× ××	2006.09.20	公司变台杆

实施效果：

活动前要5人合作完成，现在只需2人操作即可完成，加油机出油量达到10L时，3次试验平均时间为2.58分钟，达到了预期效果。

七、效果检查

效果检查一：

加油机研制完成后，我们于10月15日为配变加油时做了以下记录：

图26

活动目标检查效果图：

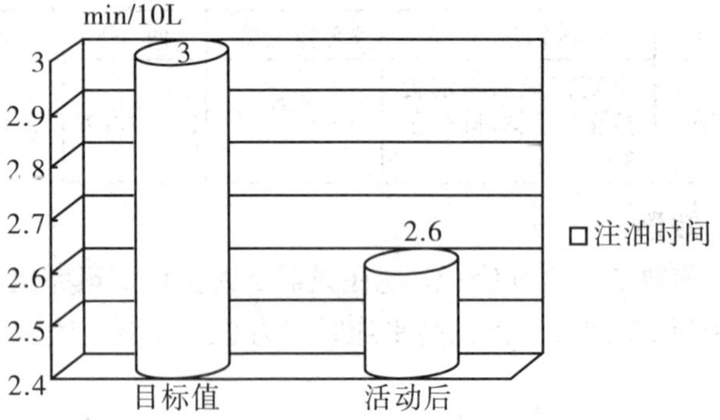

图 27

我小组通过活动，达到并超过了目标值。同时在加油程序、人数以及少供电量方面都收到了明显的效果。

效果检查二：

油　泵：本体 100 元 + 改造费用 80 元=180 元

油　箱：不锈钢板 20×35=700 元

钢管 5×10=50 元

加工费用（电费及焊条费用）20×6+30 元=150 元

密封胶：10 元

油　管：100 元

其　他：100 元

总成本费用：1290 元

成本低（1290 元），体积小（42L），重量轻（15kg），符合便携的特点。

八、标准化

1. 把 10kV 配变加油机的设计资料、图纸整理归档，纳入支公司标准化管理

2. 制定加油机的制作工艺标准及操作规程，并纳入支公司配变检修作业指导书

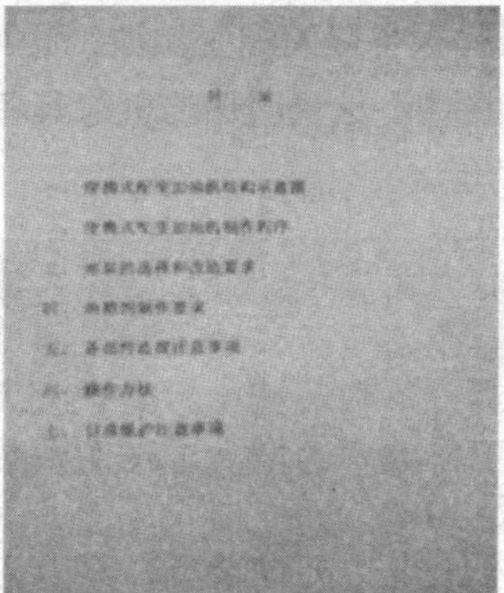

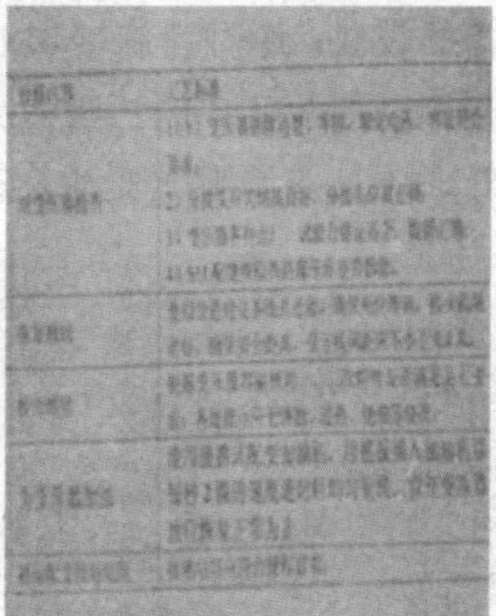

3. 为了更好地验证加油机的常效性和实用性，2006 年 11 ~ 12 月我们对加油机加油情况进行了跟踪调查

2006 年 11～12 月加油情况记录表

时间	地点	配变型号	加油量	所用时间（分钟）		
				油液传递用时	注油用时	总用时
11.15	五金厂	S9-200	8L	1.2	0.7	1.9
11.15	吉　亭	S9-200	8L	1.1	0.75	1.85
11.15	马束沟	S9-250	8.5L	1.2	0.8	2
12.12	小冯村	S9-50	6L	1.1	0.5	1.6
12.12	故乡加油站	S7-200	6.5L	1.2	0.65	1.85
12.12	故乡纸箱厂	S7-250	8L	1.3	0.8	2.1
12.12	荷叶沟砖厂	S9-80	6L	1.2	0.6	1.8
合　计			51L	8.3	4.8	13.1
平均每加 10L 油的计算				1.66	0.96	2.57

由此可见，我们研制的加油机性能良好，能发挥其在实际检修工作中的实用性。

意外收获：逆时针旋转加油机摇扳可以为配变加油，而顺时针旋转则可以把配变中的油吸入到加油机。这说明加油机除具备加油功能外，还具备调整配变油位的功能。

图 28

☆分公司生技处鉴定结论：该加油机操作简便，移动灵活，便于携带，对设备和环境无污染，大大提高了工作效率，增大了案例系数，能满足 10kV 配变的加油要求，并适用于小型电力充油设备，具有应用和推广价值。

已经申请国家专利

九、总结及下步打算

通过QC活动，全面提高了小组人员的素质，激发了我们的创造性思维。分析近年来电力系统的事故案例，“电力设备试验断电仪的研制”又成为小组活动的新课题。

对《10kV配变加油机的研制》成果的评价

该成果为“创新型”课题，小组成员通过研制10kV配变加油机，完成了活动课题，达到并超过了目标值，同时在加油程序、人数以及供电量方面都收到了明显的效果。该成果作为研制类课题，其活动基本符合“创新型”课题QC小组程序，方案选择基于事实的科学判断，即通过实验或数据进行选择，做到了既“形似”也“神似”。但该成果在程序和方法方面还有改进空间。

不足之处如下：

1. 目标值设定不恰当。该课题是研制10kV配变加油机，没有对加油机的主要性能指标设定目标，而是设定“变压器加油时间≤3min/10L”为小组活动目标，显然不妥。

2. 方案选择没有从大到小，逐层选择，直到选择到最终方案为止。该成果：

(1)在方案选择中，提到“对加油机结构反复进行研究、论证，进行了初步设计”，但没有交代是如何进行选择和验证的。

(2)方案没有选择到底，如在对策表1中仍在“确定加油机结构”，说明方案选择不彻底。

案例六　输电线路新型防振锤的研制

××电力公司输电工区求新QC小组

一、小组简介

（表1）

小组名称	××电力公司输电工区求新QC小组				
课题类型	创新型	注册日期	2004年6月26日	注册号	0414
成立时间	1996年2月		活动时间	2004年7~12月	
组　　长	××	出勤率	100%		
课题指导	××	活动课题	输电线路新型防振锤的研制		
序号	姓　名	性别	文化程度	小组分工	
1	××	男	研究生	组　长	
2	××	男	大　专	技术指导、协调	
3	××	男	大　本	技术指导、协调	
4	××	男	大　专	研制、分析实施	
5	××	女	大　专	研制、分析实施	
6	××	男	大　本	研制、分析实施	
7	××	男	大　专	研制、分析实施	
8	××	女	大　专	资料整理、记录	
9	××	男	大　专	实　施　记　录	

二、设备简介

山西省临汾输电工区担负着临汾全区110~500kV高压输电线路的运行维护和检修工作。管辖66条1500km输电线路，4654根基杆塔，防振锤的数量为54300个。防振锤主要适用于35~500kV输电线路导线和架空地线上，它的作用是当导线或架空地线振动时，悬挂在导线或架空地线上的防振锤相对运动吸收了导线的振动能量，从而保护导线不会因外力振动而发生故障。

由此可见，防振锤是保障输电线路安全运行的一种重要金具（见图 1）。

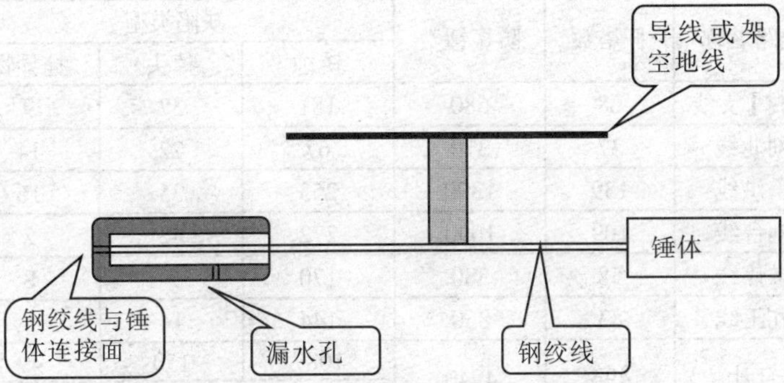

图 1　导线或架空地线防振锤外观简图

三、选题理由

（一）问题的提出

目前输电线路上使用的铸铁式防振锤在长期运行中，由于各区域环境污染因素以及工农业遗留物件等原因，使防振锤的氧化速度加快，从而产生锈蚀、掉头、挂异物等缺陷（见图 2、3、4），导致防振锤作用消失，检修率和故障率上升。

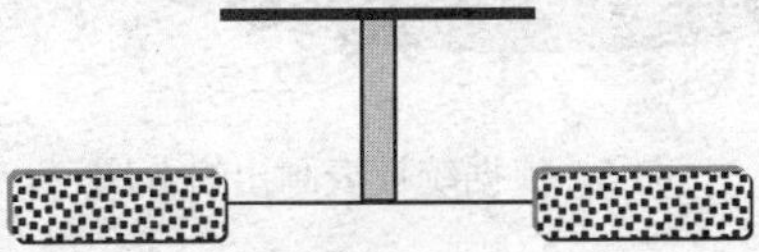

图 2　锈蚀

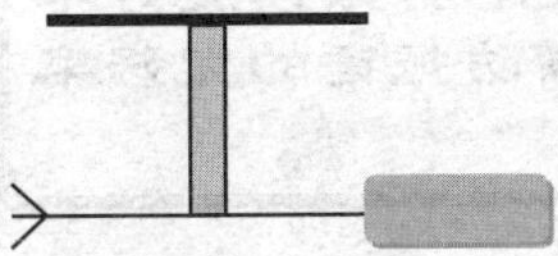

图 3　掉头

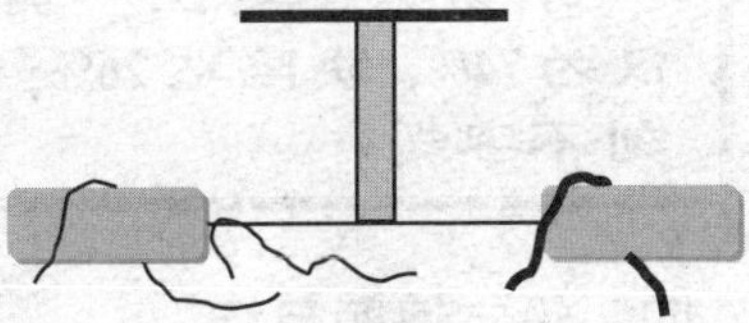

图 4　挂异物

（二）铸铁式防振锤缺陷情况的调查分析

2004 年 7 月 3~5 日，我小组抽查了 6 条输电线路（5 月 3 日~

6月30日）的缺陷报告记录并调查分类汇总。

输电线路缺陷调查统计表　　　　（表2）

线路名称	杆塔数	防振锤数	缺陷类型		
			锈蚀	掉头	挂异物
辛村Ⅰ支线	68	680	181	37	9
刘北线	37	370	67	22	14
霍洪线	139	1390	253	35	16
刘台线	109	1090	272	42	2
维焦线	58	580	170	-	8
九王线	83	830	144	14	-
合计	494	4940	1087	150	49
			1286		
百分比			22%	3%	1%
缺陷率	26%		完好率	74%	

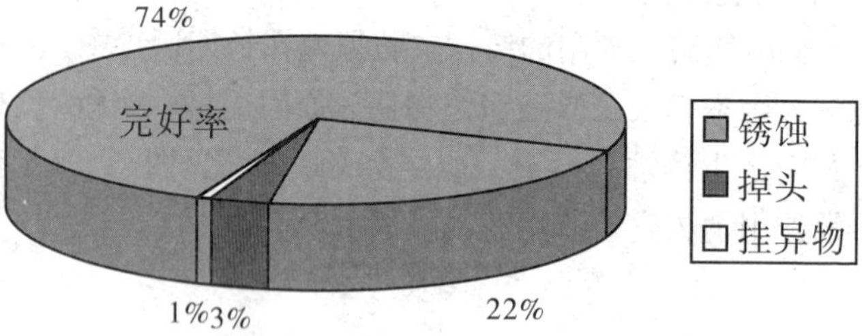

图5　依据统计表画出饼分图

从饼分图看出，输电线路防振锤完好率仅为74%，缺陷达26%；提高防振锤的完好率刻不容缓。

四、设定课题目标

（一）目标值的确定

防振锤的完好率由74% 提高到98%。

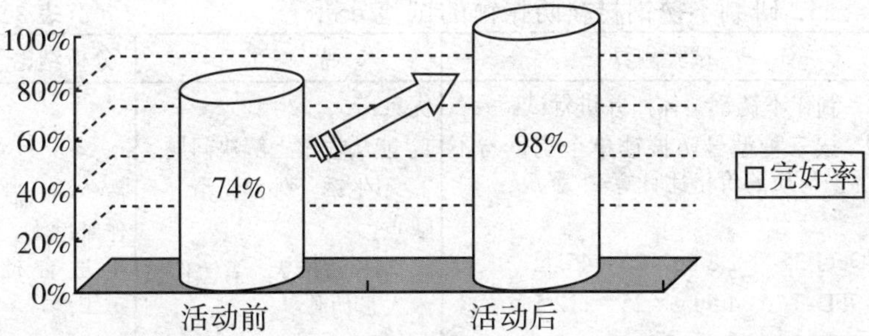

图 6

（二）目标值分析

1. 公司要求输电线路防振锤完好率≥98%；

2. 如果能研制出一种表面光滑且不生锈的防振锤，即可解决防振锤的锈蚀、掉头、挂异物缺陷，使防振锤完好率＞98%。

五、提出方案并确定最佳方案

（一）选择新型防振锤材料

1. 我小组在图书馆、网上查询和市场调查，没有新型防振锤可借鉴的资料。

2. 经市场调查，选择出不锈钢材、铝材、瓷材、塑钢、玻璃钢 5 种材料，为研制新型防振锤的材料。

3. 经对以上 5 种材料的试验分析（表面光滑、不生锈、价格比）初步选定研制新型防振锤材料为不锈钢材、铝材和瓷材。

（二）新型防振锤材料选择试验分析

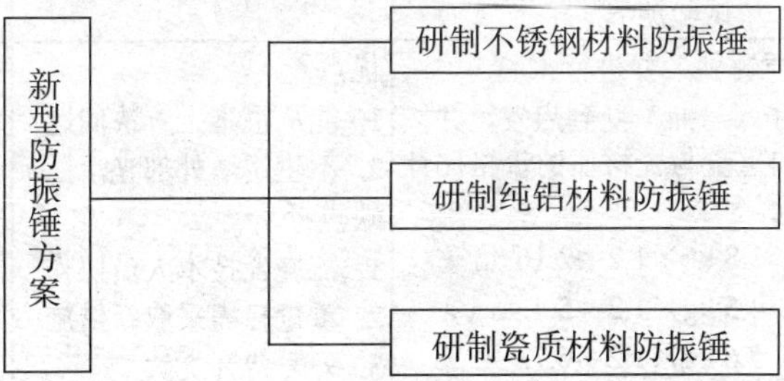

图 7

1. 研制不锈钢材料防振锤的试验分析

（表 3）

试验测算	特　点	分析结论
1. 制作不锈钢锤体，并进行试验 2. 按三种型号防振锤单个重量与不锈钢材质的价格比计算 25 元/kg： ①FG-35　1.8 kg×25=45 元 ②FD-3　4.5 kg×25=112.5 元 ③FD-4　5.6 kg×25=140 元	优点： 1. 能从根本上解决问题 2. 不生锈，外部光滑 缺点： 1. 制作难度大，需铸件技术人员协作 2. 需车床技术人员协作 3. 外委费开支大	造价高、制作难度大，不适合批量生产
试验时间：2004 年 7 月 20~21 日　试验地点：××铸造厂　责任人：××		

2. 研制纯铝材料防振锤的试验分析

（表 4）

试验测算	特　点	分析结论
1. 制作铝材锤体，并进行试验 2. 按三种型号防振锤的重量与纯铝材质的价格比计算 18 元/kg： ①FG-35　1.8 kg×18=32.4 元 ②FD-3　4.5 kg×18=81 元 ③FD-4　5.6 kg×18=100.8 元	优点： 1. 能从根本上解决问题 2. 不生锈，外部光滑 缺点： 1. 制作难度大 2. 需铸件和车床技术人员协作 3. 外委费开支大	造价高、制作难度大，不适合批量生产
试验时间：2004 年 7 月 22~23 日　试验地点：××铝制品厂　责任人：××		

3. 研制瓷质材料防振锤的试验分析

（表 5）

试验测算	特　点	分析结论
1. 制作瓷质锤体，并进行试验 2. 从绝缘子（悬瓶）受到启发，并按三种型号的重量与瓷材质的价格比计算 1.2 元/kg： ①FG-35　1.8 kg×1.2=2.16 元 ②FD-3　4.5 kg×1.2=5.4 元 ③FD-4　5.6 kg×1.2=6.72 元	优点： 1. 能从根本上解决问题 2. 不生锈，外部光滑 缺点： 1. 需烧瓷技术人员协作 2. 重量轻需采取新措施 3. 外委费开支大	造价低廉，生产周期短，易批量生产，更具有价格优势
试验时间：2004 年 7 月 24~25 日　试验地点：××电瓷厂　责任人：××		

通过对防振锤的不同材料进行试验对比分析后，瓷质防振锤在制作和价格上更具有优势，为此我们把此方案作为可行方案。

（三）新型瓷质防振锤方案选择试验分析

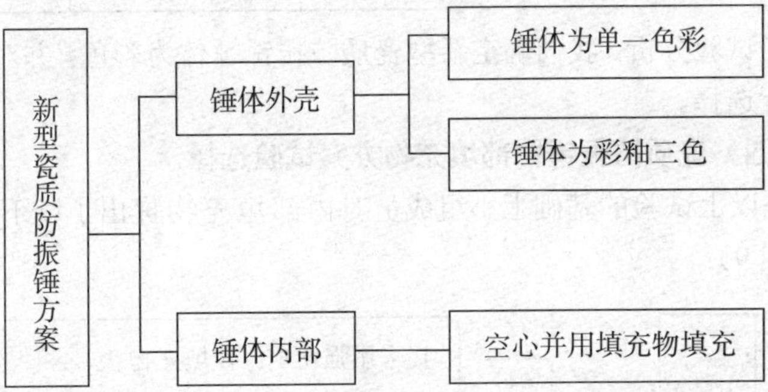

图 8

（表 6）

试验时间：2004 年 7 月 27 ~30 日	试验地点：临汾电瓷厂		负责人：吴万军
方案选择	试验分析	特　　点	结论
锤体为单一色彩	我小组去临汾电瓷厂实地试验： 1. 一套模具 5000 元 2. 白瓷釉 2 元/件 3. 制作材料 4 元/件 4. 烧瓷协作费 0.5 元/件 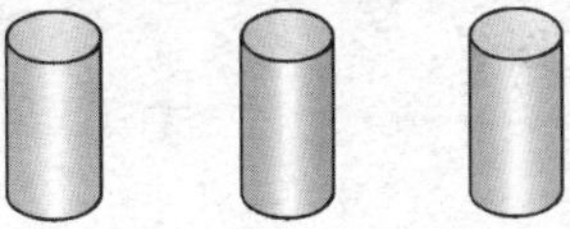	优点： 1. 表面光滑 2. 制作程序简单 3. 便于组装 4. 价格便宜 缺点： 巡视或检修人员不易观察	功能单一，巡视或检修人员不易观察

续表

方案选择	试验分析	特　　点	结论
锤体为彩釉三色	征求生产人员意见，受导线相序的启发，锤体为黄绿红三色 1. 一套模具 5000 元 2. 彩瓷釉 5 元/件 3. 制作材料 4 元/件 4. 烧瓷协作费 0.5 元/件 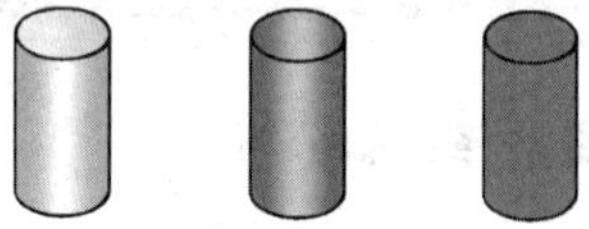	优点： 1. 表面光滑 2. 制作程序简单 3. 便于组装 4. 价格相对便宜 缺点： 制作程序相对复杂	巡视或检修人员可直观察看并能分清导线相序

经试验分析，我们确定新型瓷质防振锤锤体为彩色，并对填充物进行选择。

（四）瓷质防振锤内部填充物方案试验选择

在以上试验的基础上小组成员对内部填充物提出了以下方案（见图 9）：

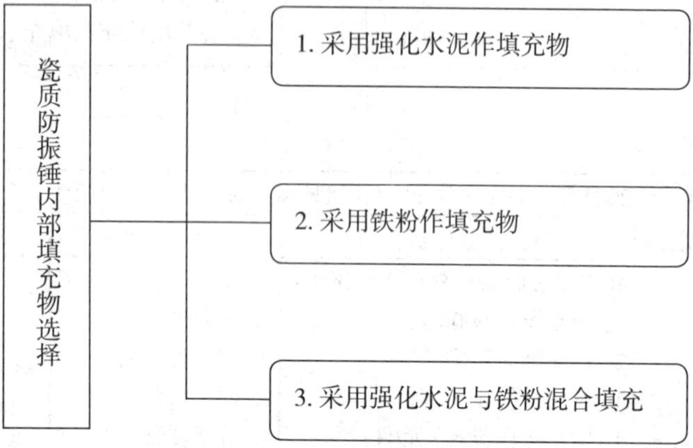

图 9

1. 第一方案的试验分析（见图 10、图 11）

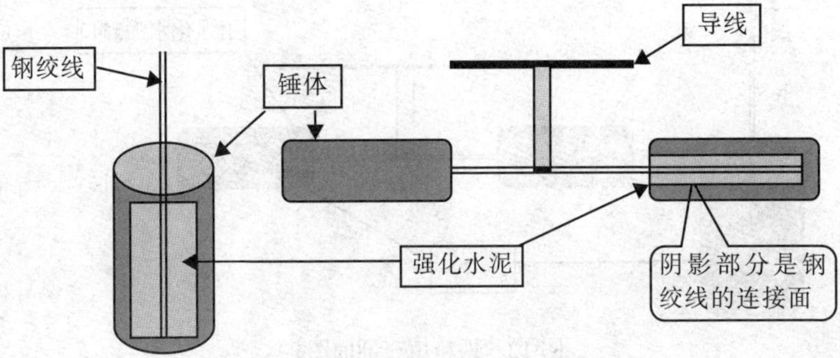

图 10　强化水泥填充剖面图

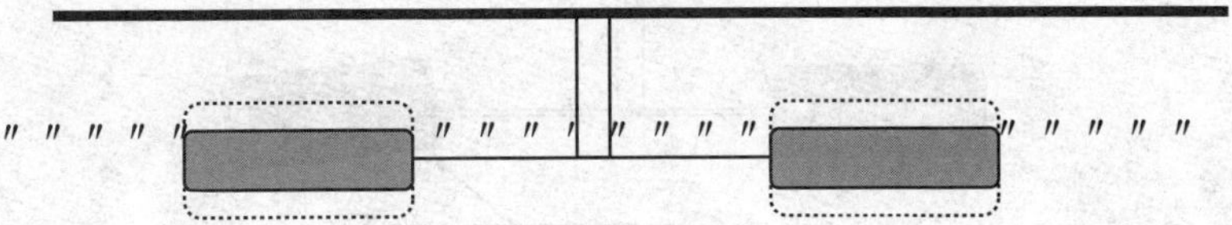

图 11　防振锤在导线上的振动过程

试验验证：

（表 7）

试验时间：2004 年 8 月 2 ~ 4 日　　地点：科技工房　　检查人：裴毅		
试验分析	特点	结论
1. 单个锤体内装强化水泥（略），强化水泥 0.4 元/ kg 2. 工人组装时间 2 分钟/个，务工费 0.2 元/个，技术人员协作费 0.5 元/个 3. 人为对导线进行摆动或振动 5 次，防振锤也随之吸收导线的振动力 4. 防振的吸收作用时间为 30″ 5. 破坏性拉力试验 480kg 时 2 次，500kg 时 2 次，钢绞线 2 次脱出	优点： 填充容易，费用低 缺点： 防振效果不明显	1. 重量轻 2. 锤体容易脱出

2. 第二方案的试验分析（见图 12、图 13）

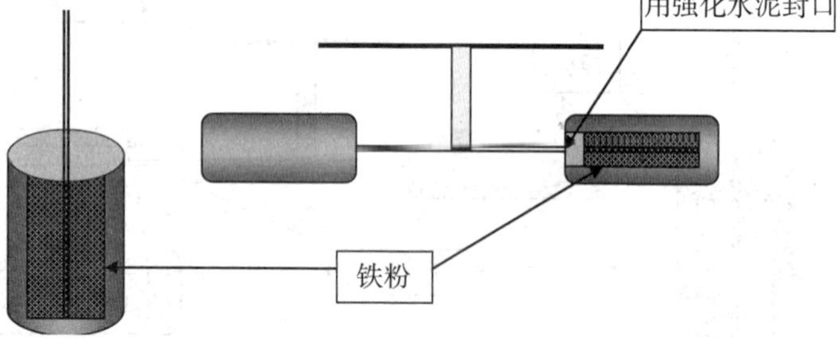

图 12　铁粉填充剖面图

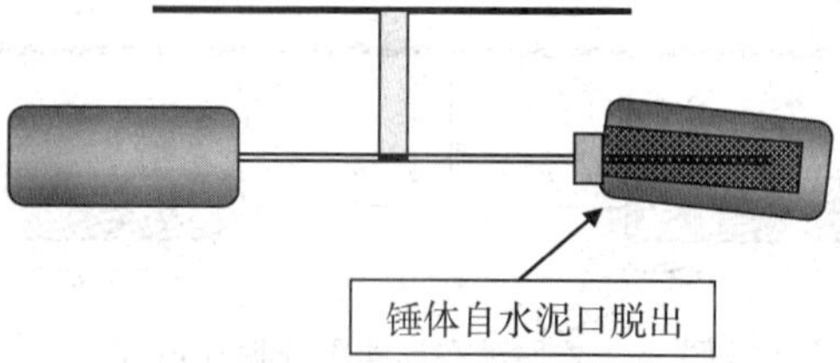

图 13　试验后该锤体效果图

试验验证：

（表 8）

试验时间：2004 年 8 月 6～9 日　　地点：科技工房　　检查人：卢钢		
试验分析	特点	结论
1. 在防振锤瓷外壳内填装铁粉，用强化水泥封口 2. 单个锤体内装铁粉（略），铁粉 1.8 元/kg 3. 工人组装时间 2 分钟/个，务工费 0.2 元/个，技术人员协作费 0.5 元/个 4. 人为对导线进行 5 次摆动或振动时，防振锤也随之吸收导线的振动力 5. 防振的吸收作用时间为 25″ 6. 破坏性拉力试验 150kg 时 2 次，165kg 时 2 次钢绞线脱出	优点： 1. 防振效果明显 2. 费用低 缺点： 锤体容易脱出	1. 重量能满足标准要求 2. 锤体易脱出

3. 第三方案的试验分析（见图 14）

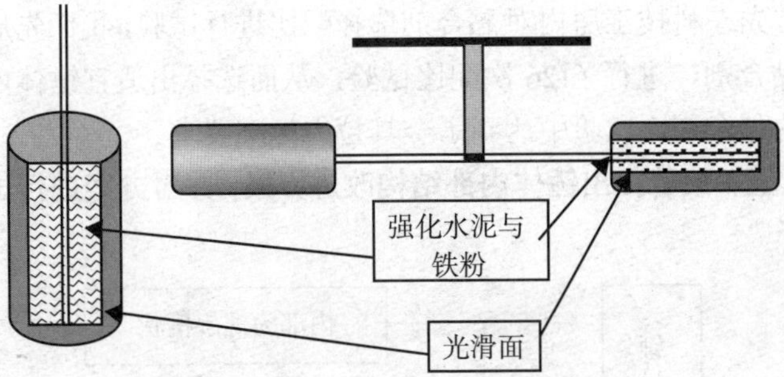

图 14　强化水泥和铁粉填充剖面图

试验验证：

（表 9）

试验时间：2004 年 8 月 10~14 日　　地点：科技工房　　检查人：李勇		
试验分析	特点	结论
1. 在防振锤瓷外壳内填装强化水泥和铁粉 2. 强化水泥与铁粉进行 5 次混合比填充试验，选用最佳方案对锤体内部进行填充 3. 单个锤体内装填充物数量（略）（见图 14） 4. 工人组装时间 3.5 分钟/个，务工费 0.3 元/个，技术人员协作费 0.6 元/个 5. 人为对导线进行 5 次摆动或振动时，防振锤也随之吸收导线的振动力 6. 防振的吸收作用时间为 27″ 7. 破坏拉力试验 500kg 时 2 次，锤体内壁与填充物均有松动	优点： 防振效果明显 缺点： 1. 黏合剂选型不易掌握 2. 填充物与锤体内壁黏合有松动	1. 配比重量符合要求 2. 填充物与锤体内壁黏结不牢固

经以上方案选择分析试验表明：

1. 采用瓷质彩色外壳防振锤方案经济可行，适于批量生产；

2. 内部填充强化水泥与铁粉混合，可满足重量要求；

3. 试验表明，填充物与锤体内壁黏结不牢固。

为此小组人员运用“头脑风暴法”进行分析，导致填充物松动的主要问题是：锤体内部结构需进一步改进，选用黏合剂还需作进一步试验。

首先在科技工房内对黏合剂选择配比进行试验，我们先后选择 5 种黏合剂，进行了 26 次配比试验，从而选择出适宜锤体内部填充物的黏合剂，试验中达到了金具拉力标准要求。

（五）接着提出锤体内部结构改进方案，并对方案进行试验分析选择

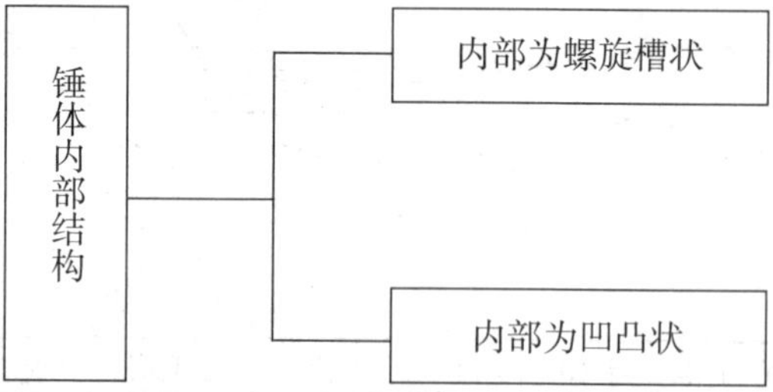

图 15

（表 10）

试验时间：2004 年 8 月 16~22 日　　地点：科技工房　　检查人：吴万军			
方案	试验分析	特点	结论
内部为螺旋状	1. 制作内部为螺旋状锤体 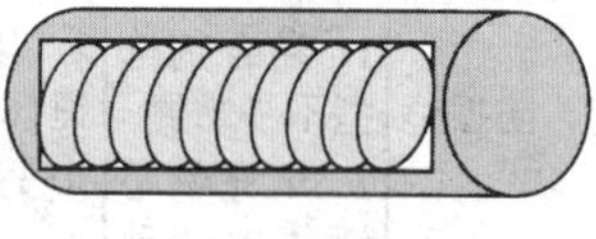 2. 将强化水泥和铁粉用试验合格的黏合剂按配比填充 3. 进行 3 次破坏性拉力试验	优点： 1. 锤体重量达到要求 2. 锤体制作相对简单 缺点： 3 次破坏性拉力试验，填充物与内壁结合面仍有轻微松动	填充物与内壁结合面有轻微松动
内部为凹凸状	1. 制作内部为凹凸状锤体 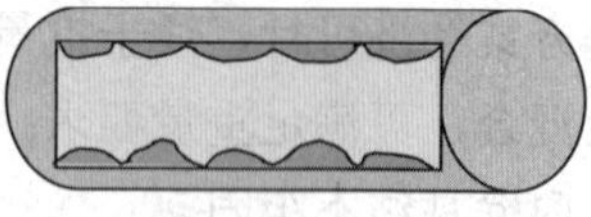 2. 将强化水泥和铁粉用试验合格的黏合剂按配比填充 3. 进行 4 次破坏性拉力试验	优点： 1. 锤体重量达到要求 2. 填充物与锤体黏结牢固并成为一体 缺点： 对模具要求精度高	填充物与锤体黏结牢固

（六）确定最佳方案

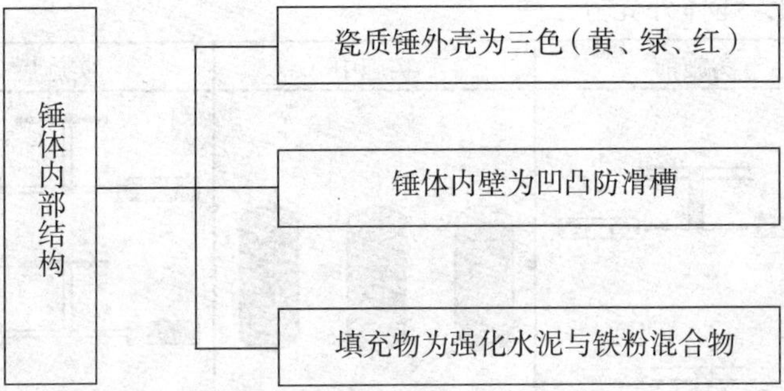

图 16

六、制定对策

（表 11）

方案	对策	目标	措施	地点	责任人	完成时间
研制新型瓷质防振锤	锤体外壳分三色	1. 表面光滑不锈蚀 2. 区分导线相序	1. 设计锤体外形尺寸形状 2. 锤体外壳为瓷质材料 3. 彩釉三色（黄绿红） 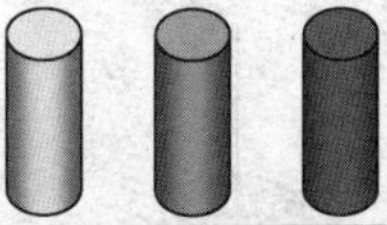	××电瓷厂	××	2004 年 8 月 26 日
	锤体内壁采用防滑槽	内壁与填充物不松动、不掉头	设计锤体内壁凹凸防滑槽 	××电瓷厂	××	2004 年 8 月 26 日
	锤体填充强化水泥和铁粉	连接牢固重量达到金具标准	按比例对防振锤内部进行填充、夯实 	科技工房	××	2004 年 8 月 28 日
	安装	不锈蚀、不掉头、不挂异物	在线路上按标准安装	110kV ××I 支线	××	2004 年 9 月 12 日

七、对策实施

1. 锤体外壳分三色

实施前	实施中	实施后
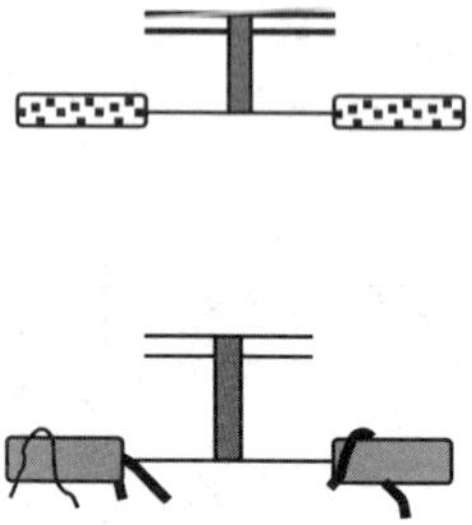	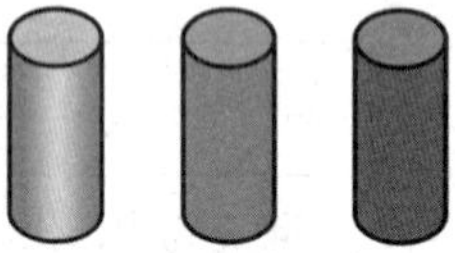	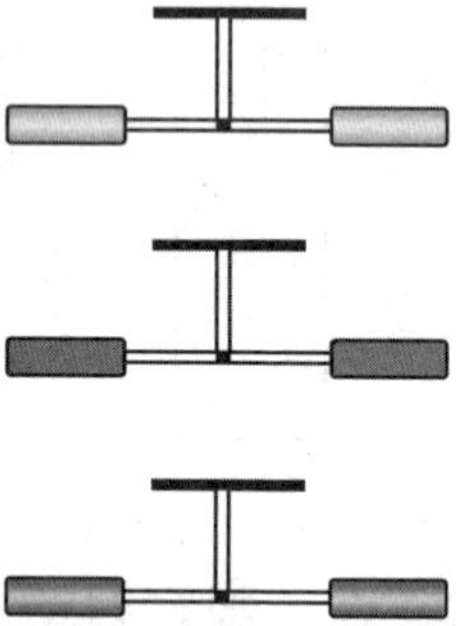
锈蚀、表面粗糙	按黄、绿、红制作锤体外壳	瓷表面光滑不锈蚀、能区分导线相序

图 17

2. 锤体内壁采用防滑槽

实施前	实施中	实施后
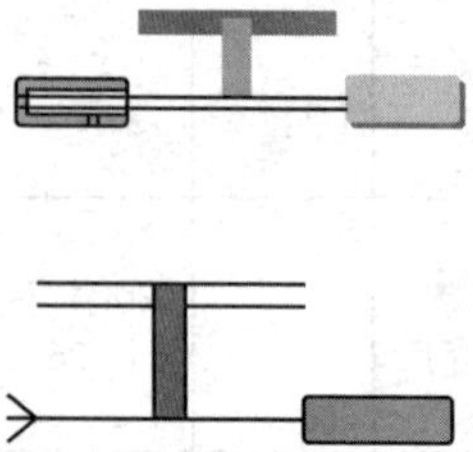	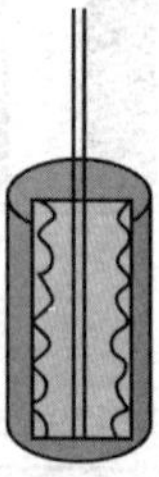	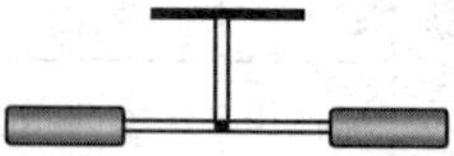
掉头	内部设计凹凸面防滑槽	不掉头、不松动

图 18

3. 锤体填充强化水泥和铁粉

实施前	实施中	实施后
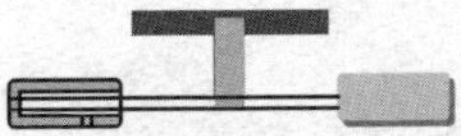	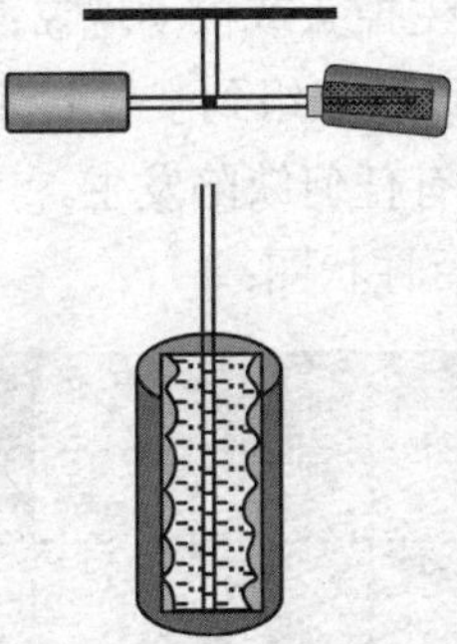	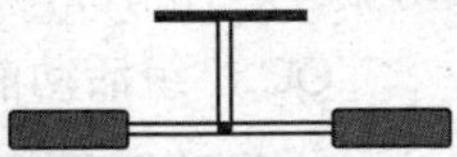
无填充物	强化水泥和铁粉用黏合剂混合填充	连接牢固，重量符合标准

图 19

4. 安装

实施前	实施中	实施后
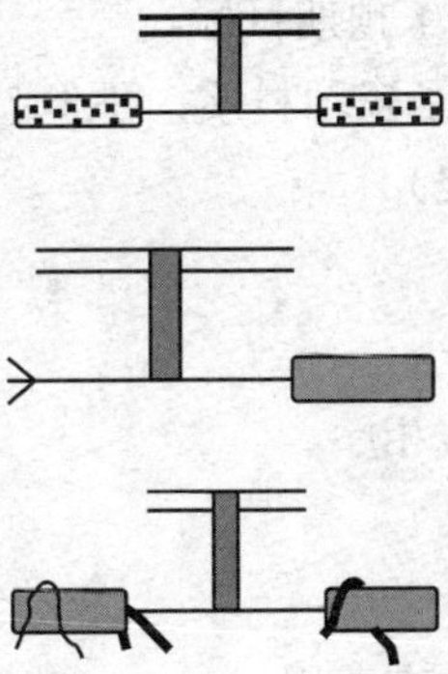	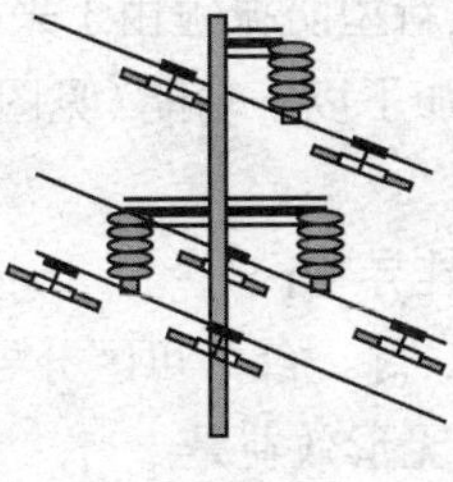	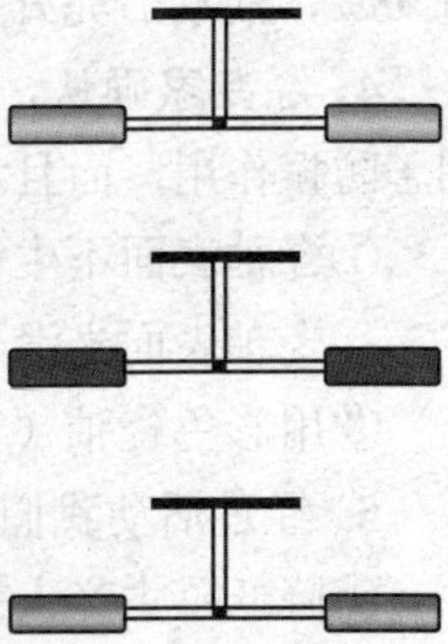
锈蚀、掉头、挂异物	在辛村 I 支线上安装	不锈蚀、不掉头、不挂异物

图 20

八、效果检查

1. 2004 年 10 月 18 日，请专家、技术人员、运行人员在现场进行破坏性试验均未发生掉头或松动现象；

2. 2005 年 3 月 20 日我小组到辛村 I 支线查看安装后的新型瓷质防振锤运行情况，没有任何缺陷发生。

3. QC 小组活动前后柱状图：

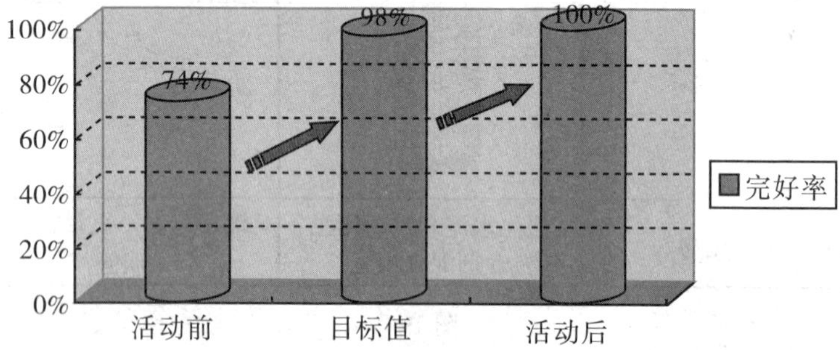

图 21

由柱状图看出（见图 21）活动前防振锤设备完好率 74%，目标值 98%，活动后完好率为 100%，实现并超过了预期目标。

4. 经专家确认，该新型防振锤由于采用了瓷釉材质，不但起到了防振作用，而且增加了以下功能（见图 22）：

①瓷釉表面不生锈；

②瓷釉表面光滑不挂异物；

③用彩色瓷釉（黄、绿、红）可区分导线相序。

5. 经过活动我们的无形效益是：

①降低了生产人员的劳动强度；

②节省了对输电线路防振锤维护和检修生产费用；

③减少输电线路的停电时间，提高了用户的满意度。

6. 新型瓷质防振锤已申报国家专利（见图 22）。

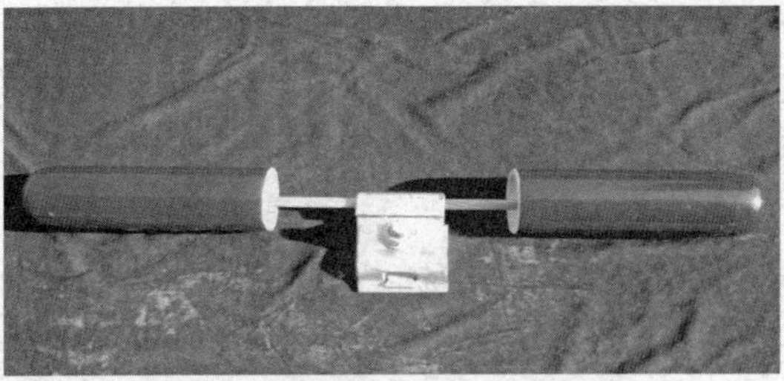

图 22　新型瓷质防振锤样品图片

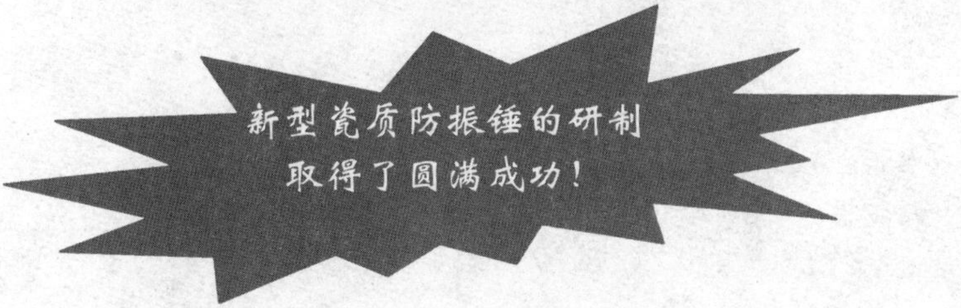

九、巩固措施

1. 把新型瓷质防振锤的设计资料图纸整理归档；

2. 将瓷质防振锤制作工艺标准纳入输电工区科技厂工艺流程指导书；

3. 制定新型瓷质防振锤的安装工艺标准，并纳入输电工区作业指导书。

十、下步打算

新型瓷质防振锤的研制成功，创造性地解决了生产中的实际问题，收到了预期效果。我小组的下步活动课题是《红外线零值测试仪的研制》。

对《输电线路新型防振锤的研制》成果的评价

该成果为“创新型”课题，成果突出的优点在于：对防振锤研制过程中提出的各种方案进行试验、分析、评价，从中确定出最佳方案。其中，方案选择彻底，分析、评价过程通过试验获取大量数据，为方案选择提供了可信的依据。而“方案提出及确定最佳方案”是“创新型”课题的关键环节，也是与“问题解决型”课题的主要差异所在。

具体对此成果这部分的评析，详见第三章第三节相关部分。